物业管理

实用工具大全

（第2版）

杨光瑶 ■ 编著

中国铁道出版社有限公司

CHINA RAILWAY PUBLISHING HOUSE CO., LTD.

图书在版编目（CIP）数据

物业管理实用工具大全/杨光瑶编著.—2版.—北京：
中国铁道出版社有限公司，2023.4
ISBN 978-7-113-29830-2

Ⅰ.①物⋯ Ⅱ.①杨⋯ Ⅲ.①物业管理 Ⅳ.①F293.347

中国版本图书馆CIP数据核字（2022）第212980号

书　　名：物业管理实用工具大全
　　　　　WUYE GUANLI SHIYONG GONGJU DAQUAN
作　　者：杨光瑶

责任编辑：王　宏　　　编辑部电话：（010）51873038　　　电子邮箱：17037112@qq.com
封面设计：宿　萌
责任校对：刘　畅
责任印制：赵星辰

出版发行：中国铁道出版社有限公司（100054，北京市西城区右安门西街8号）
印　　刷：天津嘉恒印务有限公司
版　　次：2023年4月第1版　2023年4月第1次印刷
开　　本：710 mm×1 000 mm 1/16　印张：24.75　字数：558千
书　　号：ISBN 978-7-113-29830-2
定　　价：88.00元

前言

随着物业管理市场的日渐成熟，物业企业之间的竞争也越来越大，努力提高管理水平是物业企业必须要做到的职责。另外，国家对物业管理行业的监管日趋规范，物业管理法规的逐步完善，物业企业要建立健全规范化的管理体系。

为了让从事物业管理工作的职场人士能更好、更快地熟悉和适应相关工作，让物业管理的相关人员提高业务能力，使物业管理工作有参考依据，我们编写了本书。

本书以物业管理的工作内容为主线，对各岗位体系和岗位职责进行介绍，并罗列了相关的工作规范、管理制度和常用表格，对读者有很强的借鉴性和参考性。

书中内容可分为两部分，各部分内容如下：

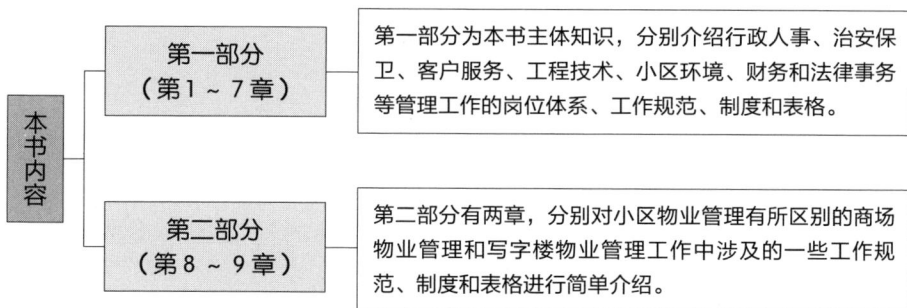

本书内容	第一部分（第1~7章）	第一部分为本书主体知识，分别介绍行政人事、治安保卫、客户服务、工程技术、小区环境、财务和法律事务等管理工作的岗位体系、工作规范、制度和表格。
	第二部分（第8~9章）	第二部分有两章，分别对小区物业管理有所区别的商场物业管理和写字楼物业管理工作中涉及的一些工作规范、制度和表格进行简单介绍。

为了方便读者轻松阅读与快速查找，本书在版式设计与内容挑选上都花了很多心思，具体特点见下表：

特　点	阐　述
结构系统 内容精选	从岗位体系、岗位配置和岗位职责全面了解物业管理的体系和物业管理工作人员的工作职责，并精选了物业管理中的各项工作内容所涉及的规范、制度以及表格，为读者提供最实用的参考，从而更快指导读者上手工作。
表格化版式 查阅直观	主体内容直接以表格化的形式阐述，展示直观，阅读轻松。
指点迷津 拓展内容	全书在针对部分制度内容讲解时，搭配"指点迷津"版块，对与制度相关的内容进行补充，拓展本书内容宽度，让读者学到更多实用的知识。
双目录 便捷搜索	书中涉及的制度与表格均提供完整的电子版文件，以便于读者查阅和使用，本书提供双目录，即知识目录展示知识体系结构，文件目录展示对应的文件及存储的位置。

　　本书适合物业企业各部门管理者以及基层员工等各层级工作人员阅读，尤其适合作为各部门经理和主管提升业务能力的工具书，也适合企业培训师作为培训教材使用。

　　书中涉及的制度与表格模板 PC 端下载地址及移动端二维码分别为：
http://www.m.crphdm.com/2023/0109/14544.shtml

　　由于编者能力有限，对于本书内容不完善的地方希望获得读者的指正。

编　者
2023 年 1 月

目录

I. 知识目录

第 3 章
客户服务管理

（业主入住＋报修＋业主投诉＋物业费用收缴）

第 4 章
工程技术管理

（工程设备＋土建装修＋电力维修管理）

第 5 章
小区环境管理
（保洁＋绿化）

第 6 章
财务管理
（预算＋物业费用＋收支＋资产管理）

第 7 章
法律事务管理
（事务 + 案件管理 + 合同文书）

第 8 章
大型商场物业管理
（招标＋安全＋工程＋车辆＋租赁）

第 9 章
商务写字楼物业管理
（物业接管＋工程＋安全＋环境＋财务）

II. 文件目录

行政人事管理

（招聘＋培训＋考勤＋出差＋人事信息）

【招聘与培训管理】

第 1 章 | 物业公司人员聘用制度 .docx

第 1 章 | 物业公司员工录用管理办法 .docx

第 1 章 | 物业人员培训制度 .docx

第 1 章 | 物业人员考核制度 .docx

第 1 章 | 员工培训计划表 .docx

第 1 章 | 培训效果跟踪表 .docx

第 1 章 | 应聘人员面试评估表 .docx

第 1 章 | 试用期考核审批表 .docx

第 1 章 | 培训成绩表 .docx

【考勤与出差管理】

第 1 章 | 员工考勤管理制度 .docx

第 1 章 | 员工外出管理制度 .docx

第 1 章 | 考勤汇总表 .docx

第 1 章 | 员工考勤登记表 .docx

第 1 章 | 员工加班申请表 .docx

第 1 章 | 员工请假申请单 .docx

第 1 章 | 员工出差申请表 .docx

第 1 章 | 差旅费报销单 .docx

第 1 章 | 人员借用联系单 .docx

第 1 章 | 加班记录表 .docx

【人事信息管理】

第 1 章 | 员工守则 .docx

第 1 章 | 员工人力资源档案管理制度 .docx

第 1 章 | 员工离职管理制度 .docx

第 1 章 | 员工晋升降级制度 .docx

第 1 章 | 在职员工登记表 .docx

第 1 章 | 新员工试用表 .docx

第 1 章 | 新员工转正申请表 .docx

治安保卫管理

（治安＋交通车辆＋消防＋突发事件）

【治安管理】

第 2 章 | 物品出入登记制度 .docx

第 2 章 | 警棍使用制度 .docx

第 2 章 | 安保器材管理制度 .docx

第 2 章 | 保安员管理制度 .docx
第 2 章 | 防盗工作日常管理制度 .docx
第 2 章 | 施工安全管理制度 .docx
第 2 章 | 装修管理制度 .docx
第 2 章 | 内保人员便衣上岗制度 .docx
第 2 章 | 监控室管理制度 .docx
第 2 章 | 监控中心安全制度 .docx
第 2 章 | 治安案件登记表 .docx
第 2 章 | 治安案件处理登记表 .docx
第 2 章 | 监控中心人员出入登记表 .docx
第 2 章 | 保安交接记录表 .docx
第 2 章 | 安全巡逻记录表 .docx
第 2 章 | 安全检查日报表 .docx
第 2 章 | 来访人员情况登记表 .docx
第 2 章 | 治安隐患安全记录表 .docx
第 2 章 | 安全检查隐患整改记录表 .docx

【交通车辆管理】

第 2 章 | 小区停车场管理制度 .docx
第 2 章 | 车辆停放、出入管理规定 .docx
第 2 章 | 小区非机动车管理规定制度 .docx
第 2 章 | 停车场收费每月汇总表 .docx
第 2 章 | 车场车辆车号抄号表 .docx
第 2 章 | 停车场收费岗交接班记录表 .docx
第 2 章 | 停车场车辆状况登记表 .docx
第 2 章 | 车辆收费登记表 .docx

【消防管理】

第 2 章 | 消防培训制度 .docx
第 2 章 | 消防管理制度 .docx
第 2 章 | 消防设施、器材维护管理制度 .docx
第 2 章 | 动用明火管理制度 .docx
第 2 章 | 机房消防安全管理制度 .docx
第 2 章 | 配电房消防安全管理制度 .docx
第 2 章 | 消防培训记录表 .docx
第 2 章 | 消防栓检查表 .docx
第 2 章 | 消防巡查异常情况记录表 .docx
第 2 章 | 消防隐患整改月度汇总表 .docx
第 2 章 | 楼层电房设备检查表 .docx

第 2 章 | 消防教育培训记录表 .docx
第 2 章 | 临时动火作业审批表 .docx

【突发事件管理】

第 2 章 | 电梯断电关人处理制度 .docx
第 2 章 | 煤气泄漏及引起的爆炸事故
　　　　处理制度 .docx
第 2 章 | 自杀或企图自杀事件处理
　　　　制度 .docx
第 2 章 | 突发事件记录表 .docx
第 2 章 | 业主财物失窃情况表 .docx
第 2 章 | 业主接报案登记表 .docx

客户服务管理

（业主入住＋报修＋业主投诉＋物业费用收缴）

【业主入住管理】

第 3 章 | 业主入住准备工作制度 .docx
第 3 章 | 业主入住服务管理制度 .docx
第 3 章 | 业主入住缴款通知书 .docx
第 3 章 | 日常收费明细表 .docx
第 3 章 | 业主入住档案资料 .docx

【报修管理工作流程】

第 3 章 | 日常报修制度 .docx
第 3 章 | 共用设施维修管理制度 .docx
第 3 章 | 公共设施一览表 .docx
第 3 章 | 公共设施保养计划表 .docx
第 3 章 | 公共设施维修、保养记录 .docx
第 3 章 | 住宅专项维修资金使用
　　　　申请表 .docx
第 3 章 | 申请使用住宅专项维修资金
　　　　业主意见单 .docx

【业主投诉工作管理】

第 3 章 | 业主投诉管理制度 .docx
第 3 章 | 物业公司业主回访制度 .docx

工程技术管理

（工程设备＋土建装修＋电力维修管理）

小区环境管理

（保洁＋绿化）

财务管理

（预算＋物业费用＋收支＋资产管理）

【财务预算管理】

【物业费用管理】

【财务收支管理】

【资产管理】

法律事务管理

（事务＋案件管理＋合同文书）

【相关法律事务管理】

【相关法律案件管理】

第1章

行政人事管理

（招聘＋培训＋考勤＋出差＋人事信息）

　　在一些人的眼中存在这样一种误解——人事行政工作就是打杂的，任何人都可以做好。其实不然，一个健康运作的公司，其人事行政部的体系一定是健全、完善的，它不仅要处理公司的大小事务，还要协调各部门的工作，进行统筹人力规划。本章就来具体认识物业公司的行政人事体系及各种工作内容涉及的规范与实用模板。

1.1 行政人事管理部岗位体系

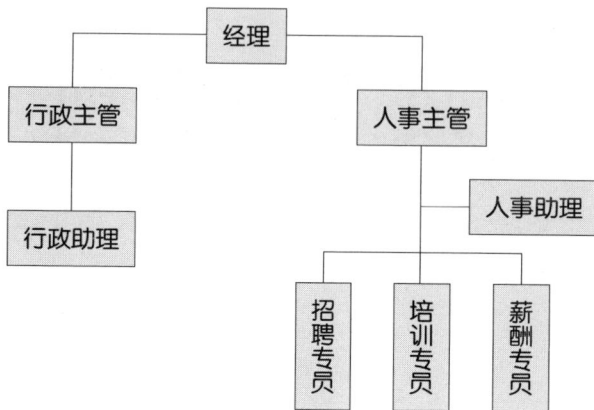

1.2 行政人事管理岗位配置及岗位职责

1.2.1 经理

岗位名称：行政人事部经理	
直属上级：副总经理、董事长	
直接下级：行政人事部所有员工	
岗位职责	1. 负责公司行政、人事、后勤、日常事务处理及相关外联活动。 2. 制定并完善公司的工作程序和规章制度。 3. 协调并支持公司各部对人力计划、行政开支的管理工作，协调配合公司各部对人事、行政、后勤方面的支持工作。 4. 制定本部门年度工作目标和工作计划。 5. 制定公司绩效考核制度，组织实施绩效考核，及时解决绩效考评中出现的各种问题，不断完善绩效管理体系。 6. 向公司决策者提供有关人力资源战略、组织建设等方面的建议，致力于提高公司的综合管理水平，及时处理公司管理过程中的重大人力资源等问题。 7. 代表公司建立行政、人事和相关公共关系的沟通渠道，及时掌握信息，改善管理，规避风险，妥善处理劳动争议。

续上表

岗位职责	8. 审核部门职位设立，人员配置及职位说明书管理，把控人员招聘录用，提出录用人员岗位级别和工资的建议。 9. 负责处理人员离职解聘的工作。 10. 负责了解并掌握员工的思想状况的工作。 11. 负责人员培训和开发，为主管级以上员工进行职业生涯设计，确保公司员工能胜任当前和未来发展需要。 12. 负责公司的社会保险缴纳及福利事项的统筹管理。 13. 协助组织公司年会及公司各类活动。 14. 协助直接上级做好其他部门所需各类保障工作。 15. 完成领导交办的其他工作任务。
任职资格	1. 教育背景：全日制本科及以上学历，人力资源、行政管理、工商管理、企业管理等相关专业。 2. 知识要求：精通行政管理。 3. 工作经验：5 年以上行政人事中层管理及以上工作经验。 4. 技能技巧：①熟练操作 Office 办公软件；②通晓企业管理理论，具有丰富的管理、培训实践经验，能进行行政管理制度撰写及公文写作；③熟练掌握人力资源专业技能并精通人力资源管理六大模块的流程及行政管理能力；④具有较强的影响力和沟通协调能力，良好的学习能力和文案写作能力，良好的执行能力；⑤具有很强的团队领导能力、判断力和决策能力；⑥有发现人才的眼光、有快速判断人才特点的能力，并具有较强的亲和力。 5. 工作态度：具备良好的职业道德，责任心强，为人诚实，原则性强，能够承受一定的工作压力。

1.2.2　行政主管

岗位名称：行政主管 直属上级：部门经理 直接下级：行政助理	
岗位职责	1. 协助部门经理进行本部门内部管理，在权限范围内合理调配内部人员，调动每位员工的工作积极性，提高凝聚力。 2. 协助部门经理制定公司行政管理的各项规章制度，并监督这些规章制度的执行。

岗位职责	3. 负责统筹办公用品、固定资产的登记、管理、维修、购买等工作。 4. 负责办公区域的卫生管理，提供整洁优美的办公环境。 5. 负责员工宿舍的管理，提供周到、全面的后勤服务。 6. 负责员工食堂的管理，定期询问员工对就餐质与量的要求，确保员工就餐安全、卫生。 7. 负责公司员工宿舍的租赁、合同的签约与付款工作。 8. 负责下属的日常管理工作，制定相关管理制度及人员岗位说明书。 9. 负责公司经营用水、用电、用气及其他生活设施的管理。 10. 负责协助处理公司各类突发事件。 11. 完成领导交办的其他工作任务。
任职资格	1. 教育背景：全日制专科及以上学历，文秘、行政管理等相关专业。 2. 知识要求：熟悉行政职能、行政实施、行政组织等行政管理学的基本理论和基本知识。 3. 工作经验：4 年以上工作经验及相关经验，2 年及以上管理经验，熟悉物业服务行业，行政师、人力资源师等初级及以上职称。 4. 技能技巧：①熟悉并掌握行政管理流程以及行政运行模式；②熟悉公文写作，能熟练使用办公软件；③对公司各种会议、活动进行组织安排的能力；④协调、沟通各部门关系，保证公司正常工作运转的能力；⑤对各种突发事件的及时应变能力。 5. 工作态度：具备良好的职业道德，责任心强，为人诚实，原则性强，能够承受一定的工作压力。

1.2.3　人事主管

岗位名称：人事主管 直属上级：行政人事部经理 直接下级：人事助理、招聘专员、培训专员、薪酬专员	
岗位职责	1. 日常事务：①草拟人事规章制度；②初步制订本部门的计划与年度预算；③采购部门内的物品；④统计与分析员工动态资料；⑤督导与训练员工日常工作；⑥核发员工各类证明文件；⑦提供人事资料。 2. 招聘与录用：①调查与分析员工需求；②草拟招聘计划；③撰写与发布招聘信息；④准备招聘资料；⑤接待与筛选应聘者；⑥协

续上表

岗位职责	助面试应聘者；⑦发放面试、复试、报到及辞谢书等；⑧接待引领新员工；⑨与新员工签订合同；⑩新员工试用期与转正后的工作安排。 　　3. 职业培训：①调查分析员工职业培训要求；②草拟员工职业培训方案；③汇编员工职业培训教材；④安排员工职业培训教师；⑤选定员工职业培训地点；⑥评估员工职业培训效果；⑦准备教具及培训设备；⑧对参加职业培训者进行考勤。 　　4. 绩效考核：①进行人事考勤；②统计员工出勤情况；③编制员工出勤表；④收集、整理和分析员工考核资料；⑤草拟员工考核标准制度；⑥设计员工考核表；⑦填写评估员工考核表；⑧建立与管理员工考核档案；⑨员工升级提薪考试的办理；⑩员工奖惩的办理与公布。 　　5. 薪酬设计与管理：①调查员工的薪酬情况；②初步拟定员工薪酬结构；③编制与统计员工薪酬表；④说明与解释员工薪酬制度；⑤初步确定新员工的薪酬；⑥员工薪酬调整的办理；⑦员工薪酬发放的异常处理；⑧员工薪酬的保密工作；⑨初步评定员工的奖金；⑩申请与办理员工福利。 　　6. 劳资关系：①宣传解释劳动法规；②签订劳动合同；③初步处理劳动纠纷；④收集劳动纠纷的证据；⑤应对劳动调解、仲裁和诉讼。 　　7. 人事资料管理：①整理、分类与管理员工人事档案；②制作人事动态及费用资料；③填写并保留人事报表；④收集、归档企业有关人事的决策决定。 　　8. 完成领导交办的其他任务。
任职资格	1. 教育背景：全日制专科及以上学历，物业管理、人力资源管理或企业管理等相关专业。 　　2. 知识要求：熟悉行政管理、公共管理、方案管理以及公文管理等相关专业知识。 　　3. 工作经验：4 年以上物业公司人事工作经验，两年及以上管理经验，能独立开展人事工作，熟悉物业服务行业或房地产行业。 　　4. 技能技巧：①熟练运用人力资源六大模块；②熟悉劳动法规，能快速有效处理相关劳动争议及工伤事件等，基本掌握物业管理法律法规；③熟练使用办公软件和办公自动化设备；④了解人力资源管理各项实务的操作流程，并能简单操作运用；⑤具备较好的语言和书面表达能力。 　　5. 工作态度：具有良好的职业道德，坚持原则，踏实稳重，责任心强，有较强的沟通、协调能力，有团队协作精神。

1.2.4 行政助理

岗位名称：行政助理	
直属上级：行政主管	
直接下级：无	
岗位职责	1. 接听电话，接收传真，按要求转接电话或记录信息，确保及时准确。 2. 对来访客人做好接待、登记与引导工作，及时通知被访人员。对无关人员、上门推销和无理取闹者应拒之门外。 3. 负责办公用品的盘点工作，做好登记存档，并对办公用品的领用、发放、出入库做好登记。 4. 不定时检查用品库存，及时做好后勤保障工作。 5. 负责每月统计公司员工的考勤情况，考勤资料存档。 6. 负责复印、传真和打印等设备的使用与管理工作，降低材料消耗。 7. 招聘简历的筛选与邀约、新员工入职手续的办理。 8. 做好会前准备、会议记录和会后内容整理工作。 9. 做好材料收集、档案管理等工作。 10. 协助上级完成公司行政事务工作及部门内部日常事务工作。 11. 组织公司活动，如生日会、运动会等。 12. 完成领导交给的其他任务。
任职资格	1. 教育背景：全日制专科及以上学历，物业管理、文秘以及行政管理等相关专业。 2. 知识要求：具备物业管理、文秘以及行政管理工作等相关知识，熟悉管理、采购以及财务等相关知识，熟悉物业服务行业或房地产行业。 3. 工作经验：从事1年以上行政助理工作。 4. 技能技巧：①熟练操作办公自动化设备，如计算机、打印机、传真机、复印机、投影仪以及扫描仪等；②具备良好的语言表达能力，能与他人进行良好有效的沟通；③具备良好的文字功底，能按照领导要求撰写相关文件；④具备计算机操作能力，能熟练使用办公软件。 5. 工作态度：工作认真负责、积极主动、诚实敬业、责任心强以及开朗热情。

1.2.5　人事助理

岗位名称：人事助理
直属上级：人事主管
直接下级：无

岗位职责	1. 协助制定、完善和组织实施人力资源管理有关规章制度和工作流程。 2. 发布招聘信息、筛选应聘人员资料。 3. 监督员工考勤，审核和办理请休假手续。 4. 组织、安排应聘人员的面试。 5. 办理员工入职及转正、调动、离职等异动手续。 6. 组织、实施员工文化娱乐活动。 7. 管理公司人事的档案。 8. 协助实施员工培训活动。 9. 协助处理劳动争议。 10. 完成领导交办的其他工作任务。
任职资格	1. 教育背景：全日制专科及以上学历，人力资源管理、行政管理、文秘或者汉语言文学等相关专业。 2. 知识要求：①具备人力资源与物业管理专业知识；②熟悉人事工作流程以及工作内容。 3. 工作经验：从事 1 年以上的人事工作。 4. 技能技巧：①具有良好的书面、口头表达能力；②熟练使用常用办公软件及相关人事管理软件；③了解国家各项劳动人事法规政策。 5. 工作态度：①具有亲和力和服务意识，沟通领悟能力强；②有强烈的责任感和敬业精神，做事严谨，能承受较大的工作压力。

1.2.6　招聘专员

岗位名称：招聘专员
直属上级：人事主管
直接下级：无

岗位职责	1. 协助上级确定招聘目标，汇总岗位需求和人员需求数目，制订并执行招聘计划。

岗位职责	2. 协助上级完成需求岗位的职务说明书。 3. 对招聘渠道实施规划、开发、维护和拓展，确保招聘渠道能有效满足公司的用人需求。 4. 负责公司内部人才的招聘工作。 5. 发布职位需求信息，做好公司的形象宣传。 6. 搜集、筛选与分类简历，安排聘前测试，确定面试名单，通知应聘者前来面试，并对应聘者进行初步面试，然后出具综合评价意见。 7. 组织相关人员协助完成复试工作，确保面试工作的及时开展及考核结果符合岗位要求。 8. 对拟录用人员进行背景调查，并与其进行待遇沟通，完成录用通知。 9. 负责招聘广告的撰写，招聘网站的维护和更新，以及招聘网站的信息沟通。 10. 申请、控制和报销招聘费用。 11. 对招聘结果进行总结，分析其中存在的问题，然后提出优化方案，完成招聘分析报告。 12. 定期开展招聘讨论活动，与其他招聘人员进行招聘流程、方法与技巧的交流，从而提高招聘效率。 13. 负责建立公司人才储备库，并做好管理与保密工作。 14. 搜集各地人才市场信息，并熟悉各地人事法规。 15. 跟踪和搜集同行业人才动态，并吸引优秀人才加盟公司。 16. 熟悉公司人事制度，解答应聘人员提出的相关问题。 17. 完成领导交办的其他工作任务。
任职资格	1. 教育背景：全日制专科及以上学历，人力资源、劳动与社会保障、劳动关系、心理学或管理学等相关专业。 2. 知识要求：①熟知《中华人民共和国劳动合同法》中关于招聘与录用方面的法律法规；②熟悉人力资源管理各项实务的操作流程；③熟悉人力资源方面的法律法规。 3. 工作经验：从事 1 年以上人事招聘工作。 4. 技能技巧：①熟知招聘、面试各种技巧；②熟练使用办公软件以及自动化设备；③具备基本的网络知识和一定的语言表达能力；④具有较强的分析判断能力；⑤具有良好的计划以及安排能力。 5. 工作态度：具有良好的沟通、协调能力，责任心强，有团队精神以及执行力强。

1.2.7　培训专员

岗位名称：培训专员	
直属上级：人事主管	
直接下级：无	
岗位职责	1. 协助上级拟订培训计划。 2. 了解公司内部培训需求，并与上级共同确认需求。 3. 协助上级实施公司培训计划，并跟进培训后效果反馈。 4. 联系各类培训机构，办理员工培训事宜。 5. 组织培训材料，开发利用培训辅助设施。 6. 协同各相关部门贯彻落实各项培训项目。 7. 控制培训支出。 8. 管理培训师，监督、评价其工作方法及工作效果。 9. 执行培训效果评估工具，编写评估报告。 10. 管理员工培训档案，编制培训类报表和分析报告。 11. 完成领导交办的其他工作任务。
任职资格	1. 教育背景：全日制专科及以上学历，人力资源、劳动经济或管理学等相关专业。 2. 知识要求：熟悉现代人力资源管理技术、职业教育等方面的培训。 3. 工作经验：从事 1 年以上人事培训工作。 4. 技能技巧：①熟悉内部培训及外部培训组织作业流程；②熟悉岗位培训流程；③熟练使用办公软件以及自动化设备；④具有较强的培训能力。 5. 工作态度：工作积极、勤奋、主动，具有敬业精神，并富有团队合作精神。

1.2.8　薪酬专员

岗位名称：招聘专员	
直属上级：人事主管	
直接下级：无	
岗位职责	1. 制作公司每月的工资报表，按时发放工资。 2. 分析及统计薪酬数据，按时完成人工成本、人工费用的分析报告。 3. 办理员工养老、医疗以及失业保险等社会保险。

岗位职责	4. 办理员工的各类人事手续，包括员工录用、离职手续办理以及人事关系转移等。 5. 管理公司员工人事档案资料并及时更新。 6. 每月编制公司人员分类表、离职率分析表。 7. 负责公司员工劳动合同、劳务协议的签订。 8. 制作员工保险缴纳报表。 9. 管理福利体系的日常事务。 10. 完成领导交办的其他工作任务。
任职资格	1. 教育背景：全日制专科及以上学历，人力资源管理、企业管理或行政管理等相关专业。 2. 知识要求：①熟悉国家人力资源政策、法律法规；②熟悉国家、地区与薪酬相关的法律法规；③熟悉薪酬、福利、绩效管理流程；④具有扎实的人力资源管理理论基础。 3. 工作经验：从事 1 年以上人事薪酬工作。 4. 技能技巧：①熟练使用办公软件以及自动化设备；②具备良好的数据统计分析能力；③具有较好的沟通交流能力；④具备良好的理解能力。 5. 工作态度：具有保密意识和服务意识，工作认真，具有责任心。

1.3   招聘与培训管理

规范 1：新进人员任用规定

条 目	规 范 内 容
1	坚持公平、公正、公开的原则，择优录取、适才适用。
2	员工招聘应首先考虑从公司内部员工调整，在无法满足岗位需求的情况下，再实行外部招聘。
3	确保所有招聘人员符合职位任职资格要求。
4	确保应聘者提供的资料真实可靠。
5	所有人员入职皆须按照规定的招聘程序办理入职手续。
6	所有岗位的招聘需求，用人单位均需以部门增员计划表的方式提出。

规范 2：人事变动规定

项　　目	规　范　内　容
录用	物业公司用人计划由各用人部门提出，填写员工招聘申请表，向人力资源部提出用人申请及职位要求，人力资源部汇总报班子会批准后按程序予以录用。
调动	物业公司根据发展的实际需要，与员工协商一致或依据法律规定对员工的工作岗位进行相应的调整。相关部门及员工应服从物业公司安排。调动员工接到通知后，按规定办妥工作交接和物品转移，及时报到。
升职	当员工表现及工作能力已达到较高职位所要求的标准时，物业公司人力资源部对其进行综合考察，考察合格的进入物业公司人才库。进入人才库的人员每年可以享受岗位特殊津贴。
离职	①如果员工的劳动合同还没到期，需提前一个月向部门领导提出书面辞职申请和解除劳动合同申请，待部门领导签署意见后报人力资源部。 　②员工自提出离职申请之日起，至离职到期日，应逐项办理交接手续，填写员工离职交接表。
解聘	员工在职期间因工作表现、工作能力等原因不符合本公司要求，无法胜任本职工作，经过培训或者调整工作岗位，仍不能胜任工作的，公司有权解聘。

规范 3：培训费用规定

项　　目	规　范　内　容
岗前培训	是公司的法定义务，不得收费，更不得约定违约金和服务期。
专项培训	公司垫付培训费，不过公司可以和员工约定服务期和违约金。如果员工在服务期内离职，公司可以申请劳动仲裁，要求员工按照双方的约定支付相应违约金。

制度 1：物业公司人员聘用制度

物业公司人员聘用制度

一、目的

规范公司人员招聘工作的招聘标准和招聘程序，确保能及时、有效地为用人部门输送合格人才，从而确保用人需求和招聘质量。

二、使用范围

适用于公司全体员工的招聘管理工作。

三、职责

1. 人力资源部会同相关专业人员进行领班级（含）以上人员的初试，用人部门进行复试，由人力资源部提出录用人选报总经理审批。

2. 人力资源部会同相关专业人员进行普通员工的初试，用人部门进行复试，人力资源部决定。

3. 人力资源部进行总部部门经理、分公司项目总经理、储备经理的初试，主管副总进行复试，公司总经理进行最终面试并决定。

四、方法和过程控制

1. 编制

（1）每年11月份人力资源部结合实际情况与各部门/项目确定下年度人员定编。

（2）新开项目由人力资源部会同经营开发部和相关专业人员确定人员定编和用人计划。

（3）编制由人力资源部提出，公司总经理批准。批准后的编制作为各岗位人员配备的依据，各部门/项目要修改编制时，必须经过公司总经理批准。

2. 招聘

（1）人力资源部提供统一的各职位的岗位描述，当用人部门对某一职位有特殊需求时，需提前书面通知人力资源部。

（2）当有人员需求时，用人部门需提前提交聘用人员申请表，聘用人员申请表需部门经理/项目总经理签字，人力资源部复核。超过编制时需公司总经理批准。因试用期不合格造成的人员填补可以不再次填写聘用人员申请表。

（3）新开项目由人力资源部按照人员定编和用人计划进行招聘。

（4）储备经理由人力资源部根据公司实际情况报公司总经理批准后进行招聘。

（5）人力资源部负责选择、确定招聘渠道，进行简历筛选，并安排面试。

（6）人力资源部在收到聘用人员申请表后两周内完成初试。

（7）应聘者在面试时需填写应聘登记表并提交相关证明，包括身份证、学历证明、资格证书等。面试人员填写面试记录。

（8）特殊岗位候选人，将借助于标准化试题进行笔试。

（9）公司实行回避政策，有亲属关系的员工不得在同一项目或部门工作。

（10）人力资源部负责关键岗位的外调。

3. 报到

（1）人力资源部审核应聘登记表及相关审批手续，安排应聘者进行入职前健康

续上表

检查。同时告知应聘人员其所提供资料及健康证明必须属实，如有故意虚报隐瞒者，一经发现立即解除劳动合同，而不做任何补偿。

（2）新员工入职当天需提供：免冠近照 3 张；本人身份证、毕业证、暂住证、求职证、相应资格证书等有效证件的原件（验原件收复印件）；原单位开具的解除劳动关系证明；体检合格证明；银行活期存折或账号。

（3）人力资源部入职当天与新员工签署工资变动明细表、劳动合同或劳务协议。

（4）人力资源部开具报到手续表、人事调动通知单，质量管理部开具岗位培训需求记录表，新员工当天持上述资料到所在项目、部门报到。

（5）人力资源部将新员工基本情况输入电脑，填写员工内部档案清单，建立新员工个人档案。

（6）新员工到岗两周内必须参加人力资源部组织的入司培训。

五、支持文件

…………

指点迷津：

人才招聘应该遵循什么原则

在招聘的过程中，遵循一定的原则有利于为公司找寻到更为适合的人才，也避免出现资源浪费的情形。

【坚持客观公正】

负责招聘的部门或者工作人员在进行招聘时，应遵循客观的原则，从而选拔出真正适合公司需求的人才，具体做法如下：

①以事实为基础，用理智的逻辑思维和判断力去甄选人才。

②不能凭个人的好恶决定是否选择应聘人员，必须做到不偏不倚、客观公正。

【注重德才兼备】

虽然能力是选拔人才的重要指导因素，但是也不能因此而忽视了对品德修养的考察。一般来说，从长远来考虑，公司在人才招聘过程中，对人才的选择应尽量保持如下的顺序。

①优先选拔有才有德之人，这样的人才不仅能对公司做出实际贡献，而且基本上不会做出不利于公司的事情，与同事也能友好相处，不会从中挑事。

②择优选拔有德无才之人，这类人才或许不会对公司有大的贡献，但是品德得到了保证，不会做出损害公司和他人利益的事情。

【适当回避原则】

任人唯贤应该成为公司选拔人才的基本方针，对公司现有员工介绍的人员，公司在充分考察的基础上认为的确值得录用，那么是可以选取的。

需要注意的是，与被荐举人有关联的员工在招聘过程中应予以主动回避，不仅如此，还要做到不对参与招聘的人员施加压力或变相贿赂，以致影响招聘的客观公正。

制度2：物业公司员工录用管理办法

物业公司员工录用管理办法

一、目的

为了加强人员招聘录用管理，确保公司的人才需求和引进合格的人才，保证公司合理的人才结构和人才储备，为公司的经营发展提供充足合格的人才资源，特制定本办法。

二、使用范围

适用于公司全体员工的招聘管理工作。

三、职责

（1）行政人事部是公司人员招聘录用的归口管理部门，负责制订人员招聘计划，建立人才引进渠道，实施人员招聘，建立人员测试、识别机制等工作。

（2）公司各部门负责本部门人员需求计划的拟定和试用人员的安排、考察、管理及考核工作。

四、招聘计划

1. 年度规划

公司各部门需要在每年12月30日前制订次年的"年度人员需求计划"，并报行政人事部汇总各部门的年度人员需求计划，由行政人事部根据公司全年的经营目标要求和人员现状拟定次年"年度人员规划"，并报总经办审批同意后执行。

2. 临时需求计划

各部门因工作需要或人员的临时变动需要补充人员时，应提出临时人员需求计划报公司领导审批同意后交行政人事部办理。

3. 人员招聘计划

行政人事部根据"年度人员规划"的阶段性引进计划和各部门的临时人员需求计划，拟定"人员招聘计划"。人员招聘计划应包括：需求岗位及人数、岗位说明、招聘方式、招聘时间、招聘信息公布方式及招聘费用预算等内容。

续上表

五、招聘方式及渠道

人才的引进和招聘，有以下的方式和渠道：

（1）招聘会招聘。

（2）通过人才中介机构招聘。

（3）网上招聘。

（4）报刊上招聘。

（5）推荐招聘，包括内部人员推荐、外部人员推荐以及自荐等。

六、人员招聘测试及识别

1. 人员招聘测试及识别程序

（1）基层员工。

报名→资格初审→用人部门面试→资格复审→确定人选→总经办审批。

（2）管理人员。

报名→资格初审→用人部门面试→综合素质测试→总经办复试→资格复审→确定人选→总经办审批。

（3）技术人员。

报名→资格初审→用人部门面试→综合素质测试→实际操作→总经办复试→资格复审→确定人选→总经办审批。

2. 测试及识别方法

（1）报名。

由行政人事部负责组织。应聘人员填写报名表，同时附上各类证件复印件，公司内部人员推荐或亲朋好友介绍的，要如实填写推荐人情况，否则将予处罚。

（2）资格初审。

由行政人事部负责，审查应聘人员的各种证件及工作经历是否符合应聘岗位要求，进行初步面试。

（3）用人部门面试。

初试合格的人员，由用人部门进行面试，初步考察知识、能力和心理素质状况，行政人事部门辅助监督执行。

（4）综合素质测试与评估。

对管理人员和专业技术人员在用人部门面试合格后，还要进行综合素质测试与评估，一般采用笔试的方法。按不同岗位从试题库中抽取不同的试题进行测试和评估，由行政人事部门负责。

（5）实际操作。

对专业技术人员还应进行实际操作的测试，根据不同的技术岗位从实操题库中抽取不同的实操题，进行现场实际操作测试和评估，由用人部门和行政人事部门

续上表

共同执行。

（6）总经办复试。

对通过以上测试的管理人员、技术人员及特殊要求的人才，最后由总经办进行面试，主要以交谈方式进行。

（7）资格复审。

对于决定录用的人员还需要进行资格复审，查验提供的学历、资历等有关证件的真实性。对存在的疑点事项，在必要时可进行函调落实。另外，特别重要的岗位还要进行政审。

七、报到

八、岗前培训

…………

指点迷津：

员工录用管理办法中的注意事项

在物业公司员工录用管理办法中，相关部门和人员需要签署意见。录用应聘人员时，由行政人事部根据招聘计划的各岗位所需人数，及时将合格应聘人员的面试和其他材料呈报总经办审批，经审批决定录用的人员。

经审批同意录用的人员，由行政人事部负责通知本人前来公司报到，负责与其办理入职手续，安排到用人部门，进行岗前培训，根据相关制度评定其工资福利待遇等级。另外，被录用者需要在通知规定期限的 3 日内到公司履行报到手续，否则视为放弃。为保障人员的需求，行政人事部需要及时在录用审核的备用人选中给予补充，并报请总经理批准。

制度 3：物业人员培训制度

范本

物业人员培训制度

第一章　总则

第一条　目的。为规范和促进培训工作持续、系统地进行，提升员工职业技能和素质，达到公司与员工共同发展的目的，制定本制度。

第二条　适用范围。本制度适用于公司全体员工。

第三条　原则和政策

（1）公司培训按照"经济、实用、高效"的原则，采取人员分层化、方法多样化、内容丰富化的培训政策。

（2）员工的专业化培训和脱产外出培训坚持"机会均等、公平竞争"的原则，员工通过突出的业绩和工作表现获得激励性培训和发展机会。

第四条　培训宗旨

全员培训，终身培训；学习改变人生，知识改变命运。

第五条　职责

（1）公司行政人事部负责制订和监督实施年度培训计划，负责公司培训的组织工作。

（2）各部门负责本部门员工培训计划的制订和实施。

（3）总经理负责公司年度培训计划的审批。

（4）行政部门负责整理和保存公司层级培训档案资料，各部门负责本部门培训资料的整理和保存工作。

第六条　培训类型

（1）新员工入职培训。

（2）岗前培训。

（3）新知识、新技能培训。

4. 持证上岗培训。

第二章　培训计划的制订

第七条　年度培训计划的制订流程

（1）行政人事部每年 12 月份将培训需求表分发给各部门，各部门经理根据部门的实际情况认真填写后交行政人事部进行评估。

（2）行政人事部根据评估结果，在 12 月 25 日前编制公司下一年培训计划，内容包括部门、人员名单、培训项目、培训类型、培训时间、培训地点，交总经理审批。

…………

第九条　培训具体内容

1. 新员工入职培训

（1）新员工入职第二天，由行政人事部安排为期 3 天的入职培训，培训内容包括企业文化、公司基本制度、物业管理基础知识、物业法律法规、礼貌礼仪等。

（2）由公司高层领导、行政人事部负责人、部门经理等人担任培训讲师，对不同内容进行授课。

2. 岗前培训

（1）新员工的岗前培训，培训内容包括物业管理法律法规、所在岗位的管理技巧以及岗位技能。

（2）转岗培训，指员工因工作调动、升迁产生岗位变动后，由用人部门对其进行新岗位上岗前的知识技能培训，培训内容既包括理论知识也包括实际技能。

续上表

....

第三章　培训纪律

第十条　参加培训的员工应严格遵守培训纪律，认真听讲。为保证培训工作效果，对培训期间学员的纪律做如下要求。

（1）培训期间，所有学员须服从培训组织部门的统一安排和管理。

（2）所有学员应严格遵守培训时间安排，不得迟到早退，如确因特殊原因不能按规定时间参加培训的，应当填写"请假单"，经批准后方可请假；迟到、早退及未请假缺席的，按考勤制度相关规定处理。

....

第四章　培训评价

第五章　培训费用

第六章　培训记录

....

制度4：物业人员考核制度

物业人员考核制度　范本

一、客服部工作考核内容

（1）及时收集、整理、统计业主/用户入住、装修、租赁等信息，确保相关信息真实性，未做到，扣绩效考评分2分/次（户）。

（2）认真耐心接待投诉，及时处理并跟踪督促解决，不能解决的上报部门负责人，负责人协助处理，部门负责人不能处理的上报办公室，由办公室协助处理，及时跟踪事情处理完成进度及做好工作记录，未做到，扣绩效考评分3分/次。

（3）对投诉的业主作定期回访，加强沟通，及时反馈信息并做好相关工作记录，未做到，扣绩效考评分2分/次。

....

二、保洁部工作考核内容

1.全体保洁考核内容

2.楼层保洁考核内容

3.办公楼保洁考核内容

4.车库保洁考核内容

三、保安部员工考核内容

四、工程部员工考核内容

....

表格 1：员工培训计划表

班　　组	序　　号	培训、学习内容	培训对象	培训地点	培训时间

表格 2：培训效果跟踪表

培训课程		评估对象		
培训时间		跟踪评价时间		
培训前情况说明				
评估项目	非常满意 （90 ～ 100分）	较满意 （70 ～ 89分）	一般 （60 ～ 69分）	差 （60分以下）
工作态度				
工作质量改进				
工作方式改进				
知识的实际运用				
效果跟踪结论				
部门领导签字		时　　间		

表格 3：应聘人员面试评估表

姓　　名		应聘职位		薪资要求		到岗时间	
出生年月		性　　别		籍　　贯		联系方式	

续上表

招聘渠道	□招聘会招聘 　□人才中介机构招聘 　□网上招聘 　□推荐招聘			
评估项目	评估得分（可选字母或数字评估） 1. 数字评估：极优 >95，优秀 95 ~ 90，良好 89 ~ 80，一般 79 ~ 70，较差 69 ~ 60；2. 字母评估：A（好 5），B（较好 4），C（一般 3），D（较差 2），E（差 1）			
	项目明细	初试	复试 1	复试 2
个人修养	1. 道德人品			
	2. 是否守时			
	3. 健康程度			
	4. 礼貌礼节			
	5. 仪容仪表			
求职意愿	6. 个人职业目标是否明确			
	7. 对应聘职位是否了解			
	8. 求职态度是否积极、诚恳			
综合素质	9. 执行力			
	10. 责任感			
	11. 快速反应能力			
	12. 团队意识			
	13. 表达沟通能力			
	14. 抗压能力			
性格特征	15. 激情			
	16. 自信心			
	17. 积极的心态			
专业知识与技能	18. 专业背景			
	19. 相关工作经验			

续上表

评估项目	项目明细		初试	复试 1	复试 2
专业知识与技能	20. 专业知识水平				
总评得分					
其他优势或不足					
经理复试	面试人：		意见： □录用　□推荐复试　□存档　□不录用		
	日期：				
副总复试	面试人：		意见： 　　　　　　□录用　□存档　□不录用		
	日期：				
总经理审批意见			意见： 　　　　　□录用　□存档　□不录用		

表格 4：试用期考核审批表

姓　　名		性　　别		工　　号		学　　历	
部　　门		岗　　位		起止时间			
个人试用小结	签名：　　　　　　　　　年　　月　　日						
部门建议	□提前转正　　　　　□正常转正　　　　□延长试用期（　）月 □撤销试用期担任职务　　□建议调至其他部门　　□不合格，辞退						
部门评价	附：相关考评、考试记录 签名：　　　　　　　　　年　　月　　日						
转正薪资	人民币 _____ 元／月（由人事行政部填写） 部门负责人批示：_____						
人事部意见				公司领导审批意见			

表格 5：培训成绩表

培训主题		培训时间		培训地点		讲师	
成绩合格人员							
部　　门		姓　　名		成　　绩		考核方式	
成绩不合格人员							
部　　门		姓　　名		成　　绩		考核方式	
备　　注							
总经理				评核者			

1.4　考勤与出差管理

规范 1：员工考勤规定

条　目	规　范　内　容
1	每位员工必须认真执行考勤制度，以加强部门管理和薪金发放工作，保证部门各项工作有序进行。迟到早退、擅离岗位、旷工均属违反制度行为。
2	考勤制度由部门领导直接监督，考勤人员认真记录、实施。
3	公司实行上下班打卡制度，打卡时应自觉排队、遵守纪律。员工上班按规定时间打卡，超过上班时间打卡按迟到处理；未到下班时间擅自离开即为早退；忘记打卡按旷工处理。

续上表

条　目	规　范　内　容
4	因公出差影响正常打卡者，须填写出差申请单，经部门领导审批后，由部门人员交至综合办。因公事当天未正常打卡者，须当日至次日填写未打卡证明。严禁代替打卡，代打卡员工和未打卡员工一律扣罚双倍工资。
5	迟到、早退不超过 30 分钟者，每次扣 20 元；30 分钟及以上者每次扣 50 元；超过 3 小时且没有请假者，按旷工处理。
6	病事假由员工提出申请，并填写请假条，由部门领导批准，请假条交由考勤人员记录后可休假。病假两日以上者，需有县级以上医院开具证明。
7	旷工双倍扣除工资，一月内旷工超过三天者，按自动离职处理；旷工半天扣罚当日工资、旷工一天扣罚双倍工资（特殊情况须由总经理批示）。
8	一般情况下，部门不安排加班，特殊工作需要加班或国家规定的节假日值班或加班的，经部门领导批准并上报综合办公室后，方可加班，并由部门考勤人员做好加班记录，事后由部门领导安排当月内补休或发放加班费。

规范 2：员工差旅费报销范围规定

条　目	规　范　内　容
1	差旅费核算的内容主要用于出差旅途中的费用支出，包括购买车、船、火车、飞机的票费，住宿费，伙食补助费及其他方面的支出。
2	一般情况下，单位补助出差伙食费就不再报销外地餐费，或者报销餐费就不再补助出差伙食费。
3	外地餐券不能计入差旅费中，因为税法上并没有相关的文件规定。

制度 1：员工考勤管理制度

员工考勤管理制度　　　范本

第一章　总则

　第一条　目的。为了加强公司人力资源的开发和管理，保证公司各项政策措施的执行，特制定本规定。

　第二条　适用范围。本制度适用于公司全体员工。

续上表

第二章　请假制度

第三条　请假一天的由主管领导批准，请假两天及以上的由总经理批准，并在行政人事部备案。

第四条　请假手续以书面为准，如遇特殊状况无法办理书面请假手续，则应电话请假，书面手续后补，信息请假无效。

第五条　员工因公外出不能按时记录考勤的，应在归岗后尽快在行政人事部进行登记，并由主管领导签字确认。

第三章　病假制度

第六条　员工本人确实因病，不能正常上班者，须主管领导批准，报行政人事部备案。连续请病假超过 3 个工作日者，必须取得医院开具的休假证明。

第七条　患病员工请假应于当日上班前向主管领导请假，经批准后方可休假。

第八条　员工须在病愈上班当日将病假条交给行政人事部核查存档。

第九条　病假工资发放，1~10 天以内按照基本工资的 30% 发放；10 天以上按照《工资支付暂行规定》发放。

第四章　事假制度

第十条　员工因合理原因需要请事假的，须提前一天书面申请（如遇不可预测的紧急状况，务必由本人在早晨九点以前请示公司领导），如实说明原因，经主管领导同意后方可休假，否则按旷工处理。

第十一条　请事假当日不支付工资，即按照日标准工资 100% 扣除。

第十二条　工作时间如有私人紧急事务需要离岗处理，按照事假的规定向主管领导请假，违反规定者以旷工计罚。

第五章　年假制度

第十三条　根据《职工带薪年休假条例》规定，年假天数的计算以在本公司工作的年限为准，职工累计工作已满 1 年不满 10 年的，年休假 5 天；已满 10 年不满 20 年的，年休假 10 天；已满 20 年的，年休假 15 天。国家法定休假日、休息日不计入年休假的假期。

第十四条　年假应提前向公司提出申请，审批方可进行休假。

第十五条　当年未休年假者不得累积到第 2 年（特殊状况除外）。

第六章　婚假制度

第十六条　根据《中华人民共和国婚姻法》规定，员工请婚假时，必须本人填写婚假申请单，经主管领导批准，交行政人事部备案。假后需要拿结婚证及证明销假。

第十七条　婚假时间。根据《中华人民共和国婚姻法》规定，按法定结婚年龄（女 20 周岁，男 22 周岁）结婚的，可享受 3 天婚假。如果本地有其他规定的，则按照其他规定执行。

第十八条　婚假包括公休假和法定假。

续上表

> 第十九条　婚假期间工资待遇。在婚假期间，工资照发。不影响工龄计算、晋升以及调级。
>
> 第二十条　结婚时男女双方不在同一地工作的，可视路程远近，另给予路程假。
>
> **第七章　产假制度**
>
> **第八章　丧假制度**
>
> **第九章　旷工制度**
>
> …………

指点迷津：

员工考勤管理的常见技巧

对于行政人事部的 HR 来说，日常考勤可以帮助自己与公司合理安排和管理员工，但是如何能够发挥考勤的真正作用，如何将考勤做到最好，还需要掌握几个常见的考勤管理技巧。

【制定严格的规章制度】

对于行政人事部来说，想要让考勤制度严格执行下去，就必须制定严格的执行方案，哪个员工破坏了制度，就需要受到严格的处罚，这样才能确保考勤制度有意义。

【灵活调整的考勤方案】

如果考勤方案过于死板，可能得不到理想的考勤结果。因此，行政人事部需要灵活地调整考勤方案，使公司全体员工更加自发地遵守。

【重点处理不遵守纪律的员工】

对于一个公司而言，总会有些员工不喜欢遵守纪律。因此，对于经常不遵守考勤制度的员工，一定要给予警告或记过处分，通过这样的处理方式来加深其他员工的印象，从而自觉遵守考勤制度。

【定期与员工进行沟通】

对于一些不愿意遵守或者勉强遵守纪律的员工，可以在管理层的批准下，找他们进行沟通，让他们明白公司执行考勤制度的目的。

【坚持公正的考勤原则】

为了避免考勤出现不公平的情况，行政人事部的 HR 必须严格按照规章制度来办事，不能因为个人感情，而使考勤结果出现偏差。

站在公司的角度来说，肯定希望考勤制度能够发挥出一定的积极作用，不过也要把握一个度，不能过于用力而导致员工不适应，从而辞职离开公司。

制度 2：员工外出管理制度

员工外出管理制度

范本

一、目的

为了进一步规范公司员工外出流程及报销，加强差旅费及有关费用的控制和管理，特制定本制度。

二、适用范围

本制度适用于公司全体员工。

三、外出定义

1. 员工外出分为外勤和出差两种。

2. 因公出差：于本市或本地区范围内，当天往返的，视为外勤。

3. 因公出差：不能当天往返，且发生住宿的，视为出差。

四、审批程序、权限和流程

1. 员工因工作需要出差时，须填写《出差申请单》。并交由主管领导审批，总经理批准。

2. 员工出差国外一律由总经理批准。

3. 员工将填写好《出差申请单》交由行政人事部，行政人事部确定签批完整后，扫描电邮至相关人员。

4. 行政人事部根据出差日期及出差人员级别，购买火车票或飞机票。若火车售票系统内车票不足或无票情况下，需要更换出差日期，应在第一时间通知到相关部门负责人。

5. 员工外出时，必须严格按照上述流程操作。因特殊情况未能履行出差审批手续的，可由部门负责人或相关人员代为填写或出差后补办。否则，外出员工将被视为旷工。

五、外出人员管理原则

1. 出差人员必须采用高效、经济、安全以及便捷的交通工具、路线和时间出行，避免出现浪费行为，提倡节约。

2. 外出人员公干时，应随时保持热情、礼貌以及友好，自觉维护公司形象。

六、差旅费构成

1. 长途交通费：飞机、火车、轮船、高铁与长途大巴产生的费用。

2. 市内交通费：公交、地铁与出租车产生的费用。

3. 住宿费：异地出差因过夜住宿产生的费用。

4. 餐费补贴：按地区标准和职务，限额计发补贴。

5. 通信费用：因工作需要电话沟通产生的费用。

6. 其他费用：传真、复印与快递等公共费用。

续上表

七、具体规定

1. 外勤人员外出时，须在《外勤人员登记表》上登记签字。

2. 外勤人员报销：公司报销车费、餐费和住宿费，但是没有出差补贴。外勤须填写《外出单》，出差须填写《出差单》。

3. 出差人员选择交通工具一般以火车或长途大巴为主，火车行驶 6 小时以内，乘坐硬座；6 小时以上为硬卧。管理级人员或研发部人员可乘坐高铁或飞机出行。特殊情况下，出差人员选择飞机出行，必须由总经理批准后方可执行。行政人事部也可综合市场票价，择优选择交通工具。

4. 普通员工一线城市餐费补贴 50 元／天，二三线城市餐费补贴 40 元／天；主管级以上人员一线城市餐费补贴 70 元／天，二三线城市餐费补贴 60 元／天。

5. 主管领导可根据出差具体情况（如工作量、工作环境等），为外出人员申请出差补贴，补贴标准为 60 ～ 80 元／天。

6. 因工作需要产生的通信费，出差负责人每月可享受 100 元／月补贴。特殊情况下，可酌情增加报销费用。出差人员出差时间不足一个月的情况下，也可按此标准执行。

7. 一般情况下，普通员工住宿费用报销一般不超过 160 元／晚，管理人员不超过 240 元／晚，超出部分自理。

8. 因特殊情况需要乘坐出租车的人员，须事前征得主管领导同意后方可执行。否则，不予报销。

9. 因公务出差，不得从事与工作无关的事项。因特殊情况，确实需要办理私事时，应提前向主管领导申请，同意后方可办理。否则，按旷工处理。

10. 出差人员中途改变路线时，应提前向主管领导申请，同意后方可执行。

11. 员工出差必须每天以邮件或电话形式向主管领导汇报工作，不能以邮件形式汇报的，应记录当天工作内容，返回后以邮件形式发送至相关人员。重要人员出差返回 5 天内应向总经理和相关人员提交出差报告。

12. 出差人员需要借款时，须填写《借款单》，并经主管领导签字后方可领取。

13. 管理人员因个人原因需要参加会议、学习或培训期间，公司提供有薪假，但每月不超过两次，每次不超过 1 天。公司不承担任何食宿和交通费用，所产生的一切费用自理。

14. 员工因病或因事需要在当地请假，可由出差负责人批准，并知会相关人员。出现无出差负责人或请假超过两天及以上者，须报请主管领导与总经理批准。

15. 因生病（需要住院）可按标准支付出差补贴，不报住宿费、餐费和市内交通费。住院期间出差补贴不超过 10 天。

16. 出差中公休：出差过程中，若遇公休日，应以公务为重，继续执行出差任务；若遇到出差单位公休无法办公，可安排休息。

17. 超期停留：出差过程中，因生病（未住院）交通中断或其他不可抗力因素造成超过预订期限停留的，在核清事实基础上，按实际差旅费报销。

18. 出差结束后回公司的交通费用，实报实销；出差地请事假／病假，不直接回公司的，按出差地到公司的交通费用报销；出差时遇法定节假日放假，不直接回公司的，不予报销。

19. 员工出差期间因工作需要加班按国家规定加班费计算。出差在途遇周六日可计作加班或安排调休。

20. 外出时借道探亲访友须经主管领导批准，相关费用不予报销，探亲访友期间公司不予发放任何补贴。

八、出差费用报销审核

1. 出差人员按相关标准范围内实报实销，超支自理。

2. 出差住宿费用的审核以实际过夜天数和限额标准确定，并附有出差时间、出差地点一致的有效住宿凭证发票，超过限额标准部分，个人自理。一般情况下，住宿由行政人事部负责预订，相关出差人员离开入住酒店后，领取并保管好发票。待出差返回公司后，上交至行政人事部处即可。

3. 同性人员一起出差的，应以标准间为主，且报销费用只允许一人报销。

4. 外勤人员无特殊情况，一律不准报销住宿费用；外勤人员外出范围包括公司所在地及周边城市和地区。因特殊情况，需要住宿的人员必须经总经理批准。

5. 乘坐火车以硬座或硬卧为原则，高铁以二等票为原则，轮船以三等舱为原则，乘坐飞机以经济舱为原则，总经理级以上可乘坐商务舱。

6. 外出人员返回后应于一周内办理报销手续，并交到财务部。报销人员应填写《出差报销单》，并按财务要求粘贴好票据，否则财务部可以不予办理。《出差报销单》应由主管领导审批，由总经理批准。

7. 财务应遵循前账不清，后账不借的原则办理报销手续。

8. 外出报销须提供正规发票，否则不予报销。

9. 出差人员负责保管好各项票据，若有遗失，财务不予报销。严禁借、买其他日期相关票据代替。

10. 由接待单位免费提供食宿和交通工具的，公司将不予报销任何费用和发放餐费补贴。

11. 搭乘公司提供交通工具者，不再报销交通费用。

12. 外出人员应严格遵守国家法律法规和公司规章制度，如发现从事违反法律法规规定的其他情形，一经发现，立即按相关规定解除劳动关系，并不予经济补偿。

九、差旅费报销违规追究

十、附则

　　…………

表格 1：考勤汇总表

部门：　　　　　　　　　　　　　　　　考勤时间：　年　月　日至　年　月　日

序号	姓名	应出勤	实出勤	迟到/早退	病假	事假	旷工	新到岗	辞职	辞退	备注

考勤员：　　　　　　　　部门主管 / 经理：　　　　　　　　人事行政部审核：

表格 2：员工考勤登记表

填表日期：

姓名	所属部门	星期一		星期二		星期三		星期四		星期五	
		上班时间	下班时间	上班时间	下班时间	上班时间	下班时间	上班时间	下班时间	上班时间	下班时间

表格 3：员工加班申请表

填表日期：

申请人		所属部门		岗 位	
加班时段	□工作日加班		□周末假日加班		□法定节日加班
加班事由					
加班时间					
加班工作内容					
加班地点					
部门领导审批		总经理审批		考勤员登记	

表格 4：员工请假申请单

填表日期：

申请人		所属部门		岗 位	
请假类别	□事假 □病假 □婚假 □产假 □丧假 □其他（请注明）				
请假事由					
请假时间	年 月 日至 年 月 日				
部门领导审批		总经理审批		考勤员登记	

注：1. 员工 2 天以内（含）由部门负责人批准；3～5 天（含）经部门负责人签署意见后，报分管领导批准。

2. 主管级以上管理人员 3 天以内（含）由分管领导批准。

表格 5：员工出差申请表

填表日期：

申请人		所属部门		岗 位	
出差事由					

续上表

出差时间	
出差工作安排	
出差地点	
出差办事事项	
出差费用预算	

部门领导审批		总经理审批		考勤员登记	

表格 6：差旅费报销单

填表日期：

申请人		所属部门		岗　位		
出差事由			经费来源			
出差地点						
起止时间	从　月　日至　月　日		附单据数			

差旅费票据金额		各种补助	标准	人数	天数	金额
飞机票		伙食				
火车票		住宿				
汽车票		公杂				
住宿费		乘车超时				
伙食费		未乘卧铺				
其他		备注（乘坐机的理由）：				

1. 是否由接待单位安排伙食：□是　□否
2. 是否由所在单位、接待单位或其他单位免费提供交通工具：□是　□否

金额合计：　万　仟　佰　拾　元　角　分　¥＿＿＿＿＿＿＿＿

预支金额		应退金额		应补金额	
部门领导审批		总经理审批		审核会计	

表格 7：人员借用联系单

部门：_____   时间：_____

借用部门	被借用部门	借用人数	借用时间	借用事由	备注

表格 8：加班记录表

姓名	部门	加班记录		部门负责人确认	
		时间	任务		

编制：   审核：   批准：

1.5　人事信息管理

规范 1：人员的配置规定

条　　目	规　范　内　容
配置原则	人员配置秉持定岗定编、精干高效与合理适用的 3 项原则，从而建立一支管理、技术、营销与服务为一体的高素质、专业化的员工队伍。
配置方式	1. 人员配置采取计划方式。每年 12 月份，各部门结合本部门该年度实际经营情况及下一年度业务发展需要，分析部门工作量和人员需求，向行政人事部提交《定岗定编计划表》，行政人事部审核汇总后报总经理审定。 2. 行政人事部根据审定的定岗定编计划，编制《人力资源编制计划》报总经理室审定，审定后的计划作为下一年度公司人员配置的依据。
配置调整	1. 如果公司年度经营情况发生变化，使部门工作量减少，该部门以书面形式向行政人事部提交本部门岗位设置及人员编制调整申请，经行政人事部审核并报总经理室审定，审定通过后执行。 2. 未经申报，各部门不得擅自调整本部门的年度岗位及编制。

规范 2：员工档案管理规定

条　　目	规　范　内　容
1	确保员工档案有专人管理、有制度规范且有场地存放，即有人熟悉档案管理工作，档案保管安全，档案管理工作规范且有保障。
2	确保所存档案的复印件与原件相符，是原始且有价值的，以蓝色或蓝黑钢笔或碳素笔填写，所填内容规范以及所用纸张规范工整。
3	存档资料要按顺序分类存放，如可分为基本情况类、证书证件类、培训学习类、岗位变动类、奖惩类以及薪酬类等。
4	保证一人一档，用档案盒按员工编号存放，尽量不使用档案袋和档案夹存放。
5	电子档案与纸质档案内容一致，而电子档案并不是将纸质档案扫描，而是将纸质档案中的信息保存在软件工具中，如 Excel 表格、ERP 系统等。
6	如果其他档案与员工档案资料存在重叠，原则上员工档案保存原始资料。

制度1：员工守则

员工守则

范本

一、遵守公德

公司员工必须遵纪守法、做维护社会公德的模范，公司绝对不允许违背公德、违反法律的现象存在。对一个员工来说，是否自觉维护公共场所秩序，纪律观念、法制意识强不强，体现着他的精神道德风貌。同时，遵纪守法也是保护社会健康、有序发展的基础。

二、爱岗敬业

1. 爱岗敬业：热爱自己的工作，勤奋努力，不断提高工作效率和工作质量。

2. 尽职尽责：要求员工必须做到三负责，即对社会负责，对公司负责，对自己负责。全力以赴地完成工作任务和履行职能，对自己的失误承担责任。

3. 服从领导：员工必须服从领导安排，与领导保持一致把工作做好，不与领导背道行事。

4. 逐级上报：员工有事应向所属直接领导汇报，除直接领导有重大失误或特别情形下，不得越级汇报。

三、团结协作

1. 紧密团结，精诚合作，工作中相互协调，相互支持，建立起融洽的人际关系。

2. 严以律己，宽以待人，相互关心，相互尊敬，开展批评与自我批评。

3. 不搞小团体、小帮派，倡导同事间密切和谐的关系。

4. 不拨弄是非，无中生有，挑拨离间，说不利于团结的话。

5. 保持积极的生活态度和工作态度，以积极包容的心态对待公司管理中的问题，主动提出改进性的建议和意见，以成熟的方法解决问题。

四、遵守纪律

1. 下级服从上级是公司管理的基本原则，员工应自觉服从领导的安排和工作调动，不得公开顶撞领导，不得无故拒绝、拖延、敷衍或擅自终止领导安排的工作。

2. 遵守公司制定的作息时间，不迟到，不早退，上下班要打考勤卡。

3. 公司员工必须严格遵守工作纪律，上班下班时间不擅离职守，不串岗及私自外出，不聊天、听音乐、吃零食、嬉闹、大声喧哗。未经他人允许，不得翻阅他人文件、资料，动用他人物品。

4. 工作时间要专心工作、精神振作、紧张有序，不用办公电话打私人电话、上班期间不在公司岗位接待亲友、不办理个人私事，不在禁烟区吸烟，不阅读与工作无关的杂志书刊和不做其他与工作无关的事。

五、诚实自律

1. 遵守职业道德，不贪污受贿，自觉抵制社会上的不正之风。

2. 不得利用职务和工作之便向他人索取钱财和为个人亲友谋私利。

续上表

3. 不得挪用公司财物，更不得利用职务之便将公司财务占为己有或转送他人。

4. 对于其他有业务往来的公司和个人赠送给公司或个人的礼品、财物，必须上交到公司办公室、财务部。

六、安全保密

1. 要随时随地注意防火安全，发现安全隐患要及时报告处理。每个员工都要熟知防火设施的位置和使用方法。

2. 注意公司现金和贵重物品、财物的安全存放，办公室无人时要随手关门。

3. 严格执行公司的保密制度，严守公司秘密。

七、仪表大方

1. 员工必须仪表端庄、整洁。

（1）头发：职员头发要经常清洗，保持清洁，男职员不留长发。

（2）指甲：应经常注意修剪指甲。

（3）胡子：不留胡须，保持面部清洁。

（4）女职员化妆应给人清洁健康的印象，不能浓妆艳抹，不宜用香味浓烈的香水。

2. 工作场所的服装应清洁、方便，不追求修饰。办公室男员工在工作日内要求穿西装打领带，女员工应穿正装。其他按照公司岗位安排着工作装。

（1）衬衫：无论什么颜色，衬衫的领子与袖口不得有污垢。

（2）领带：外出前或要在众人面前出现时，应佩戴领带，并注意与西装、衬衫的颜色相配。领带不得肮脏、破损或歪斜松弛。

（3）鞋子应保持清洁。

（4）女员工要保持服装淡雅得体，不得过分华丽，不穿过于暴露的衣服，不戴装饰品。

八、言行文明

九、美化环境

…………

指点迷津：

员工守则制定原则

员工守则作为公司内部约束员工行为的基本规则，需要遵循一定的原则。

【合法性】

公司内部规章制度必须合法，违法的内部规章制度一律无效。在制定员工守则时，首先要对国家相关劳动法规、人事法规进行了解，不要制定出违反国家法律法规无效的员工守则,如规定员工上下班要搜身检查、员工入职需要交纳保证金等,这些规定都严重侵犯了员工的合法权益。

【适合性】

广泛征求员工的意见和建议,因为员工守则是公司员工规范自己言行的基本准则,以公司员工为主体制定出来的规则更具操作性。例如,通过员工代表大会或选派员工代表,参加内部规章制度制定。另外,员工守则制定出来后,还需要向公司全体员工公示,并组织学习和贯彻实施。

【合理性】

在《劳动法》或其他法律法规没有规定的情况下,公司制定其内部规章制度时要以公平、合理与科学为原则,不仅要考虑员工的利益,还要考虑公司的利益。同时,不仅要对员工劳动行为进行规范和制约,还要考虑对员工劳动积极性的激励。

制度2:员工人力资源档案管理制度

员工人力资源档案管理制度

一、目的

对人力资源档案进行有效管理,能有效地保守机密。维护人事档案材料完整,防止材料损坏,便于档案材料的使用。

二、适用范围

本制度适用于公司所有员工。

三、工作职责

公司人事档案统一由人力资源部管理,工作职责主要包括:

1.按照归档要求,审核档案材料完整性,及时做好归档,录入人力资源数据库。

2.根据员工岗位级别、工作状态进行分类管理,便于档案查阅。

3.维护档案材料的完整性,避免出现档案材料损坏和遗失。

4.做好档案外部查询、借阅工作。

5.做好档案保密工作,防止档案机密外泄。

四、人事档案管理

1.在职员工档案管理

(1)在职员工档案包括员工入职档案和之后形成的人事档案材料。员工入职档案内容及装订顺序为:

①《到岗通知单》。

②《职位申请表》。

③《面试评估表》。

续上表

④一寸照片（5 张）。

⑤身份证复印件（2 份）。

⑥学历证、职称证、等级证复印件（各 2 份）。

⑦体检报告原件。

⑧离职证明原件。

⑨入职意向书。

⑩试用期录用条件书。

⑪员工入职承诺。

⑫关于社保参保情况说明。

⑬已签章的《劳动合同书》（一式 2 份）。

⑭已签章的《知识产权保密合同》。

员工入职资料装订位置为第一页左上角倾斜 45°处装订。

（2）凡人事档案中要求填写的栏目，一定要如实填写，内容完备详细，并按要求签字确认。

（3）人事档案材料必须干净、完整、齐全、真实、文字清楚，如不符合归档要求，有关部门要及时补送材料。员工档案管理包括该员工相关的招聘、录用、考核、薪资、福利、奖惩、培训、体检等材料。

（4）劳动关系专员负责将上周办理完成入职手续的档案交由档案管理员归档保管，档案管理员对新入职员工档案进行标准编号归档，编号格式为：员工入职公司编号＋入职时间前后的档案顺序号码，顺序号码共 6 位，例如第一位公司入职员工的档案编码为"HR000001"，依此类推。

（5）员工晋升、降职、异动及奖惩资料，由劳动关系专员将正式审批材料于承办后 5 个工作日内送交档案管理员处归档。对于不能及时完成移交和归档工作的员工，将参照第七条中的相关规定进行处罚。

2. 离职人员的档案管理

（1）劳动关系专员在规定时间将新增的离职人员名单及《员工离职申请表》移交至档案管理员处。

（2）档案管理员将离职人员的档案资料从在职人员档案中转移至离职档案中统一保管。对于不能及时完成移交和归档工作的员工，将按照档案管理的违规责任规定进行处罚。

（3）离职人员档案资料保存期限为两年，超过保存期限的人事档案按档案销毁规定予以处理。

3. 未录取人员的档案资料管理

（1）招聘专员将面试未录取人员的资料统一交由档案管理员保管，档案管理员每月将本月所有面试未录取人员资料汇总整理。

（2）应聘人员资料保存半年后按档案销毁规定予以销毁。

五、人事档案借阅制度

1. 借阅范围

凡因考察、任免、调动、审干等，需要查阅员工档案的可以提供人事档案。与他人案件有密切关系，而本人不便口述或其他特殊原因不能提供情况，必须从其档案中取得旁证材料的，可提供人事档案的有关部分。公安部门因业务需要，了解有关人员情况时，可提供有关部分的复印件。

2. 借阅手续

借阅人事档案必须经人力资源部部长（或副总裁）批准，并办理借阅手续，在档案管理员处填写"人事档案借阅登记表"，须注明原因、借用期限，用毕立即归还。

3. 借阅规定

人事档案原则上不得借出使用，如确因特殊情况必须借出时，需经人事部门批准同意并在"人事档案借阅登记表"上签字，须注明原因、借用期限，用毕立即归还。查阅、借阅档案人员不得随意圈划、涂改、拆散、折叠、抽换和损坏。未经人事部门同意，不得任意摘录、复制。如有遗失或损坏应及时报告。借档人员途中决不允许携带档案到公共场所，借档人应对档案妥善保管，不准转借，不准给无关人员翻阅。查借阅档案人员，必须在登记簿上登记其档案材料的名称、查阅内容及归还时间并签名。查借阅档案人员，必须严格遵守保密制度，不得向无关人员泄露档案内容。

六、存放管理与销毁制度

1. 档案的存放管理

根据气候的不同变化，经常注意档案的通风、温度、清洁、防火、防盗、防晒、防潮和防蛀。档案柜不准存放无关的物品。每季度核对一次档案编号，发现编错或放错位置应立即纠正。档案柜的钥匙由档案管理员保管，不能将钥匙转借他人。离开档案柜时须及时关闭档案柜。备用钥匙由人事经理保管。

2. 档案的销毁

对离职超过两年以上员工的人事档案资料和面试未录取人员超过半年以上的资料应单独集中存放并进行集中销毁。销毁前必须经有关领导批准审定，完备审批手续后，方可销毁。批准销毁的材料必须注意严格保密，由档案、保密等部门派人监销。

七、违规处罚责任及标准

....

制度 3：员工离职管理制度

员工离职管理制度

第一条　目的

为使公司离职管理有所依循，确保公司和离职员工的合法权益，特制定本管理规定。

第二条　适用范围

本规定适用于公司本部、各管理处。

第三条　职责

人力资源部负责公司本部、各管理处员工的离职手续办理。

第四条　辞职管理

（1）辞职员工本人提出终止与公司的劳动合同关系，并得到批准。

（2）员工辞职应提前 30 日（含休息日）提出书面申请（试用期内除外）。

（3）对于辞职申请不足 30 日的员工，须支付违约金。

（4）有下列情形之一的，不准或暂时不准辞职：

①主要工作未处理完毕须由本人继续处理，或辞职后对工作将造成较大损失或不良影响的。

②公司选派或出资参加脱产培训，未满规定服务年限的。

…………

制度 4：员工晋升降级制度

员工晋升降级制度

1. 目的作用

公司鼓励员工努力工作，为工作勤奋、表现出色、能力出众的员工提供晋升和发展的机会；同样，对于能力差、缺乏工作责任心的员工实行降级处理。切实体现"能者上，平者让，庸者下"的用人原则。为规范这方面的工作，完善员工的升降机制，特制定本制度。

2. 管理职责

2.1 行政人事部是员工晋升、降级的归口管理部门，负责升降机制的建立，并对员工的升降工作全程跟踪。

2.2 各部门对员工的升降必须高度负责，实事求是，不得弄虚作假。否则追究相

续上表

关人员责任。

3. 晋升

3.1 定义：晋升是指员工服务一定年限后，因为工作成绩优异，经公司考核后由较低的职位上升到较高的职位。

…………

表格 1：在职员工登记表

姓名		性别		年龄		出生年月		近期一寸照片
视力		身高		体重		健康情况		
学历		专业		毕业学校				
户籍		婚否		身份证号码				
联系方式				现居住地址				
现工作部门				工作岗位				
是否服从工作调动				工作职称				

填表日期：		入职时间：		特长：	

	称 谓	姓 名	联系方式	工 作
家庭成员				

	起止日期	在何地学习 / 工作	事务及职务	离职原因
本人简历				

续上表

填表人申明	1. 本人保证填写资料属实。 2. 保证遵守公司各项规章制度。 3. 若有不实之处，本人愿意无条件接受公司处罚甚至辞退，并不要求任何补助。 　　　　　　　　　　　　　　　　　　　　　申明人：

请依次选出 3 项您最希望从企业中得到的（　　　）

A. 较高的经济回报　　B. 良好的专业技术　　C. 先进的管理办法　　D. 较高的职位

E. 较强的综合能力　　F. 发挥自我的能力　　G. 较高的社会地位　　H. 培训机会

表格 2：新员工试用表

人事资料							
姓名		所属部门		职位		报到时间	
年龄		毕业院校		专业		学历	
甄选方式	□公开招聘　　　　□推荐遴选　　　　□内部提升						
工作经验	相关 ＿＿＿ 年，非相关 ＿＿＿ 年，共 ＿＿＿ 年						
试用计划							

1. 试用职位

2. 试用期限

3. 督导人员

4. 督导人员工作：　□观察　□训练

5. 拟安排工作

6. 训练项目：

7. 试用薪资：＿＿＿＿＿＿＿＿元

　　　　　　　　　　　　　　　　　　核准：　　　　拟订：

续上表

试用结果考察
1. 试用期间：自　　年　月　日到　　年　月　日
2. 安排工作及训练项目：
3. 工作情形：□满意　□尚可　□差
4. 出勤情况：返退 ___ 次，病假 ___ 次，事假 ___ 次
5. 评语：□拟正式任用　□拟予辞退
6. 正式薪资拟核：_____ 元
人事经办：　　　核准：　　　考核：

表格3：新员工转正申请表

姓　　名		试用期起止时间		年　月　日至　年　月　日			
所在部门		工　　种			职　　务		
试用期工资			元	转正工资			元
员工转正自我评述	申请人：　　　　日期：						
所属部门意见	工作表现：不合格□　合格□　良□　优□ 业务素质：不合格□　合格□　良□　优□ 　　　　　　　　签名：　　　日期：						
行政人事部意见	转正意见：　　　　同意□　　不同意□ 　　　　　　　　签名：　　　日期：						
备注							

第 2 章

治安保卫管理

（治安＋交通车辆＋消防＋突发事件）

治安保卫管理是物业管理的核心工作之一，其主要任务是为管辖区域内的业主和使用人提供并保持安全、舒适的居住环境，维护区域内治安和秩序。治安保卫管理是一项责任重、工作时间长且劳动强度大的工作，本章主要对这项工作中涉及的相关工作规范、制度和表格进行介绍。

2.1 治安保卫管理部岗位体系

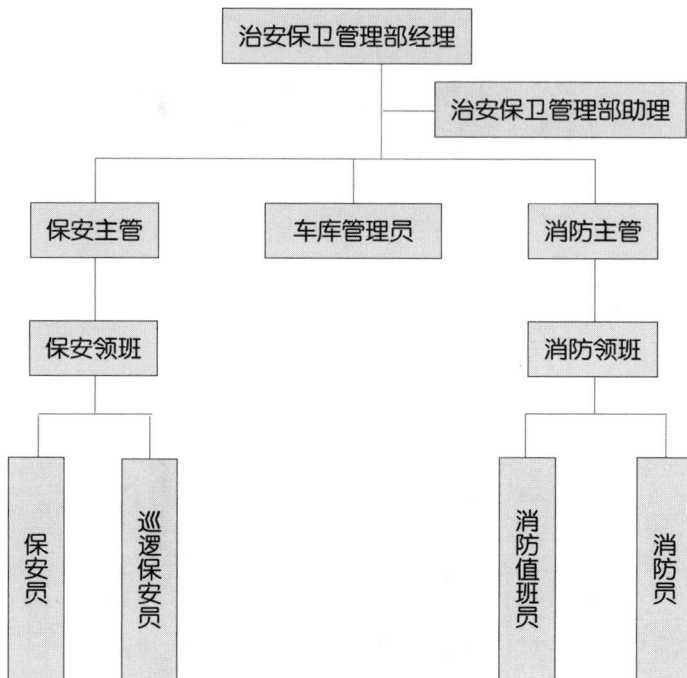

治安保卫管理部经理
治安保卫管理部助理

保安主管　车库管理员　消防主管

保安领班　　　　消防领班

保安员　巡逻保安员　　消防值班员　消防员

2.2 治安保卫管理岗位配置及岗位职责

2.2.1 治安保卫管理部经理

岗位名称：治安保卫管理部经理	
直属上级：董事长、总经理、副总经理	
直接下级：保安主管、车辆管理员、消防主管、治安保卫管理部助理	
岗位职责	1. 在董事长、总经理、副总经理的领导下，负责安全管理队伍和安全工作的管理，包括保安员的培训、政治思想教育工作。 2. 熟悉治安、车辆和消防各岗位的职责、任务、工作要求、考核标准，掌握辖区内保安工作的规律特点，加强重点岗位的安全防范。 3. 负责审核制订安全管理工作计划，制定保安员岗位职责及考评办法。

续上表

岗位职责	4. 协调处理有关安全管理工作方面的投诉。 5. 定期主持召开安全管理会议，总结当月工作，准确传达公司领导对安全管理工作的安排和决策。 6. 负责检查各管理区域的治安与消防工作，重点关注要害区域，及时发现和消除隐患，协助相关部门处理突发事件。 7. 定期向上级领导汇报工作，按要求完成领导布置的工作任务。 8. 负责员工宿舍管理，确保员工宿舍管理井然有序，环境整洁卫生。 9. 及时掌握并贯彻国家、市区有关消防的方针政策和消防法规，制定消防安全管理制度、紧急事件的处理方案，并监督实施。 10. 负责管辖区域内消防设施的配置、编号和管理。 11. 对员工进行消防常识和专业技能的宣传、教育和培训，组织治安消防员的业务知识学习培训，负责治安消防操作培训和实战演练。 12. 负责小区业主装修的监督管理，与施工单位签订施工安全协议书，给施工单位开具动火证，每天对施工现场进行防火安全检查。 13. 定期参加安全大检查，特别是在重大节日之前做好消防演练工作。对消防器材进行检查，及时发现并解决火灾隐患，监督指导各部门落实防火安全制度，制止各种违反消防法规的行为。 14. 认真做好安全检查记录，建立健全消防安全管理工作的档案和材料的收集与整理。 15. 加强与地区消防部门、公安机关和街道消防治安管理部门的联系，保持良好关系，取得地区安全主管部门的指导和支持。 16. 监督停车场的安全管理和临时进入车辆的收费工作，维护秩序。 17. 完成上级领导交办的其他工作任务。
任职资格	1. 教育背景：全日制本科及以上学历，物业管理、工商管理、消防工程或房地产建筑相关专业。 2. 知识要求：精通安防、消防等设备的操作方法。 3. 工作经验：8 年以上物业服务行业安全团队管理经验。 4. 技能技巧：①熟悉办公自动化软件操作；②熟悉安全类业务，具有培训和辅导的能力，能够处理突发事件；③熟悉物业管理工作流程和环节；④熟悉国家相关物业管理法律法规政策和政府部门相关办理事项审批程序；⑤受过管理学、战略管理、管理技能开发、公共事件危机管理、房地产和物业管理知识等方面的培训。 5. 工作态度：善于沟通，协调能力强，有较强的组织管理能力和较强的理解判断力，有良好的团队协作意识和职业道德。

2.2.2 治安保卫管理部助理

岗位名称：治安保卫管理部助理 直属上级：治安保卫管理部经理 直接下级：无	
岗位职责	1. 负责治安保卫管理部经理分派的文件起草、打印、校核和下发工作。 2. 负责上级部门的重要文件、报告、报表以及会议决议等资料的登记、收集、整理和分类存档工作。 3. 负责报刊、来往信件以及内部刊物的收发工作。 4. 做好文档管理，按手续办理借阅文件事宜，并接受各部室的报告。将本部门的文件送交给有关领导批阅，并将领导的批示做好记录，转达给本部门的同事。 5. 负责做好会议室、办公室的日常服务接待工作，以及各项会议的通知、布置准备工作。另外，还需要及时安排本部门的接待、出差以及外出会议等工作。 6. 按规定出席部门经理主持的会议并做会议记录和纪要。 7. 办理档案的存储、借阅归还手续，确保档案完好无损。 8. 做好办公室用品和劳保用品的管理发放工作。 9. 维护办公室的清洁卫生。 10. 协助上级部门的秘书做好机密文件收发、档案保管等工作。 11. 完成上级领导交办的其他工作任务。
任职资格	1. 教育背景：全日制大专及以上学历，物业管理、行政管理、经济管理以及房地产建筑等相关专业。 2. 知识要求：①精通治安保卫勤务知识、消防安全知识、安全管理知识以及安全咨询知识；②熟悉国家物业管理政策法规。 3. 工作经验：1年以上治安保卫管理部助理经验。 4. 技能技巧：①熟练操作Office办公软件；②具有较强的公文写作能力；③具有较强的组织协调能力，能协调各部门共同配合工作；④熟悉物业各专业知识，有独立解决各项问题的能力。 5. 工作态度：严格遵守公司各项规章制度，严格执行各项治安保卫操作规程，具有较强的职业素养和敬业奉献精神。

2.2.3　保安主管

岗位名称：保安主管 直属上级：治安保卫管理部经理 直接下级：保安领班	
岗位职责	1. 负责拟制安全管理各项工作的计划，贯彻落实，组织实施。 2. 关心安管员的工作和生活，及时拟定安管装备用品的采购计划。 3. 坚持对各安全管理岗位工作情况进行日检，对各巡逻点不定期进行月检。 4. 督导安全管理员业务培训和专业技能训练，定期开展考核工作，建立培训档案。 5. 调动安全管理员的工作积极性，保持安全队伍的相对稳定。主持召开安全领班会议，抓好安管队伍思想教育和作风建设。善于掌握辖区内安全工作的规律与特点，及时收集涉及管理区域安全工作的信息，采取有效预防措施，杜绝一切可控事故发生。 6. 及时纠正安全管理员执勤中的违规行为，妥善处置安全管理员执勤中遇到的疑难问题，重大问题及时向项目领导及区域分公司和总公司报告。 7. 做好管理区域内公共秩序的维护工作，保持同辖区城管、派出所等部门的联系沟通。
任职资格	1. 年龄 25 ～ 40 周岁，高中以上学历。 2. 身高 175 cm 以上，体重 100 斤以上。 3. 具备 3 年以上物业秩序维护工作经验，1 年以上保安团队管理经验，具备相关从业人员上岗证者优先。 4. 具备较强的组织协调能力、沟通能力、问题处理能力、应变能力、团队管理能力和抗压能力。 5. 熟悉企业内部安保管理，有企业安全管理相关从业经验者优先。 6. 具备一定的预防和制止突发事件发生的能力。 7. 具备高度的纪律性、执行力，身体健壮，无不良记录及嗜好。 8. 工作认真负责，爱岗敬业。

2.2.4 保安领班

岗位名称：保安领班 直属上级：保安主管 直接下级：保安员、巡逻保安员	
岗位职责	1.协助安保经理制订本部门的年度工作目标和计划，按月做出工作计划和预算，经批准后执行。 2.主持班组会议，布置工作要求，检查班内队员的着装仪表、值勤情况和服务质量，检查本班工作日志记录及与接班组用品的交接工作。 3.协助安保经理制定保安队伍年度培训计划，并按照培训计划对保安员进行培训。 4.按要求做好各项记录的收集和登记工作，并每月上报部门经理对部门人员的行为规范及工作注意事项进行强调，负责安保部文件、记录、档案等资料的保管和定期归档工作。 5.定期主持安保部例会，检查、督促安全员对安全器材和日常用具的使用情况，做好保管、保养工作。 6.指导、监督、检查下级的各项工作，掌握安保部工作情况和有关数据，及时向安保经理汇报本部门真实情况和有关数据。 7.负责带领班内队员按照巡逻方案进行日常巡逻，发现安全隐患和可疑现象及时向部门经理报告，接受指令，妥善处理。 8.按照国家有关法规，宣传贯彻消防法规及安全管理制度。 9.按照实际工作情况，制定排班表及交接班制度。 10.完成上级领导交办的其他工作。
任职资格	1.高中或以上学历，身体健康，工作认真，积极负责，能吃苦耐劳。 2.有良好的协调能力和应变能力。 3.有较强的语言沟通能力。 4.退伍军人或有保安员上岗证者优先。 5.熟悉安全制度及安全器材使用。 6.具有安全管理的能力，对工作认真负责，为人正直，有责任心，能妥善处理好突发事件。

2.2.5　保安员

岗位名称：保安员 直属上级：保安领班 直接下级：无	
岗位职责	1. 坚守岗位、提高警惕，注意进出园区的人员，严格执行客人来访出入管理规定。 　2. 认真执行车辆出入管理规定。 　3. 熟悉消防器材的位置、使用方法以及园区内紧急情况的处理程序。 　4. 认真做好值班记录表、交接记录表等。 　5. 执行物品搬出管理规定，对带出本园区较大物品，要检查单位证明、物品放行条等相关手续是否办理齐全。 　6. 完成上级领导交办的其他事务。
任职资格	1. 年龄：20 周岁至 45 周岁，身高 168 cm 以上。 　2. 政治思想素质好，无前科和劣迹表现。 　3. 文化程度：初中以上学历（含中技、职校毕业生）。 　4. 有安保类似工作经验者或退伍军人优先。 　5. 服从管理，工作责任心强。 　6. 具备处理突发事件沉着、冷静的素质。 　7. 严格履行岗位职责，敬业尽职。 　8. 能适应三班、轮休工作安排。

2.2.6　巡逻保安员

岗位名称：巡逻保安员 直属上级：保安领班 直接下级：无	
岗位职责	1. 按规定的时间、频次和管辖范围对内、外部公共区域、重点部位和车场进行巡视。 　2. 保护辖区内花草树木、园林建筑完好，对践踏草坪、采花折树者要立即劝阻，并妥善处理。

续上表

岗位职责	3. 在巡逻中如发现漏水漏电，或闻到异味，或听到可疑声响，或发现可疑人员及物品，应立即做安全处理并及时报告。 4. 在执勤过程中发生突发事件，应严格按照保安部突发事件预案的处理程序处理，并报告班长和做好记录。 5. 如实签到，按时报岗，认真交接班。 6. 完成上级交办的其他工作。
任职资格	1. 年龄45岁以下，高中以上学历，五官端正，身体健康，身高175 cm以上。 2. 拥有敏捷的反应能力和沟通能力，具备优秀的服务意识。 3. 具备危机隐患识别能力，能够正确识别，处置巡视中发现的各类安全隐患。 4. 热爱本职工作，具备良好的安全意识，能够快速处置发生的各类突发事件。 5. 具备熟练使用消防、安防设备设施的能力。 6. 品行端正，无违法犯罪记录，1年以上工作经验及退伍军人优先。

2.2.7 车库管理员

岗位名称：车库管理员 直属上级：治安保卫管理部经理 直接下级：无	
岗位职责	1. 全面负责车库日常管理工作，做好日志，收集、统计车库日常工作数据，拟订相关工作制度及工作计划。 2. 负责车库收费管理工作，严格按公司的财务制度执行。 3. 负责车库安全管理工作，防止车辆被窃、损坏。 4. 处理车库内发生的纠纷、投诉及其他突发事件。 5. 负责车库内的消防安全工作，严禁抽烟和使用明火，发生火警时，能有效采取措施控制现场。
任职资格	1. 具备相应的物业管理知识、保安证及车库管理员证书优先。 2. 身高172 cm以上、退伍军人优先。 3. 身体健康，吃苦耐劳。

续上表

任职资格	4. 服从管理，责任心强。 5. 具有两年以上的车库管理经验者尤佳。

2.2.8　消防主管

岗位名称：消防主管
直属上级：治安保卫管理部经理
直接下级：消防领班

岗位职责	1. 密切与公安消防部门以及租户进行工作联系，共同做好火灾的预防工作。 2. 定期对消防设备、设施、器材等进行检查、协调，保证始终处于有效状态。定期检查消防细则落实情况，加强重点防火部位的检查督促，查出的隐患依据消防管理条例责令限期整改。 3. 配合相关部门开展多种形式的防火常识宣传教育，提高租户及内部员工的防火意识和自防自救能力。 4. 对管辖范围内的工程维修施工及二次装修施工单位制定防火安全制度和措施，审核动火许可证，确定相应的应急方案。 5. 对租户二次装修图纸、方案进行消防专业的审核，并协助报消防部门审批，以确保方案顺利通过。 6. 建立消防安全疏散灭火方案，发现火警、火灾必须迅速赶赴现场协助领导组织扑救。 7. 负责按规范配置消防器材，做好日常的测试、保养、管理工作。 8. 负责管辖区内的消防系统的安全管理工作，把握消防系统情况，全方位实施消防管理细则，实行消防统一指挥。 9. 完成部门领导交办的其他工作。
任职资格	1. 大专及以上学历。 2. 机电工程相关专业。 3. 具有四年以上消防工程方面工作经验。 4. 精通消防各子系统的工作原理，熟悉消防设施设备的维修，熟悉消防规范及政策，了解电气知识，熟悉班组作业的日常管理。

任职资格	5. 具备良好的沟通能力、良好的组织协调能力、良好的人际交往能力、良好的判断和决策能力、优秀的计划和执行能力、良好的客户服务能力和良好的考核执行能力。

2.2.9 消防领班

岗位名称：消防领班

直属上级：消防主管

直接下级：消防值班员、消防员

岗位职责	1. 负责监督辖区内的消防、安防工作。 2. 执行公司消防安全方面的制度，贯彻消防法规，并负责检查落实各项防火安全措施。 3. 负责制定灭火应急方案，定期组织进行演练，不断进行总结、完善。 4. 组织实施各项消防安全责任制和消防操作规程，定期检查执行情况，确保闭路电视系统、消防中控和防盗报警系统的正常运作。并对上级提出的问题和隐患，按规定的限期及时整改。 5. 负责辖区工作范围的消防安全管理，特别是重点、要害部位要经常检查和监督规章制度的落实情况，消除安全隐患。 6. 负责组织落实消防中控员和志愿消防员的培训工作，并做好员工的消防安全教育，普及消防知识。 7. 发生火灾时积极组织志愿消防队员进行扑救、疏散、抢救重要物资，并保护好现场。 8. 组织保护火灾事故现场，协助公安机关调查火灾原因。 9. 负责做好消防用品的验收、使用及监督、管理。
任职资格	1. 大专学历以上（含大专）（优先）。 2. 有消防管理之相关工作经验和专业知识，并熟悉相关法律法规，对物业管理行业有一定了解（优先）。 3. 两年以上大型物业消防安全管理经验或消防专业部门工作经验，熟悉各类消防法规，熟悉消防管理设备设施及消防管理职责，了解并掌握专业类相关施工、安装、验收的技术规范。 4. 具有较强的工作责任心及协调、沟通能力。

续上表

任职资格	5. 建（构）筑物消防员中级证书（优先）。 6. 普通话流利，英语可简单读写（优先）。 7. 熟练使用 Word、Excel、Outlook。

2.2.10　消防值班员

	岗位名称：消防值班员 直属上级：消防领班 直接下级：无
岗位职责	1. 严格按照管理规定做好消防控制室的值班。 2. 如实做好相关的值班记录。 3. 负责消防控制室的清洁卫生和设备设施的日常点检。 4. 负责消防器材的日常检查和定期检查，并做好相关记录。 5. 协助维保单位做好设施设备的定期维护保养。 6. 协助上级领导完成其他临时性工作。
任职资格	1. 高中以上学历，有消防监控上岗证，1 年以上工作经验。（需有证） 2. 熟悉消防工作流程和消防法律与制度，具有消防设施、消防设备专业知识。 3. 具有消防设备控制、消防工作组织检查、消防事故处理的能力。 4. 有一定的防火、灭火知识，对突发事件能冷静、果断地进行处理。

2.2.11　消防员

	岗位名称：消防员 直属上级：消防领班 直接下级：无
岗位职责	1. 遵守消防管理规定和纪律，防火、防盗，保卫公司财产和员工的人身安全。

续上表

岗位职责	2.负责各种消防控制设备及消防通信器材的定期检查等工作,保证建筑消防设施各系统正常运行。 3.负责消防设施的保养和维护,定期做好各系统功能试验,以确保消防设施各系统运行状况良好。 4.负责系统运行、控制器日检、巡检情况的记录。 5.协助部门管理人员进行消防演习,必须服从消防领班的管理。 6.负责消防安全,发现火灾自动报警情况出现时,立即通知有关人员到现场巡查。 7.完成上级领导交办的其他工作。
任职资格	1.初中或高中以上学历。 2.有安全消防工作经验及退伍军人优先。 3.具有消防操作证。 4.具有消防业务知识,了解国家相关法律法规,熟悉消防设备、设施、工具、系统的基本原理、功能,熟练掌握操作技术。 5.有较强的团队精神,具有工作责任心,应变能力强。 6.身体状况能够适应本职工作的要求。

2.3 治安管理

规范 1: 保安交接班规范

条 目	规 范 内 容
1	接班保安员要按规定着装,提前 10 分钟上岗接班,并在登记簿上记录接班时间。
2	交接班时,交班的保安员要把需要在值班中继续注意或处理的问题以及警械器具等装备器材向接班保安员交代、移交清楚。
3	交班保安员要等接班保安员对管区巡逻一遍进行验收后才能下班,接班保安员验收时间无特殊情况不得超过接班时间 15 分钟。
4	接班保安员验收时发现的问题,由交班保安员承担责任,验收完结,交班保安员离开岗位后发生的问题由当班保安员承担责任。
5	所有事项交接清楚后,交班保安员在离开岗位前,在登记簿上记录下班时间并签名。

续上表

条　目	规　范　内　容
6	接班人员未到，交班人员不得下班。若接班人员未到，交班人员下班，这期间发生的问题，两人共同负责。没有发生问题，则分别扣发两人的工资。

规范 2：业主和物业使用人行为规范

条　目	规　范　内　容
1	不得进行损坏房屋承重结构等违反房屋装饰装修规定的行为。
2	不得进行违章搭建建筑物和构筑物、私开门窗等违反规划规定的行为。
3	不得进行侵占、损坏楼道和绿地等物业共用部位、共用设施设备等违反物业管理规定的行为。
4	不得有擅自改变房屋用途等违反房屋管理规定的行为。
5	随意倾倒垃圾、杂物等违反市容环境卫生规定的行为不得出现。
6	禁止堆放易燃、易爆、剧毒和放射性物品，以及排放有毒、有害物质或超过规定标准的噪声等违反环境保护规定的行为。
7	禁止占用消防通道等违反消防管理规定的行为。
8	严禁赌博、利用迷信活动危害社会、饲养动物干扰他人正常生活等违反治安管理规定的行为。
9	不得进行法律、法规、管理规约和临时管理规约禁止的其他行为。

规范 3：灾害事故预防规范

条　目	规　范　内　容
1	接到灾害预警信号后，经部门负责人同意后将信息即时向业主发布。
2	应急小组同时做好应急防范措施，并巡视各部门应急措施、设备落实情况。
3	安排人员检查管理服务区域内的门、窗、天台等，家中无人的住户应电话联系预防，检查管道、地漏、排污设施是否完好。

规范 4：巡逻保安工作规范

条 目	规 范 内 容
1	物业管理区域内实施全天 24 小时保安巡逻服务，每个小时至少对辖区巡视 1 次。
2	维持物业管理区域的公共秩序，按指定的巡视路线巡视。
3	巡视签到、电子巡更对点准时和规范。
4	劝阻和制止违章、违反小区安全管理公约的行为。
5	接到报警后 5 分钟内到达报警现场，维护秩序，并协助处理。
6	遇到可疑人员应进行询问验证，必要时可带到保安部处理。
7	巡逻中遇到业主要求应及时提供服务或立即通知有关人员到现场。

规范 5：对讲机使用管理规范

条 目	规 范 内 容
1	对讲机不得随意出借，必要时须由主管审批签字。
2	对讲机电池的充电和保管由监控室负责。
3	不允许使用对讲机进行聊天、说笑等与工作无关内容。
4	归还对讲机时须由借用人签字，并由接收人核查。
5	借用对讲机者须在借用的当天将对讲机归还。

规范 6：治安设备设施配备规范

条 目	规 范 内 容
1	集中安排监控中心，消防控制系统、安全监控系统、电梯通话系统等应安装在监控中心内。
2	汽车库出入口应安装道闸和刷卡系统。
3	配备灭火器、对讲机、防身警械等其他安保装置。

规范 7：保安主管工作规范

条　目	规 范 内 容
1	负责维护管辖区域内治安秩序，预防和查处安全事故，做好与相关单位的联系联防工作。
2	制定各类突发事件的处理程序，建立和健全各项安全保卫制度。
3	建立正常的巡视制度并明确重点保卫目标。
4	根据所管辖区域的大小和周边社会治安情况，配备相应的保安人员。
5	对各值班岗位人员的值勤情况进行监督和检查，并适时进行指导。

规范 8：保安仪容仪表规范

条　目	规 范 内 容
1	保安人员站岗和执勤时，须穿规定的制服，佩戴员工识别证。
2	制服要保持整洁干净，无污渍，不得披衣、敞怀、穿拖鞋或赤脚。
3	上岗时举止应文明、大方，姿态应良好，不得东倒西歪、前倾后靠。
4	讲究卫生，坚持每天修面，头发要整洁，文明执勤，态度和蔼，说话有礼貌。

规范 9：监控中心工作规范

条　目	规 范 内 容
1	监视所有摄像位置的图像，注意异常现象，出现报警信号立即核查。
2	对重点保卫区域和异常现象要做好记录和录像，以作必要时查证使用。
3	监视电梯运作，守听电梯内警钟及对讲电源，有情况及时报告有关部门，并与电梯乘客及工程维修部联系。
4	发生案件和突发事件时按重大案件处理方案和火灾发生处理方案处理。
5	值班室内禁止吸烟，杜绝一切火种，严禁存放易燃易爆等危险品。
6	不带任何无关人员进入监控室，做好保密工作，不向无关人员泄漏自己的工作任务和监控设施。

规范 10：监控设备安全操作规范

条　目	规　范　内　容
1	开机前必须检查各设备连接是否正常，若有掉线及时连接。
2	不得随意调整摄像头方位及角度，不得擅自改变视频系统设备，设施的位置和用途。
3	密切注意监控设备运行状况，发现设备出现异常和故障要及时报修。
4	坚持对系统设备进行日常维护和清洁，视频监控系统的安装、维护和调试应由专职管理人员进行。

规范 11：夜班警卫工作规范

条　目	规　范　内　容
1	夜间警卫要按时上岗，上岗前要衣装整齐，带好对讲机、警棍。
2	做好夜间消防，防盗、防损和事故预防工作，确保夜间场所和社区安全。
3	夜间应两人同时巡逻，彼此有照应，按当天巡逻路线对小区的各角落进行认真巡查，巡逻期间要精神集中，保持高度警惕，发现可疑之人要认真盘查。
4	遇到突发事件，要沉着冷静，如遇到犯罪分子或发现火灾等，一是立即向公安、消防部门报警，二是及时通知保安队长前往或其他安保人员来接应。
5	在值班期间不瞌睡、不缺岗，下岗前要做好当天的值班记录。

制度 1：物品出入登记制度

物品出入登记制度　　范本

　　1. 为维护物业管理区域业主的财产安全，确保辖区的公共秩序，辖区内的业主或住用人携带物品出入辖区时必须进行登记。

　　2. 值班人员对携带进入物业辖区的可疑物品应进行盘查、询问，属于易燃、易爆、剧毒等危险性物品严禁进入辖区。

　　3. 值班人员对携带大件物品出入物业辖区的：

　　（1）属业主的，值班人员熟悉、认识的，登记其情况，并承担由此可能引发的后果后放行。

　　……………

制度 2：警棍使用制度

警棍使用制度

为严格规范警棍使用，特制定如下规定：

第一条　警棍是保安人员执行公务时佩戴的自卫防暴器械，保安员应严格保管和使用，不得将警棍转借给他人。

第二条　当班保安员应将警棍挂在腰带后右侧。

第三条　不得在岗位上随便玩耍或挥舞警棍。

第四条　处理一般问题时，不得手持警棍或用警棍指着住户或来人讲话。

第五条　非紧急情况或人身安全未受到威胁的情况下，保安员不得以任何借口或理由使用警棍攻击他人。

第六条　当班保安员要妥善保管所佩戴的警棍，如有意损坏，要照价赔偿。

第七条　交接班时要检查清楚后再交接，接班人发现警棍被损坏而不报告，应负责赔偿。

制度 3：安保器材管理制度

安保器材管理制度

为加强保安队伍的规范化运行，确保保卫警用器械严格管理和规范化使用，特作如下规定：

一、目的

保证器械功能完好、正常使用。

二、适用范围

保卫警用所有器械。

三、管理要求

1. 配发的保卫警用器械主要包括防暴钢叉、防暴手电、防暴甩棍、防刺服、防暴头盔、防暴橡胶警棍等警用器械。保卫警用器械是保安人员执行任务和制止犯罪时的专用工具和武器。

2. 所配发的保卫警用器械要摆放在指定的位置，并由每班指定班组人员专人看守，严禁器械混乱使用。

3、所配保卫警用器械只供当班保安员执勤巡逻时携带和在紧急情况下使用，非值班人员严禁佩带和使用。在使用警械对付犯罪分子过程中，当其失去反抗能力时应停止再次使用。

....

制度4：保安员管理制度

保安员管理制度

范本

一、保安员守则

1.具备良好的敬业精神，热爱本职工作、爱护财产，自觉遵守员工守则和各项规章制度。

2.有严明的组织纪律观念，服从领导，团结同事，维护公司的集体荣誉，文明执勤，礼貌待人。

…………

二、保安员内部管理

1.保安部依据《员工手册》对保安员进行管理，同时根据保安工作的性质和要求，在实施具体管理时必须强调"严格培训、严格管理"的要求。

2.保安员的日常管理和培训工作由保安队长负责。通过队长具体指导，定期进行业务总结和业务知识培训。

…………

三、保安员培训管理

1.接受各种知识和安保知识的培训是保安员的义务。

2.保安部将根据每个员工的素质和表现以及部门管理、服务工作的需要，进行不同形式、不同层次的培训。

…………

制度5：防盗工作日常管理制度

防盗工作日常管理制度

范本

1.经常对员工进行法制教育，增强员工的法制意识。

2.制定各种具体的安全防范规定，加强日常管理，不给犯罪分子以可乘之机。具体规定主要有：

（1）办公室钥匙管理规定。

（2）收银管理规定。

…………

3.在易发生盗窃案件的部位，装置监控器、防盗报警器等安全防范设备。

4.积极配合物业人事部做好员工的思想品德考察工作，以保证员工队伍的纯洁。如发现有不适合的人员，应按有关规定进行调换或辞退。

5.保安部人员要加强日常巡查工作，如发现可疑的人和事要及时报告。

制度 6：施工安全管理制度

施工安全管理制度

范本

为确保各商户装修工作的顺利进行，规范商场的装修行为，保持商场的正常营运，做到安全、文明施工，特制定本规定。敬请各装修施工队遵照执行：

一、现场管理规定

1. 施工前必须按照装修方案中的装修现场围板效果图将装修现场隔离。

2. 所有施工人员需凭装修工作牌入场，并要求衣冠整洁，否则商场管理人员将拒绝其入场或清理出场。

…………

制度 7：装修管理制度

装修管理制度

范本

为维护业主的公共利益，保护公共设施设备，保障居住安全，按照小区物业管理的规定及整体形象的要求，制定本制度。

一、报批手续

1. 申请装修前，业主及装修施工队须认真了解房屋结构及物业公司的相关规定。

…………

二、装修管理要求

1. 装修施工时间为：

周一至周五上午 8:30~12:00，下午 14:00~19:00。

法定节假日 9:30~12:00，下午 14:00~19:00。

不得擅自延长时间，否则物业公司有权采取措施责令停工。节假日只允许进行不产生噪声的施工作业。

2. 装修活动必须保证建筑物结构和使用安全，并严格按照业主申请的项目进行，严禁下列行为：

（1）拆除破坏房屋的墙、柱、梁、楼道等主体结构部件，剔凿地面和屋顶的水泥层。

（2）拆除连接阳台的墙体、门窗。

（3）过量增加楼面净荷载，包括在室内砌墙、吊顶、安装大型灯具等。

（4）室外防盗网必须按规定安装（防盗网与墙体平整）。

（5）空调外机安装按指定位置固定，如有违反，必须恢复原样。

…………

制度8：内保人员便衣上岗制度

内保人员便衣上岗制度

内保人员因工作需要而着便装上岗时，必须严格遵守本条例中所规定的纪律，完成所规定的任务。

一、上岗纪律

1.内保员必须遵守商场的所有规章制度，维护商场利益，保护顾客权益。不得以任何借口为理由，松懈劳动纪律，粗心大意，玩忽职守。

2.内保员着便衣上岗时，须精神饱满、着装整洁、正派。如遇商场店长、值班经理视察时，应主动表明身份，并简要说明上岗任务及责任区域，并请示工作。如无特殊情况，不得擅自离开责任区。

…………

二、任务

1.维护商场秩序，保护商场财产安全。

2.对责任区内的重点防护区(包括收银台、贵重商品、危险物品存放地)严密守护、巡逻，如发现异常情况，应果断处理，同时应立即上报安保部。

3.对发生在商场内的一切有损商场形象，影响商场正常经营秩序的人和事，应及时加以制止，如制止无效应立即上报安保部及商场经理，以便协调解决。

…………

制度9：监控室管理制度

监控室管理制度

为了加强监控室的管理，确保监控系统的正常使用和安全运行，充分发挥监控设备的作用，特制定本制度。

1.监控人员必须认真履行岗位职责，全面完成领导交办的各项工作任务。

2.要有高度的工作责任心，严格遵守监控系统的操作规程，及时掌握各种监控信息，不得随意调整监控目标。

3.在监控过程中，发现可疑情况，要及时、准确地通知巡逻人员前去处理、跟踪，必要时及时上报主管领导。

4.要对当班的监控情况认真登记，做好值班记录；在交接班时，认真填写交接班记录，不得涂改、缺页，物品交接要清楚。

5.监控人员必须按照规定时间上下班，不得迟到、早退、擅自调班，严禁脱岗、睡岗。

…………

制度 10：监控中心安全制度

监控中心安全制度

监控中心是设备运行、监控的心脏，直接关系到小区的各项安全。为保障业主人身、财产安全，特制定本制度。

1. 监控中心实行 24 小时值班制度，值班人员须持证上岗。

2. 各种相关制度、规程、流程、应急电话等须上墙。

3. 值班人员必须熟悉相关工作流程、规定，值班时不得擅离岗位，须全神注视显示器、仪表、信号灯等，认真作好记录，交班时双方须对设备状态进行检查。

4. 火灾报警控制、联动系统的终端设备（如水泵控制柜、风机控制柜等）须将主令开关置于自动挡，监控中心联动柜可置于手动挡。当值班人员发现报警信号后，须立刻核实信号的真伪，信号为真时，将其置于自动，并按相关程序对设备进行操作，信号为误报时，及时将设备复位。

…………

指点迷津：

监控录像管理注意事项

监控录像文件属于机密文件，不能任人查看、随意外借。因此，监控录像的管理不能忽视，作为监控室工作人员应注意以下事项。

①相关单位或个人希望查看监控录像时，须填写相应的调看监控录像审批表，并由物业管理处和分管领导审批签字，才可允许其查看监控录像。

②问询查看者查看监控录像的原因，要查看的具体时间、地点以及相关内容，由监控室工作人员查看后，将结果反馈给查看者。

③公安机关人员因办案、取证等需要查看监控录像时，须经属地派出所认可，然后征得物业管理处及分管领导同意。

④监控室工作人员需要对监控录像的查看时间、内容和情况进行记录，以备以后查阅。

⑤监控录像文件不能外借、转存，如因特殊情况需要借监控录像资料的，须经物业管理处和分管领导同意，并做好借用登记。

⑥作为监控室工作人员，在工作中发现的有关问题和监控录像内容应遵守保密原则，不得外泄。

⑦定期对监控录像进行审查，对于一般的监控录像保留两周，对于存在某些事件的录像视重要程度保留一个月或以上。

表格1: 治安案件登记表

报案人	姓　　名		单　位		报案方式	
	报案时间	年　月　日	发案地点		发案事件	
嫌疑人	姓名		性别		年龄		单位或住址	
	特征及其他情况							

简要情况:

填写人:

联数: 一式一联, 留存　　　　　　　用途: 记录治安案件情况

表格2: 治安案件处理登记表

年　　月

时　　间	事　　件	处理情况

表格3: 监控中心人员出入登记表

序号	日期	姓名	人数	事由	进入时间	离开时间	值班员签字	来访人签名

表格 4：保安交接记录表

日　　期		时　　间		星　　期		班　　次	
值班人员							
值班记录							
物品交接							
备注							

接班保安：　　　　　　　　　　　　　交班保安：

表格 5：安全巡逻记录表

日　　期	巡查人	巡查地点	检查情况	处理结果

表格 6：安全检查日报表

年　月　日　第　号

检查项目及内容	检查结果	应急处理情况	整改要求	整改结果	备注

表格 7：来访人员情况登记表

门_____

日 期	时间	来访人签字	性别	证件号码	与被访问者关系	联系电话	被访问者住址	拜访事由	携带物品	一行几人	值岗人员	出园备注

表格 8：治安隐患安全记录表

受检查部位			
检查人员		日期	
		时间	
经检查，上述部位存在下列问题：			
部门领导批示： 签字： 年　月　日			
处理结果： 签字： 年　月　日			

表格 9：安全检查隐患整改记录表

部　　门		部　　位	
检查情况及存在的隐患			
1. 2. 3.			
整改要求			
1. 2. 3.			
检查人员签名	年　月　日		
复查意见	复查人签名：　　　　　　　复查日期：		

2.4 交通车辆管理

规范 1：车辆出入管理规范

条　目	规　范　内　容
1	除警车、消防车、救护车、洒水车、天然气、通讯、电力、市政、工程安装、抢修和维护车辆外，严格控制机动车辆进入小区，垃圾车由物业公司管理。
2	送货、取货、搬家及探亲访友的社会车辆进入小区须在值班室办理通行停放手续，所有车辆进入小区凭准入证放行，服从管理。运货车辆出门时要停车接受检查，出租车无特殊情况不得入内。
3	摩托车、机动车辆进入小区，不得鸣号，按指定路线限速行驶，时速不得超过 5 公里，不得碾压人行道、草坪，损坏树木、供水供暖和天然气管道等设施，否则应予赔偿。
4	小区主干道不得停放车辆，不得堵塞消防通道，由巡逻人员进行检查督促。
5	正门外盘道内禁止停放车辆和摆设摊点，值班人员应保证大门内外的畅通。

规范 2：停车场服务规范

条　目	规　范　内　容
1	客人车辆进入停车场后，由相关工作人员引导其停入合适车位。
2	泊入车位后引导客人将行驶证交予车场收银处，并换回停车卡。
3	客人提车时，由工作人员引导客人以停车卡换回行驶证并缴停车费。

规范 3：停车收费人员财务结算规范

条　目	规　范　内　容
1	每周五为收费管理员收取停车费时间。
2	财务部指定专人负责核算收费员收费情况。

制度 1：小区停车场管理制度

小区停车场管理制度

范本

为规范本小区的交通管理，维护小区内部的停车秩序，保证车辆的交通安全、停车安全，为业户提供安全、便捷的车辆管理服务，现制定本停车场管理制度。

第一条 所有出入地下车库的车辆，必须遵守本管理规定，服从物业公司工作人员的管理，爱护车库设施设备（包括电气、消防和停车等设施设备）。

第二条 进入地下停车场的车辆的车牌必须与在物业管理处登记的一致，方可进入地下停车场停车。

第三条 车辆应停放在业主所认购或承租的车位内，不得占用公共通道或他人车位。

第四条 如车主想更换所租车位，需到物业管理处进行登记变更，经许可后，方可停放。

第五条 地下车库车位仅供停放业主车辆，业主不得随意改变车位的用途，不能占用公共部位和公共设施停放车辆，严禁在车位上搭建安装原有设施以外的设施，严禁在车位上摆放杂物或堆放物品。

第六条 车辆进出车库时要严格按车库规定路线行驶，应按照干道先行的原则礼让行车，不得阻挡道路和车库出入口。

…………

制度 2：车辆停放、出入管理规定

车辆停放、出入管理规定

范本

为加强对出入、停放本小区车辆的管理，维护小区正常生活秩序，确保住户的生命财产安全，特对出入、停放本小区的车辆作如下规定：

一、凡装有易燃、易爆和剧毒等危险性物品的车辆，严禁驶入小区。两吨以上的卡车一律不得进入小区，特殊情况除外。

二、本小区有车辆的住户，应向本公司申请办理通行 IC 卡，凭 IC 卡通行大门及在小区停放，按规定收取 IC 卡工本费、停车费。

三、本小区住户车辆进入小区后，有车库的住户必须将车停放在车库内，无车库住户必须将车停放在指定停车位置，严禁乱停乱放。

四、非本小区住户的车辆，进入大门时应主动向门卫出示证件，讲明进入原因，符合进入条件的领取临时通行 IC 卡，并做好登记，方可进入小区，严禁冲闯大门。出小区时收回 IC 卡，并按停车时间收取停车费。遗失、损坏 IC 卡，照价赔偿（每卡 30 元）。

续上表

五、进入本小区的货车，卸完货物后应及时离开小区，因故不能离开的，应将车停放在指定停车位置。

六、进出、停放车辆必须服从小区管理人员的管理。驶入小区的车辆应减速行驶，时速不得超过 5 公里，不得鸣号。如车辆损坏路面或公用设施，应照价赔偿损失，并视情节处以罚款。

七、管理人员必须坚持原则，严格执行车辆出入、停放管理规定，发现可疑情况及时报告。不得利用工作之便与车主拉关系，收受贿赂，放松管理，违者从严处理。

八、违反以上规定者，除按《中华人民共和国交通管理条例》处罚外，并按小区有关规定办理，情节特别严重的，移交公安部门处理。

制度 3：小区非机动车管理规定制度

小区非机动车管理规定制度

范本

第一条 为加强本小区非机动车管理，维护小区的公共秩序和良好的生活环境，根据本市有关规定，结合本小区实际情况，制定本制度。

第二条 本办法适用于本小区区域内业主或装修人员的电瓶车、自行车、人力三轮车、摩托车等非机动车停放管理工作。

第三条 本小区指定的非机动车公共停车场位于地下室负一层 19 号楼下。

第四条 本小区非机动车辆向全体业主免费开放，无须业主缴纳停放费用，只缴纳电瓶车的充电费。

第五条 非机动车进入指定车库后按电动自行车、自行车、摩托车区域各自停放在指定位置。小区单元门内外、消防通道、楼道内以及小区地面路面上严禁停放非机动车辆，未按规定停放的非机动车辆造成损坏、丢失，其责任自负。

第六条 业主的非机动车停放在车库后，请务必将车辆锁好，不要将物品遗放在车篓和后备箱内，否则造成损失其责任自负。

第七条 非机动车在停车场内行驶需注意安全，骑车尽量避免走道路中央，靠边行驶，避让机动车辆。

第八条 非机动车辆放入非机动车停车场后要按顺序停放整齐，禁止乱摆乱放。

第九条 闲杂人员不得在车库内逗留和玩耍，非机动车辆如需长时间停放在车库内，请停放在车库靠里面位置。

第十条 在停车场停放非机动车的，需接受物业车辆管理人员的管理。车辆管理

续上表

人员要认真履行职责，文明礼貌服务，不得利用看管之便徇私舞弊，一经发现，予以重罚或开除。

　　文明行车、文明停车是个人修养、素质的再现，也是社会文明进步的象征，在停放非机动车时考虑到其他车辆和行人的通行方便，不仅保证了自己和他人的安全，也为和谐社区的建立贡献了自己的一份力量。

表格 1：停车场收费每月汇总表

日期	本日小计			早班				中班				晚班			
	收入金额	现金	特种票	值班员	收入金额	现金	特种票	值班员	收入金额	现金	特种票	值班员	收入金额	现金	特种票
1															
2															
3															
4															
5															
6															
7															
⋮															
32															
本月小计															

审核：　　　　　　　　　　　　　　　　　　制表：

表格2：车场车辆车号抄号表

车号	抄号牌时间	停车时间	车型	停放地点	是否有明显损坏痕迹	车辆离开时间

填写人：

联数：一式一联　留存　　　用途：掌握客人车辆情况

表格3：停车场收费岗交接班记录表

班次：早班　　　中班　　　晚班　　　　　　　年　月　日

交接物品	金额	数量或发票号码	交班人	接班人
现金				
特种票				
停车券				
发票				
其他				
备注				

表格 4：停车场车辆状况登记表

年　　月　　日

车辆牌号	车位	检查项目							进场时间	出场时间	车主签名认可	值班员签名
		照明灯	外壳	标志	轮胎	玻璃	后视镜	转向灯				

表格 5：车辆收费登记表

年　　月　　日

车　辆	车　型	进场时间	出场时间	收费情况				值班员	备注
				卡类	停车票	现金	金额		

2.5 消防管理

规范1: 灭火器管理规范

条目	规范内容
1	灭火器是物业辖区内消防器材之一，在紧急情况及消防状态下使用。
2	治安保卫部负责灭火器的管理工作。
3	员工不得乱动、办理或非紧急情况下使用存放的灭火器。
4	灭火器购回后，治安保卫部应在灭火器上贴明购入时间或充气日期。
5	在每次的消防检查中，要检查灭火器，及时更换失效或损坏的灭火器，并在瓶身标签上注明失效日期。

规范2: 消防安全检查规范

条目	规范内容
1	每月末对公共区域、公共设施进行安全检查。
2	节日前或有重大活动的前一天，对公共区域、公共设施进行安全检查。
3	检查项目为所有消防灭火器材、消防栓设施是否齐全、有效。检查配电房、风机房和电梯机房等设施设备是否符合安全规定，门锁是否完好。
4	检查各层走廊、电梯厅和楼梯是否畅通，烟感探测器、指示灯是否正常。
5	检查设备层所有消防设施是否完好。
6	检查各机房、电房设备是否运转正常。
7	检查防火通道是否畅通，疏散指示灯及报警系统是否正常。
8	检查是否有违反消防安全条例的事项。
9	检查防火设备能否正常使用。
10	检查中发现设施设备有异常，或其他违反消防安全规定的问题，要立即查明原因，及时处理。

规范 3：消火栓检查工作规范

条　目	规　范　内　容
1	消火栓每月检查一次，检查是否有水，压力是否正常。
2	消火栓是否被埋压、圈占，消火栓是否漏水，消火栓帽是否遗失。
3	消火栓是否能快速打开，正常输水。
4	标识牌是否遗失、干净，水压能否达到要求，远距离控制能否在要求的时间达到所要求的压力。

规范 4：节前消防管理规范

条　目	规　范　内　容
1	节前或重大活动前一天，进行治安、消防全面检查。
2	检查消防系统、设备设施状况，确保消防系统处在随时待备状态。
3	检查楼梯、走道和出口，保证其畅通无阻。
4	检查节日期间监控当值工作人员对消防及闭路监控系统的熟练程度。

规范 5：消防设备日常维护规范

条　目	规　范　内　容
1	每周按计划测试、检查部分设备，确保设备正常运行。
2	由维护保养人员对消防设备设施进行清洁、保养、维修等工作。
3	维护保养人员需做好设备测试、检查、维修、更换记录。
4	所有维护保养工作严格按照安全规定的要求进行。

规范 6：灭火器检查工作规范

条　目	规　范　内　容
1	是否摆放在阴凉、干燥便于取用的位置，不得受到烈日的暴晒，不得接近热源或受剧烈震动。

条 目	规 范 内 容
2	灭火器器材周围 2 米内不得堆放杂物。
3	灭火器的瓶体、保险销是否完好无损,器材是否擦拭干净,灭火器药液是否减少、被动用过。
4	喷筒是否畅通(如堵塞要及时疏通)。
5	压力表指针是否在绿色区域。
6	零部件是否完整(有无松动、变形、锈蚀、损坏)。
7	可见部位防腐层是否完好。
8	铅封是否完好(一经开启,必须按规定再行充装,重新铅封)。
9	按时进行定期检查、保养检查喷嘴和喷射管是否堵塞、腐蚀损坏。

规范 7：消防装备检查工作规范

条 目	规 范 内 容
1	水带、水枪、分水器等设备是否完好,水带接口是否漏水、水带是否发霉,设备是否正常。
2	消防拉梯:拉梯牢固程度如何,拉绳是否完好,是否能正常使用。
3	防火服、消防斧、消防绳是否完好。

规范 8：消火箱检查工作规范

条 目	规 范 内 容
1	每月逐个检查一次。
2	检查栓门关闭是否良好,锁、玻璃有无损坏,栓门封条是否完好。
3	随机抽取灭火栓总数的 10% 测试,按消火栓报警按钮,监控中心应由正确的报警显示。
4	检查箱内器材是否良好,有无脱落,栓内水龙头有无渗漏。

规范 9：配电室防火规范

条　目	规　范　内　容
1	值班人员要坚守工作岗位，落实交接班制度，不得擅离职守，不准非电工人员进入配电室重地。
2	线路、设备的敷设和安装必须符合《电气设计技术规范》，严禁带电维修作业超负荷运行。
3	严格执行操作规程，定时检查设备运转情况，发现异常，立即报告，并及时认真处理并做好记录。
4	严禁在室内存放易燃易爆物品，配电室内和变压器周围应保持清洁、严禁存放杂物。
5	经常保持室内和设备周围环境清洁，并保持所有通道无堵塞，定期对电气设备进行检修。电气设备的各种安全保护装置，要保持完整、准确、灵敏、有效。
6	关好门窗，并采取可靠的防范措施，防止动物飞禽撞入室内。
7	配足配齐相应的消防设施和器材，加强维护保养，保持完好无损。

规范 10：消防设施和安全标识管理规范

条　目	规　范　内　容
1	管理区域内须配备各种消防设备、设施，并在合适、醒目的位置安装标识。
2	各种安全标识不得随意挪为他用，责任部门应按月进行全面普查，保证各种安全标识的完好性。

制度 1：消防培训制度

消防培训制度

为贯彻落实"预防为主、防消结合"的消防工作方针，特制定本制度。

一、公司对在职员工的消防知识培训每年不少于一次。

二、公司对新入职的员工的消防培训，培训率要达到 100%。

三、培训内容包括：

续上表

1. 学习消防理论知识。

2. 熟悉使用常用灭火器材。

3. 开展消防综合演练。

四、公司每年至少对业主开展消防宣传教育培训，包括：

1. 物业辖区防火的各种规定。

2. 消防应急通道的位置及紧急情况的疏散方法。

制度 2：消防管理制度

消防管理制度

为加强小区消防工作，保护公共财产和广大业主、住户生命财产的安全，根据《中华人民共和国消防条例》和本市有关消防规定，制定本管理制度。

第一条 消防工作要贯彻"预防为主、防消结合"的方针，物业管理公司经理为消防负责人，管理公司所有员工均为义务消防员。消防负责人和义务消防员的职责如下：

1. 认真贯彻执行消防法规和上级有关消防工作指示，开展防火宣传，普及消防知识。

2. 经常检查防火安全，纠正消防违章，整改火灾隐患。

3. 管理消防器材设备，定期检查，确保各类器材和装置处于良好状态，安全防火通道要时刻保持畅通。

…………

制度 3：消防设施、器材维护管理制度

消防设施、器材维护管理制度

1. 消防设施日常使用管理由专职管理员负责，专职管理员每日检查消防设施的使用状况，保持设施整洁、卫生和完好。

2. 消防设施及消防设备的技术性能的维修保养和定期技术检测由消防工作归口管理部门负责，设专职管理员每日按时检查了解消防设备的运行情况。查看运行记录，听取值班人员意见，发现异常及时安排维修，使设备保持完好的技术状态。

3. 消防设施和消防设备定期测试：

（1）烟、温感报警系统的测试由消防工作归口管理部门负责组织实施，保安部参加，每个烟、温感探头至少每年轮测一次。

（2）消防水泵、喷淋水泵、水幕水泵每月试开泵一次，检查其是否完整好用。

…………

制度 4：动用明火管理制度

动用明火管理制度 范本

一、在小区的任何地方需动火作业的必须办理动火手续。

二、承担动火施工的单位和个人，必须在动火前向管理公司填写临时动火许可证申请表，详细说明动火的事由、动火地点、起止时间、动火范围、采取防范措施，并经管理公司审批后才可动火。大型动火作业要经公安局消防支队防火科同意，领取动火许可证后，方可动火。

三、动火施工现场，施工人员必须遵守动火作业安全规定，动火前要清理现场，周围无易燃物品，并配备有一定数量的灭火器材。

四、电焊机作业的焊机地线不得接在易燃易爆的设备或管道上。

五、在动火作业的过程中，发生事故时，必须立即采取措施处理，并及时报告管理公司。

六、各单位经批准监视动火的部分，在实施临时动火作业时，必须严格遵守动火前"八不"、动火中"四要"、动火后"一清"的安全规定。如有违反者，管理员有权暂停动火作业，待存在的隐患解决后才能动火施工。

…………

制度 5：机房消防安全管理制度

机房房消防安全管理制度 范本

一、消防管理规定

1. 机房内禁止存放和使用易燃易爆物品，用过的抹布棉纱等物品，用后应随时存放在箱内或放在室外安全地点，不得乱扔。机房内严禁吸烟或携带打火机。未经消防防火负责人同意，机房内不得动用明火，现场必须使用电炉、喷灯时，应做好防火措施。

2. 机房与工作室的钥匙配发由专人管理，任何人不得私自配制或给他人使用。不经批准，外来人员不得进入机房。

3. 机房内应备有一定数量的灭火器，并指定人员负责定期检查。要协调治安保卫队定期检查防火设施，发现过期失效防火设备，及时上报治安保卫队更换。

4. 机房附近施工应严格遵守用火规定，并做好防护措施。

…………

制度6：配电房消防安全管理制度

配电房消防安全管理制度

一、配电房工作人员须持证上岗，按时参加技术培训和安全教育活动。

二、严格操作规程和安全规则，杜绝违章操作和不安全行为。

三、对设备和安全设施要勤查，发现隐患及时报告。精心维护和保养好设备，确保正常安全供电。

四、注意随手关闭好门窗，经常查看防护网、密封条防护情况，谨防小动物窜入配电间而引发意外。

五、严格禁火制度。严禁将易燃易爆危险物品带进配电间、严禁烧电炉等，配电间内严禁吸烟，工作人员须能熟练使用消防器材。

六、严禁无关人员进出。未经培训，不得随便开关操作室内设施、设备。

七、管理员应经常检查设施、设备运作情况，发现隐患，及时处理。

指点迷津：

小型起火现场灭火方法

作为物业消防管理人员，当发现重大火灾时，应立即报警。如果发现小型起火灾害，也应通知附近工作人员进行灭火措施。

根据灭火的原理不同，一般可以分为3种灭火方法，分别为冷却灭火、隔离灭火和窒息灭火。其中冷却灭火是较为常见的灭火方式，原理是通过灭火剂（常用水和二氧化碳等物质）降低燃烧物温度，使其低于燃点，从而止火；隔离灭火是指将附近未燃烧的可燃物搬离或移开，从而使燃烧因缺乏可燃物而停止。

窒息灭火法是通过阻止空气流入燃烧区域或使用不燃物质冲淡空气，使燃烧物因没有足够氧气而熄灭。其常见操作方法有如下5种：

①用沙土、水泥、湿麻袋、湿棉被等不燃或难燃物质覆盖燃烧物。

②喷洒雾状水、干粉、泡沫等灭火剂覆盖燃烧物。

③用水蒸气或氮气、二氧化碳等惰性气体灌注发生火灾的容器、设备。

④密闭起火建筑、设备和孔洞。

⑤把不燃的气体或不燃液体（如二氧化碳、氮气和四氯化碳等）喷洒到燃烧物区域内或燃烧物上。

表格 1：消防培训记录表

培训时间	培训对象	人 数	培训内容	合格率	培训讲师	备 注

表格 2：消防栓检查表

年　月　日

消防栓编号	安装位置	检查时间	门	锁	铭牌	玻璃门	警铃	玻璃	闸阀	水枪	水带	面具	漏水	备注

主管：　　　　　　　　　　　　　　　　　　　　检查人：

表格 3：消防巡查异常情况记录表

年　月　日

时　　间	地　　点	异常情况记录	处理措施	备　　注

主管：　　　　　　　　　　　　　　　　　　　　巡查员：

表格·4：消防隐患整改月度汇总表

年　月　日

整改通知编号	整改通知下达时间	隐患部位	隐患摘要	消防责任人	整改完成时间	检查人	检查结果

审核：　　　　　　　　　　　　　　　　　制表：

表格5：楼层电房设备检查表

年　月　日

设备地点	空气开关标志	空气开关接触情况	插接式母线槽	电缆	普通电源正常事故照明总开关	确保电源事故照明总开关	配电箱	电表	清洁	备注

主管：　　　　　　　　　　　　　　　　检查人：

表格6：消防教育培训记录表

培训时间		培训地点	
授课人		参加人数	
培训内容			
主管：（签名）			

表格 7：临时动火作业审批表

动火申请单位			单位负责人	
动火申请单位现场负责人			联系电话	
动火部位			动火方式	
动火时间	自　年　月　日至　年　月　日			
动火施工单位			操作人员	
动火施工单位已采取的安全措施及承诺	1. 动火施工单位已采取了以下安全措施，保证动火作业期间的安全： （1）现场配备有灭火器、消防水　　（有）（无） （2）现场配备有隔离砂　　　　　　（有）（无） （3）现场无易燃易爆物品　　　　　（有）（无） （4）现场有专人监护　　　　　　　（有）（无） 2. 动火施工单位承担因动火作业造成损失的责任。 申请人签字：			
审批意见	审核人：　　　　　　　　　批准人：			
备注	动火施工人员必须具备相关的施工人员上岗资格证明；施工过程必须遵循临时动火作业安全规定。			
	动火作业人员证件复印件（身份证、上岗资格证）			

注：临时动火作业审批表一式两份，申请动火单位和审批单位各执一份。

2.6 突发事件管理

规范1：可疑爆炸物处理规范

条　目	规　范　内　容
1	小区范围内一旦发现爆炸物或其他易燃危险品或可疑物品，应立即向监控室汇报（汇报发现地点及简要情况）。
2	监控中心接报后，应立即向上级汇报，根据指示及时通知有关部门，根据指令拨打110或119报警。
3	管理处、保安服务部接报后迅速组织人员成立指挥部，明确工作地点并告知有关部门。
4	指挥部负责人根据具体情况向各部门发出指令。
5	保安服务部负责组织力量进行现场看护，划定保护范围，等待专业排爆人员赶到事发现场进行处理。
6	保安人员在保护范围内准备灭火器等消防器材，及时疏散人群，防止发生其他意外事故。
7	关注可疑人员的活动，发现情况及时制止，配合公安机关展开情况调查。
8	客户服务部负责组织救护人员，做好紧急救援的准备工作，并对疏散人员进行有效的路线指引，配合保安进行人员控制。
9	工程维修部负责设施、设备的看护，保障设备、设施的正常运行。
10	事后两天内工程主管、保安主管和客服主管将有关资料记录并填写《突发事件应急处理报告》报管理处经理。

规范2：酗酒闹事处理规范

条　目	规　范　内　容
1	大厦内一旦发生酗酒闹事、打架斗殴、流氓滋扰事件，在场的物管中心员工要及时向保安部报告。由保安部人员通知警员到现场控制事态。
2	报案人说明发案地点、闹事人数、原因、事态程度、报告人姓名。

续上表

条　目	规　范　内　容
3	保安部接到报警电话后内保主管立即带对讲机赶往现场，同时通知警队队长带备勤警员赶到现场，将殴打双方分开或制止流氓滋扰行为，将肇事人带到保安部办公室或现场附近临时办公地点进行处理。工作中要提高警惕，预防肇事者携带凶器。
4	保安部派人现场清查大厦设施是否遭受损坏，如有损坏责成肇事者赔偿。
5	如事态严重，出现人身伤害，保安部应立即联系当地派出所或拨打110报警电话，由公安部门出面处理同时上报物管中心主任。
6	事件处理完毕，内保主管于4小时内做出事件经过报告。

规范3：盗窃事件处理规范

项　目	规　范　内　容
正在发生的案件	1. 迅速呼叫机动岗位与就近岗位协助，并对各卡口及园区主要出入路口布置警力，加大检查力度。 2. 封锁事发单位，全面监控周围情况，即"先围后捕"。 3. 联系业主判断其是否在家，有无危险等。 4. 将情况向公安机关汇报，请求出警。 5. 将事件经过以书面报告形式递交办公室。
已发事件	1. 保护好现场，外表显示通过撬门窗、破锁、爬墙、撬洞等方法入室作案的，应迅速联络业主至现场确认，并征求业主意见是否报警。 2. 如现场难以判断，但有重大可疑是被盗，同样需要联系业主至现场确认，由其决定是否报警。 3. 物业管理员应维护盗窃现场的原状，保护好现场的脚印、指纹、工具和痕迹等，协助警方破案。 4. 广泛收集可疑人员资料，及时向公安机关汇报。 5. 安抚业主，确保3日内有回访、沟通。

制度 1：电梯断电关人处理制度

电梯断电关人处理制度　　　　　　　　*范本*

一、监控人员一旦发现电梯中有人被困，应立即汇报，同时安慰被困人员。

二、准确向治安保卫部主管汇报被困人数和年龄。

三、通知保安员、维修员赶到现场。

四、监控人员随时注意观察电梯内被困人员动态，同时与抢救人员保持联系。

五、保安员查明被困人员和停放楼层，向维修人员说明情况。

六、维修人员立即进入机房，进行手动控制，运行至最近轿厢口；如是夜间，由保安领班协助手动控制。

七、现场保安人员应设法安慰被困人员，并要求被困人员不可攀爬轿厢顶部的检修口。

八、维修人员用电梯钥匙打开轿厢门救出被困人员。

九、保安员配合维修人员对被困人员进行救护。

十、被困者中如有小孩、老人、孕妇或出现人多供氧不足的情况，须特别留意，必要时应送医救护。

十一、治安保卫部事后协助维修部查明电梯出现事故原因，维修部进行修理或报电梯保养公司，并向管理处领导汇报事故原因。

十二、监控人员做好监控录像和记录。

制度 2：煤气泄漏及引起的爆炸事故处理制度

煤气泄漏及引起的爆炸事故处理制度　　　　　　*范本*

一、保安员接到或发现煤气泄漏或爆炸，应立即通知客户服务中心和治安保卫部主管，以便及时报警，并尽快赶到现场查看。

二、到达现场后，应谨慎行事，不可开灯、按门铃、开风扇及任何电器；必须立即打开所有窗门通风、关闭煤气或石油气阀；现场严禁吸烟。

三、通知所有人离开现场；通知维修部人员到场检查。现场如只是泄漏，则应立即关闭气源；如现场形成爆炸式火情，则应关闭气源和电源，立即报警。

四、维修部随时准备开启消防水龙头，保证足够的消防用水。

五、现场如有人受伤或昏迷，则应先抢救受伤人员，然后再进行现场救护；如伤情严重，应立即将伤者送往医院。

续上表

六、若室内无人开门，在无钥匙开门的情况下，由管理处领导决定是否爬窗入室进行抢救，事后，由管理处负责向住户做好解释工作。

七、保护好现场，维持秩序，劝离围观人员。

八、协助有关部门查明原因，查明损失。

制度 3：自杀或企图自杀事件处理制度

自杀或企图自杀事件处理制度

一、保安员接报发现有人自杀应迅速赶至现场，边汇报、边稳定自杀者情绪。

二、查看自杀者所处位置和所用方法。

三、设法查明自杀者身份和企图自杀原因，及时与其家人取得联系。

四、保安主管根据现场情况做出处理方案。如果是企图自杀则一边用言语分散其注意力，一边安排人员报 110；如已自杀，则根据其自杀手段，安排人员采取相应的急救措施，同时保护好现场，再报 120 和 110，最后报客户服务中心。

五、保安员引导急救车辆和公安机关车辆，尽快赶至现场。

六、划定抢救范围，劝散围观人员并疏导交通。

七、维修人员现场随时待命，如开煤气自杀，则要关闭气源；如点火或触电自杀，则要切断电源，打开消防增压泵。

八、没有到达现场的保安人员，做好安全防范工作，以防坏人趁火打劫。

九、维修部配合保安人员和公安人员开展救人工作。

十、治安保卫部协助公安机关对自杀事件进行处理，并做好现场调查工作。

表格 1：突发事件记录表

序　号	日　期	时　间	记录人	事　件	汇报人

表格2：业主财物失窃情况表

姓　　名		房　　号		报案时间	
发现财务失窃时间		最后一次见到财物时间			
失窃财物描述：					
认为可能的情况：					
失主签字：			治安保卫部经手人签字：		

表格3：业主接报案登记表

报告人	姓名		性　　别		年　　龄	
	住址				报案时间	
发案时间				发案地点		
简要案情：						
受害情况、损失情况等：						
处理情况：						
备注：						

第 3 章

客户服务管理

（业主入住 + 报修 + 业主投诉 + 物业费用收缴）

在激烈竞争的房地产市场中，业主有更多的机会去选择不同房屋来满足自己的需求。其中，业主对服务的要求也越来越高。物业公司想要更好地运作就需要完善管理，而客户服务管理在物业公司的业务板块当中占据着重要地位，所以要不断提高客户服务管理能力。

3.1 客户服务管理部岗位体系

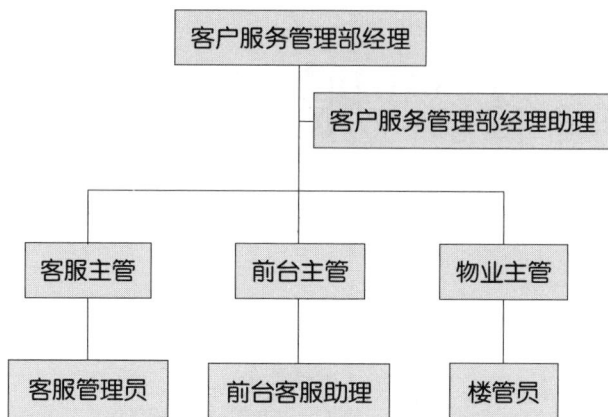

```
        ┌─────────────────────┐
        │   客户服务管理部经理   │
        └──────────┬──────────┘
              ┌────┴─────────────────────┐
              │   客户服务管理部经理助理    │
              └────────────┬─────────────┘
        ┌──────────────────┼──────────────────┐
   ┌────┴────┐        ┌────┴────┐        ┌────┴────┐
   │  客服主管 │        │  前台主管 │        │  物业主管 │
   └────┬────┘        └────┬────┘        └────┬────┘
   ┌────┴────┐    ┌────────┴──────┐     ┌────┴────┐
   │ 客服管理员 │    │   前台客服助理   │     │  楼管员  │
   └─────────┘    └───────────────┘     └─────────┘
```

3.2 客户服务管理岗位配置及岗位职责

3.2.1 客户服务管理部经理

岗位名称：客户服务管理部经理
直属上级：副总经理、董事长
直接下级：客户服务管理部所有员工

岗位职责	1. 认真贯彻公司的各项管理规章以及有关物业管理的各项法规、政策。 2. 全面负责物业区域的经营管理工作，制定部门月度、年度的经营计划，并保证计划的实施。 3. 以身作则，调动员工的积极性，保质保量地完成各项工作。 4. 热情接待业主，及时有效地处理各项投诉，并做好记录。 5. 定期对本部门员工进行培训和考核，不断提高员工的业务水平和服务质量。 6. 协调客户服务管理部与各部门的关系，合理调配人力和物力资源。 7. 负责客户服务管理部门内各项不合格服务的纠正跟踪工作，不断促进物业管理与服务水平的提高。 8. 负责制定客户服务管理部的各项管理制度、服务标准和操作规程，并检查落实。

续上表

岗位职责	9. 及时掌握物业区域内的物业费收取情况，督促下属及时有效地完成物业费收取。 10. 具体负责物业的接管验收工作，提出工程遗留和需完善的项目。 11. 在公司定编、定岗的前提下，合理调配人员，协调各岗位的分工与协作，责任落实到人，确保各项服务处于良好的运作状态。 12. 依法实行文明、民主、高效管理，定期回访，广泛征求住户意见，努力为住户排忧解难。 13. 按规定做好日常管理工作的自检，接受物业服务中心、业主及业主管理委员会的监督检查。 14. 建立、健全楼宇接管资料、住户交楼资料、室内装修资料和各项服务的质量记录等档案管理工作，并建立和促进信息化管理，提高工作效率。 15. 完成领导交办的其他工作任务。
任职资格	1. 教育背景：全日制本科及以上学历，房地产、物业管理等相关专业。 2. 知识要求：①熟悉房地产开发和物业管理的工作流程和相关环节；②熟悉国家相关房地产、物业管理法律法规政策和政府部门相关办理事项审批程序；③了解管理学、战略管理、管理技能开发、公共事件危机管理、房地产和物业管理等相关知识。 3. 工作经验：5 年以上客户服务中层管理及以上工作经验。 4. 技能技巧：①熟悉办公自动化软件操作；②具有良好的口头和书面表达能力；③有较强的计划、组织、领导、协调、控制和督导能力；④具备全面统筹大型综合物业的能力；⑤具有应变能力、交际能力和谈判能力。 5. 工作态度：有较高的职业素质和责任感，良好的管理理念、服务意识，为人热忱有礼，工作仔细认真。

3.2.2　客户服务管理部经理助理

岗位名称：客户服务管理部经理助理 直属上级：客户服务管理部经理 直接下级：无	
岗位职责	1. 负责起草客户服务管理及内部管理规章制度。 2. 部门管理类信息的收集、管理和分析。 3. 协助上级领导组织做好部门周例会并做会议记录。

岗位职责	4. 协助上级领导召开每日班前班后例会，并做好会议记录。
	5. 协助上级领导开展社区文化活动。
	6. 各种培训、会议的组织及会议纪要的记录和整理。
	7. 编制本部门员工轮班表、轮休表等各类部门内部表格。
	8. 协助上级领导制定、贯彻与落实本部岗位职责，制定工作要求、工作目的，以及建立各项管理制度。
	9. 及时了解业主动态，确保业主提出的各类建议、意见、投诉及时传达到物业管理部和上级领导，并及时向业主反馈处理意见。
	10. 汇总整理所管辖区域内递交的恢复记录、业主意见处理等，汇总结果反馈给上级领导后存档。
	11. 日常工作异常的收集、汇总并形成记录，进行跟踪处理。
	12. 完成领导交办的其他工作任务。
任职资格	1. 教育背景：全日制专科及以上学历，商务管理或市场营销等相关专业。
	2. 知识要求：①熟悉客户服务理论知识；②熟悉环境、职业健康安全管理标准及相关法律法规。
	3. 工作经验：两年以上营销或客户服务管理工作经验。
	4. 技能技巧：①熟悉办公自动化软件操作；②具有较强的计划、组织、服务和协调能力；③具有较强协调沟通能力及语言表达能力；④具有较强文书写作能力。
	5. 工作态度：热爱本职，坚持原则，公道正派，严守秘密，具有强烈的事业心、责任感和团队协作精神，服务意识强。

3.2.3　客服主管

	岗位名称：客服主管 直属上级：客户服务管理部经理 直接下级：客服管理员
岗位职责	1. 负责制订工作计划并负责组织实施（部门经理批准下），协助部门经理制订和实施工作职责及考核计划。
	2. 负责对下级的日常工作进行管理与统计，并及时向上级领导汇报。
	3. 负责发现不合格的服务项目，并对其进行跟踪与验证，处理业主的投诉。如果遇到紧急事故，需要及时向上级领导报告并协助处理。

续上表

岗位职责	4. 接受与处理客户的投诉，并予以记录，重要情况需及时向上级领导汇报，负责配合下级收缴各项费用。 5. 负责清洁用品采购计划的编制和采购物品的验证工作，并控制其合理的使用，协助仓库管理员合理存放和保管。 6. 每月、每季做好业主物业费收取情况的统计报表，并及时上报公司。 7. 协助管理物业清洁、绿化、维修、接待以及回访等服务工作。 8. 收集有价值的物业信息，为推动公司客户服务工作的发展出谋划策。 9. 收取与审阅物业区域的巡楼报告及每天的有关投诉记录，并对重点内容进行归纳。 10. 负责对下级的工作做出安排并进行指导。 11. 负责管理与更新客户档案。 12. 负责定期对物业服务质量进行统计与分析，并提出整改方案。 13. 定期组织进行业主访谈工作，增强与业主的沟通和联系，了解业主需求与心声，并采取有效措施及时解决。 14. 负责门禁卡的使用及管理工作。 15. 完成领导交办的其他工作任务。
任职资格	1. 教育背景：全日制专科及以上学历，物业管理或建筑相关专业。 2. 知识要求：①熟悉掌握物业管理法律法规；②熟悉客服工作各环节和程序；③熟悉公司客户服务相关管理、服务和作业规范。 3. 工作经验：3 年以上客服主管或大堂经理工作经验。 4. 技能技巧：①熟悉办公自动化软件操作；②具备较强的语言表达能力、协调与沟通能力；③具有较强的实际操作能力；④具有对客服管理员岗位技术培训的能力；⑤具有较强文书写作能力；⑥具备客服中心团队管理与提升的工作能力；⑦善于处理客户提出的各种问题及各种投诉。 5. 工作态度：具有团队协作精神，待人谦和，办事认真，吃苦耐劳，爱岗敬业。

3.2.4　前台主管

岗位名称：前台主管 直属上级：客户服务管理部经理 直接下级：前台客服助理	
岗位职责	1. 协助部门经理做好日常接待工作，主持前台班次全面工作，创造良

岗位职责	好的工作氛围。 　2. 参加主管例会，及时了解部门员工的思想动态并报上级，检查督导本部门员工的仪表仪容、组织纪律、礼貌用语及工作效率。 　3. 负责编制本部门员工工作表，合理安排下属的工作，管理、调配本部门使用的各项消耗品，严格控制成本，及时传达上级的指示。 　4. 及时纠正前台助理工作中的偏差，跟进处理结果。 　5. 检查负责本部门的安全、消防工作，负责安排重点客人的接待工作和重要留言的落实、检查。 　6. 督导迎送服务，贯彻执行服务程序，督导问讯迎接服务的进行，满足客人合理的要求。 　7. 参与前厅接待工作，有效地解决客人投诉和本部门的有关问题，搞好与有关部门的协调及联系。 　8. 制定并组织实施培训计划，正确地评估下属工作，做好工作日记。 　9. 对下属员工进行有效的培训和考核，提高其业务水平和素质。 　10. 完成领导交办的其他工作任务。
任职资格	1. 教育背景：全日制专科及以上学历，行政管理、文秘以及人力资源管理等相关专业毕业。 　2. 知识要求：①熟悉前台工作流程；②熟悉公司的各项管理规章制度。 　3. 工作经验：3年以上前台主管或大堂经理工作经验。 　4. 技能技巧：①熟悉办公自动化软件操作；②具有很强的领导能力、组织能力和合作精神，能够与各业务部门协调和配合工作；③具有较好的口头表达能力和文字表达能力；④善于处理各类投诉；⑤善于处理人际关系，会做思想工作，关心员工的合理要求和切身利益；⑥有处理各种突发事件的应变能力。 　5. 工作态度：能坚持原则，敢于负责，作风正派，办事公道，在工作中的各个方面都能起表率作用。

3.2.5　物业主管

岗位名称：物业主管	
直属上级：客户服务管理部经理	
直接下级：楼管员	
岗位职责	1. 掌握业主的全面情况，定期征询业主意见，搞好中心物业管理。

续上表

岗位职责	2.负责制定、完善物业管理的各项规章制度、流程、作业表格以及守则等，并执行。 3.督导检查物业区域内的清洁卫生与环境绿化，并创造良好的营商环境。 4.主持本部门的工作，安排下属员工的工作，定期报送各项报表。 5.协助客户服务管理部处理解决消防、通信、供电、供水及有关主管部门的工作，协调好关系，做好对外公关业务，协调政府部门的工作，解决涉及公司形象的问题。 6.积极配合财务部门做好业主与物业使用人的各项费用的缴交工作，做好各项费用的催缴。 7.与有关部门负责物业的接管验收工作，对验收中存在的问题及时与承建商联系并解决。 8.分配下属工作，按岗位职责定期对下属进行考核，并对考核结果提出建议，如培训、降职、晋升、加薪或解雇。 9.熟悉业户与物业使用人的情况，并建立健全个人档案。 10.监督下属接待业主与物业使用人的来访及投诉，与其他相关部门联络尽快解决问题，并正确处理。 11.建立回访制度，主动征求意见，传达物业公司的各项规定与通知。 12.负责物业管理区域绿化、清洁卫生的监理及考评。 13.熟悉物业管理区域的建筑结构、设施、设备的基本使用功能及安全操作规程。 14.掌握物业公司各项收费标准和计算方法。 15.协助物业公司策划一些有益身心的活动方案。 16.对整个物业管理区域内的安全防范、日常工作进行疏导。 17.协同管理部定期对业主与物业使用人进行消防培训工作。 18.执行对下属的业务培训工作，强化员工对业主及物业使用人的服务意识。 19.完成领导交办的其他工作任务。
任职资格	1.教育背景：全日制专科及以上学历，物业管理、管理学或财务会计等相关专业。 2.知识要求：①熟悉物业管理操作流程，且掌握物业管理相关法律、法规；②具有一定的财务知识基础；③熟悉供配电、工民建、智能化等专业管理。 3.工作经验：3年以上客服主管或大堂经理从业经验。

任职资格	4. 技能技巧：①熟悉办公自动化软件操作；②具有较强的组织、管理、协调能力；③具备较强的语言表达力和实际操作能力；④具有处理各种突发事件的应变能力。 5. 工作态度：综合素质较好，具有服务意识；具有较强的责任心、服务意识及团队合作精神，善于与人沟通；工作踏实，能承担较大的工作压力。

3.2.6　客服管理员

	岗位名称：客服管理员 直属上级：客服主管 直接下级：无
岗位职责	1. 保持物业公司同业主和物业使用者的联系，通过与业主和物业使用者接触和定期拜访，收集、整理业主和物业使用者的信息和需求，并及时传达到有关部门。 2. 安排新入住的业主办理入住手续，领取钥匙及填写单元设施交接单，协助业户办理装修申请，负责联系业主的搬家事宜，并做好登记。 3. 负责配合其他部门对二次装修进行管理，及时纠正违章施工。 4. 负责催缴物业管理费、电费、水费及其他费用。 5. 负责整理及归档工作客户资料，建立客户档案和二次装修施工管理档案。 6. 负责管理物业区域内业主和物业使用者的接待工作，做到仪表端庄、态度和蔼、热情大方、反应敏捷以及处事稳健。 7. 对来访做好登记，对电话预约的来访要及时通知有关人员。 8. 负责接待及处理业主或物业使用者的咨询、投诉工作，并定期对其进行回访。 9. 定期对物业区域进行巡视，发现问题要及时记录并向上级领导汇报。 10. 接受并处理客户投诉，做好记录并及时向上级领导汇报。 11. 记录物业管理区域的管理日志，并跟进所列问题。 12. 完成领导交办的其他工作任务。
任职资格	1. 教育背景：全日制专科及以上学历，物业管理、文秘等相关专业。 2. 知识要求：熟悉公文文秘、社交礼仪等知识。 3. 工作经验：1年以上相关岗位的经验。

任职资格	4. 技能技巧：①熟悉操作办公设备；②具有较强的人际交往、语言和文字表达能力。 5. 工作态度：具有责任心、亲和力，具有较强的抗压能力和团队精神。

3.2.7 前台客服助理

岗位名称：前台客服助理 直属上级：前台主管 直接下级：无	
岗位职责	1. 在前台主管的直接领导下开展日常工作。 2. 负责前台业主、客户的来访与来电接待工作及日常事务工作。 3. 负责空置单元锁匙及业主托管锁匙的管理。 4. 建立、完善住户交楼资料、室内装修资料和住户报修、各项服务的记录等档案管理工作。 5. 为住户来往客人出入联系及代接收信函及物品。 6. 住户来访或电话的咨询热情礼貌接待，能解决的问题即时解决，不能解决问题的及时上报给领导处理。 7. 根据业主或客户反映的问题记录后，派单至相关部门解决，并做好业主或客户反映问题的跟进工作。 8. 根据相关部门解决问题后的反馈，及时对业主或客户进行回访。 9. 接到业主或客户的投诉，需要做好记录，及时汇报上级领导并跟进处理。如不属于物业公司的责任，应耐心向业主或客户解释清楚。 10. 为有需要的业主或客户提供打字、复印。 11. 积极做好与各部门相互沟通、协调和配合工作。 12. 完成领导交办的其他工作任务。
任职资格	1. 教育背景：全日制专科及以上学历，行政管理、文秘等相关专业。 2. 知识要求：具备良好的礼仪知识和经验。 3. 工作经验：1 年以上相关岗位的经验。 4. 技能技巧：①熟练使用各种办公软件；②具备良好的语言表达能力；③具备较强的应变能力。 5. 工作态度：具备良好的服务意识与团队合作能力，有责任心，工作积极主动。

3.2.8 楼管员

岗位名称：楼管员 直属上级：物业主管 直接下级：无	
岗位职责	1. 积极参加公司业务学习，不断提高业务水平。 2. 热情接待业主和客户，对业主和客户的投诉要耐心解释和及时处理，件件落实，并做到登记记录，定期整理存档工作。 3. 认真做好回访工作，接受业主和客户的批评与建议，不断改进工作，提高服务质量。 4. 熟悉物业管理区域内房屋的结构、排列、单元户数、管道线路的走向、各种设备开关的位置，以及了解住户与业主的数量等基本情况。 5. 每天不定时巡查物业管理区域内的房屋状况、公共设施等，发现不正常情况及时处理并做好记录，如果需要其他部门配合处理，需要及时上报给上级领导。 6. 配合其他部门制订土建保养计划，做好业主交楼验收和二次装修申请表、施工监督和验收工作。 7. 负责每日督查保洁人员和绿化人员的工作质量。 8. 物业管理区域内发生突发事件要及时赶到现场，协助执法人员维护秩序、保护现场，掌握火警及盗窃等突发事件的应急处理方法。 9. 配合执法部门做好物业管理区域内的治安管理、外来人员管理、消防安全管理和社区文化管理工作。 10. 负责物业管理费、水费以及停车费等各项费用的收缴工作。 11. 负责物业管理区域内的物业档案、业主档案的保管和统计，并且严守工作机密。 12. 完成领导交办的其他工作任务。
任职资格	1. 教育背景：全日制专科及以上学历，管理类相关专业。 2. 知识要求：熟悉物业管理的相关法律法规。 3. 工作经验：1年以上相关岗位的经验。 4. 技能技巧：①熟练使用各种办公软件；②具有一定的组织协调能力，善于沟通并做好相应的书面记录；③具备较强的应变能力。 5. 工作态度：有责任心，能完成领导交办的任务；性格外向，善于与人沟通。

3.3　业主入住管理

规范 1：业主入住流程及手续办理规定

条　目	规　范　内　容
1	持购房合同、入住通知书等进行业主登记确认。
2	房屋验收，填写验房记录单。
3	与开发商进行房款结算，取得最终房款发票。
4	产权代办手续，提供办理产权相关资料，交纳办理产权所需费用。
5	开发商开具证明，业主持此证明到物业公司办理物业入住手续。
6	管理员陪同业主验房，然后签署物业管理的相关文件，如《物业委托管理协议》《车位管理协议》《装修管理协议》等。
7	交纳物业相关费用。
8	领取提供给业主的相关文件资料，如《住宅质量保证书》、《住宅使用说明书》、《房屋使用、维修、管理公约》、《住户手册》以及《装修手册》等。
9	领取房屋钥匙。

规范 2：业主入住时可收取的收费项目规则

项　目	规　范　内　容
物业服务费用	必须严格按照物业服务收费的有关规定执行，预收金额不得超过 12 个月。开发商必须确保电梯能够正常使用后，方可通知业主办理入住手续。如果物业服务合同没有包括电梯运行维护费，则由双方按照补偿电梯日常运行成本的原则约定电梯运行维护费，并到当地主管部门备案。物业公司不得阻止业主在装修期间使用电梯，也不得额外收取费用。
房屋维修资金	新建房屋首次交存物业专项维修资金，由开发商在办理房屋买卖合同备案时，按照房屋买卖合同约定的建筑面积代交物业专项维修资金，待房屋交付时凭物业专项维修资金专用票据向业主收取。另外，没有售出的房屋暂不收缴物业专项维修资金。

续上表

项目	规 范 内 容
建筑垃圾清理费用	业主可以自行清运建筑垃圾，也可以委托环卫部门清运。环卫部门接受委托收取相应的建筑垃圾清理费。根据相关规定，物业公司可以代为预收建筑垃圾清运费，装修结束后再将余额返还给业主。业主自行清运的，物业公司不得收取建筑垃圾清运费。
生活费用	生活费用包括水费、电费、气费以及有线电视费等，业主可以选择到相关部门自行缴纳或经由有关部门委托的物业公司代收代缴生活费用。物业公司在与相关部门达成代收协议后，可代收相关费用，代收金额需要按照相关部门的规定执行，代收协议需要进行公示，且不得向业主收取额外的费用，如手续费。

制度1：业主入住准备工作制度

业主入住准备工作制度

一、目的

规范业主入住管理工作，确保业主顺利入住。

二、适用范围

适用于业主入住的管理工作。

三、办理入住的前提条件

物业管理区域已经通过接管验收，达到入住条件。

四、接管验收标准

1. 房屋无重大质量问题。

2. 工程遗留问题基本得到解决。

（1）工程资料已经齐备。

（2）业主档案资料已经移交完毕，产权确认工作已经结束。

（3）达到入住的条件，需要具备以下几点条件：

①小区实现通路、通水、通电、通气、通信、通邮、排水以及排污等基本使用功能，能满足业主日常生活所需。

②配套设施基本齐备，并能正常使用。

③客户服务管理部有固定的办公场所并已经开始办公。

④物业公司已经同委托方签订了《物业管理委托合同》。

续上表

五、入住准备工作

1. 准备入住资料

（1）编写和印制业主公约、住户手册、服务指南、消防安全责任书以及入住通知书等资料。

（2）入住通知书中需要明确物业公司的办公地点、业主办理入住手续时需带的资料、证件及交纳的费用明细，并附简明扼要的入住流程等。

（3）印制以下资料：

①"业主证"领用登记表。

②住宅使用说明书。

③住宅质量保证书。

④钥匙领用登记表。

⑤开发商提供的入住验房表。

⑥业主家庭情况登记表。

⑦入住登记表。

2. 设计欢迎入住的布置

（1）入住时的环境布置。

（2）区内环境，如入口处挂欢迎横幅、插指路牌等。

（3）客户服务管理部办公环境，如挂灯笼、飘小彩带或摆放花篮等。

3. 发出入住通知

物业公司根据议定的入住时间，向业主发出入住通知，内容包括：《关于办理入住手续的通知》《致广大业主的慰问信》等。

4. 收到入住通知

业主收到入住通知后，需带齐有关证件和资料，并在规定时间到客户服务管理部办理入住手续。如果业主在规定时间的前 3 天内还未办理入住手续，物业公司需要再次发函或致电通知尚未办理入住手续的业主前来办理入住手续；超过规定期限未办理入住手续的，相关负责人应将情况向经理汇报，从而决定是否再次催办。

5.《关于办理入住手续的通知》。

6.《购房合同》原件和复印件各一份。

7. 业主及家庭成员的身份证原件及复印件各一份，小一寸彩照每人两张。

8. 如果是单位购房，则需要带齐单位营业执照副本及复印件各一份。

六、入住手续办理

七、验房收楼

…………

制度 2：业主入住服务管理制度

业主入住服务管理制度

范本

一、目的

为了提升公司的服务质量和工作效率，规范房屋验收入住及后续服务交接，为业主提供高品质服务，提高其入住满意度。

二、适用范围

房地产公司客户服务部、物业公司。

三、职责

1. 房地产公司客户服务部

（1）统筹安排入住前期的准备工作及组织安排现场工作。

（2）跟进各部门对业主入住时反馈信息的处理情况。

（3）配合物业公司做好业主入住后的各项服务。

（4）组织业主活动，并促进房屋销售。

2. 物业公司

（1）业主入住后的服务负责人。

（2）提供验收、接收工程的要求与规范方案，并完成接收工作。

（3）负责物业管理区域的保洁、布置及准备等工作。

（4）办理业主入住手续。

（5）提供业主入住后的相关服务，并做好服务管理。

四、入住前期准备工作

1. 业主入住开始前 45 天，由房地产公司的客户服务部组织成立入住前期准备工作小组，小组由装饰工程部、园林部、采购部、营销策划部、财务部以及物业公司等指派工作人员组成，各部门根据自己的专业分工，分别负责入住中的相应工作。客户服务部经理任入住小组组长，对入住工作小组进行入住培训。

2. 客户服务部制定《入住工作计划书》，明确各个部门的工作内容及完成时间。确定具备入住准备条件后，安排实际入住时间，并向业主发放《入住通知书》及《入住须知》。

3. 首先，房地产装饰工程部于业主入住开始前 45 天，与物业公司按照《房屋验收单》完成移交细部检查验收工作并签字确认；其实，负责根据工程移交细部检查验收结果进行返修，小组其他相关部门积极配合；最后，准备房屋的竣工验收备案表、规划验收合格证明，并组织编写《住宅使用说明书》《住宅质量保证书》（简称两书）。

4. 物业公司负责入住现场的清洁、布置及准备等工作，准备物业管理 / 业主规约、物业入住收费明细、用户手册、装修指南等相关资料，并按照《入住工作计划书》

配合入住工作。

5.营销策划部负责入住现场的包装、策划，印制并向业主发放《住宅使用说明书》《住宅质量保证书》。

五、入住现场工作

1.客户服务部组织接待业主，安排业主登记，甄别业主身份（如不是业主本人，经办人需持有经过公证的授权委托书），检查材料是否齐全，发给业主《入住流程表》，并在流程单上签字记录。客户服务部负责收取业主办理房屋产权所需资料和相关费用，组织业主填写《客户合同、产证及相关费用的签收》，与业主签署《产权代办协议》，回答业主有关面积实测的咨询，并在流程单上签字记录。

2.业主领取物业用户手册、两书等相关资料。

3.物业公司办理物业管理相关手续，并收取物业管理费用等相关费用。

4.客户服务部组织业主前往现场验房，房地产装饰工程部在入住现场解答设计问题，验收无误后双方填写《房屋验收单》并签字。

5.若房屋验收存在问题，客户服务部填写《验收问题处理单》提交装饰工程部，对入住时业主提出的返修要求，由房地产装饰工程部统一安排维修直至完成。

6.物业公司与需要装修的业主办理《装修管理协议》，交房地产装饰工程部审核后，收取业主装修保证金和相关费用等。

六、入住后服务工作

1.客户服务部就业主入住时反馈的信息及总体办理情况，经收集、汇总、分析后做出工作汇报于每周例会公布。

2.业主入住后，客户服务部、财务部负责按规定完成面积补差工作。

3.物业公司按照流程体系为入住业主提供相关服务，做好服务管理。

4.客户服务部配合物业公司做好业主入住后的各项服务，安排技术性较高的建筑设备设施的维修、保养，并提供相关房屋建筑图纸、数据及设备。

5.客户服务部配合营销策划部策划组织的相关活动，邀请业主参加，促进业主销售，获得新的介绍客户。

七、支持文件

《入住工作计划》

《入住通知书》及《入住须知》

《入住流程表》

《客户合同、产证及相关费用的签收》

《房屋验收单》

《验收问题处理单》

指点迷津：

业主验房的注意事项

对于业主来说，入住前验房是非常重要的一个步骤，所以业主需要了解验房注意事项及细节。同样，为了顺利地完成交房，物业公司也需要了解这些注意事项，以便可以更好地为业主服务。

【按照规定的时间办理新房交接手续】

若新房已经符合合同约定的交付条件，开发商应当在合同确定的交付新房的日期前书面通知卖方人办理交接手续。

【办理交接时要求开发商出示相关的证明文件】

在《商品房买卖合同》示范文本中规定，商品房交付时通常要满足相关条件：已取得新房《建设工程规划验收合格证》和《房屋建筑工程竣工验收备案证明材料》；已取得用于新房的房屋权属登记的《房屋测绘成果》。业主在进行新房交接时，可以要求开发商出示新房买卖合同中约定的证明文件。

【及时书面催告开发商交付新房】

《商品房买卖合同》中明确规定，如果开发商延迟交新房，业主主张解除新房买卖合同必须先催告，催告后经过3个月开发商仍然不交新房的，业主方可退房。因此，在办理交接时一旦开发商拒不出示相应的证明文件，业主就可以及时书面催告开发商交付新房。

表格 1：业主入住缴款通知书

注：					
本次交付您需带款总计：_____元					
业主姓名		合同编号		序 号	___幢___单元___室
预售建筑面积				实测建筑面积	
财务部	已付房款			补/退房款	
	实际房款				
物业管理处	项 目		收费标准	金 额	依 据
	1	物业管理费	____元/（m²·月）（预收一年物业管理费，不含电梯、水泵、		

续上表

物业管理处	1	物业管理费	中央空调等设施运行费及公共用电、公共用水等纳入代收代交的费用）		
	2	垃圾清运费	建筑面积≤ 100 ㎡ _____元／户		
			100 ㎡＜建筑面积≤ 150 ㎡ _____元／户		
			建筑面积＞ 150 ㎡ _____元／户		
	3	装修押金	_____元／户		
	4	预收电费	_____元／户		
	总　　计				
房产证费用	1. 产权登记费：_____元／套； 2. 契税：房屋总价的_____； 3. 维修基金：高层住宅：_____元／㎡； 4. 共有产权证工本费：预收_____元，根据实际办证数量多退少补； 5. 中介代理费：_____元／套； 小计：_____元。 注：凡以按揭方式购房的业主，入住时须缴纳此项费用及带好相关办理产权证的材料；如以其他方式付款的业主，根据自身实际情况可委托或自己办理产权证，如要委托办理，入住时须缴纳此项费用及带好相关办理产权证的材料（详见《收楼须知》附件）。				
其他事项	1. 预收一年物业管理费的起止时间为：_____年 __ 月 __ 日至 _____年 __ 月 __ 日； 2. 以上费用请各位业主缴纳现金； 3. 装修结束后，由业主提出申请，经物业工程维修部检查，房屋结构、外观等未遭到破坏，则退还押金；如有损坏，视情节轻重，按《业主临时公约》处理。				

表格2：日常收费明细表

序号	收费项目	金 额	依 据
1	物业管理费		商铺需要单独约定
2	小型机动车	_____元/（辆·月）（露天停车场） _____元/（辆·月）（室内停车场）	
3	中型机动车	_____元/（辆·月）（露天停车场） _____元/（辆·月）（室内停车场）	
4	大型客、货车	_____元/（辆·月）（露天停车场） _____元/（辆·月）（室内停车场）	
5	三轮车(偏三)摩托车	_____元/（辆·月）（露天停车场） _____元/（辆·月）（室内停车场）	
6	助力车、轻骑	_____元/（辆·月）（露天停车场） _____元/（辆·月）（室内停车场）	
7	自行车	_____元/（辆·月）（露天停车场） _____元/（辆·月）（室内停车场）	
8	一卡通(磁卡)	_____元/张	可根据实际情况选购
9	可视对讲机	_____元/部	不含安装费，可根据实际情况选购

表格3：业主入住档案资料

序号	内 容	份 数	备 注
1	入住手续书		
2	业主身份证复印件		
3	业主情况登记表		
4	业主装修承诺书		
5	装修施工单位装修承诺书		

续上表

序号	内　容	份　数	备　注
6	楼宇验收记录、认可表		
7	房屋原始结构平面图		
8	业主装修申请单		
9	业主装修施工设计平面图(业主提供)		
10	业主装修审批单		
11	装修工程区域消防安全协议书		
12	装修施工单位的名称及资质证明（业主装修施工单位提供）		
13	装修许可证		
14	装修竣工验收		
15	业主入住资料移交书		
16	收楼委托书		
17	空房钥匙托管承诺书		
18	前期物业管理服务协议		

3.4　报修管理工作流程

规范1：物业维修人员上门服务行为规定

项目	规 范 内 容
工牌	物业维修人员上门服务需佩戴好工牌（统一佩戴在左胸位置）。
公开	①公开出示物业公司制定的《统一收费标准》文件，并按标准收费；②公开出示派工单，服务完毕后请用户签署服务意见。
到位	①服务后清理现场到位；②服务后检测演示到位；③服务后向客户讲解使用知识到位。
不准	不喝客户的水、不抽客户的烟、不吃客户的饭以及不要客户的礼品。

续上表

项目	规 范 内 容
标准	佩戴一个工牌，穿上一副鞋套、自带一块垫布、自带一块抹布以及提供"一站式"检测服务。

规范2：物业维修人员上门服务用语规定

项目	规 范 内 容
敲门	按门铃一下或轻敲门两下，如室内无反应，则等待30秒再次敲门。除了特殊情况外，严禁大力敲打或撞击客户门窗。
进门用语	您好，我是××服务中心的维修人员（若自己迟到则需要说：您好，我是××服务中心的维修人员，非常抱歉我因为××原因迟到，让您久等了）。
询问用语	请问您的××有什么问题，需要我们提供服务？
解释用语	维修范围内：按照规定这属于××的责任，费用应由××负责； 超出维修范围或需要收费：按照规定，您的××出现的问题已超出了维修服务的范围，所以需要收取相应的维修费用（需要为客户出示收费标准）。

制度1：日常报修制度

日常报修制度　范本

一、目的

为了规范日常保修程序，提高物业公司的维修效率。

二、适用范围

适用于小区所辖物业内业主委托和管理处报修的处理。

三、职责

1. 物业公司维修部负责报修事项的维修。

2. 物业公司管理处负责维修结果的验证，以及对业主委托维修项目的回访。

四、操作规程

维修类别分急修和小修两种。急修要求维修工在接到报修15分钟内赶到现场，8小时内修复。如果不能，则需要有紧急处理措施，并对报修人做出合理解释，做出限时承诺；小修要求2日内修复，特殊情况必须做出说明和限时承诺。

续上表

1. 急修

凡是符合以下条件的维修，都属于急修的类别：

（1）水管迸裂或破损。

（2）下水管道阻塞导致污水外溢。

（3）电路故障，存在触电危险或漏电现象。

（4）生活水泵，电梯故障。

（5）热水管路迸裂或破损等。

2. 小修

小修是对房屋内的设施进行局部的修理，针对日常检查和定期检查发现的问题，拆卸部分零部件进行清洗、修正、更换和调整，恢复设备的使用性能。如墙体裂缝修补，管路、电路小型调整等。

五、维修流程

1. 业主向物业公司管理处打电话或口头报修，管理处应予以记录、约定维修时间，并填写维修单。其中，维修单一式两联，一联用于存底，一联用于报维修部维修。同时，维修单上需要注明业主报修时间、内容、维修类别以及约定时间。

2. 维修部收到维修单后派维修员工上门维修，并填写服务联系单。

3. 维修人员上门维修时应注意礼节礼貌、服务规范。

4. 维修完毕后，维修人员应在维修单上填写维修时间、耗用材料等内容，并请业主在服务联系单上签字验收。

5. 维修人员凭服务联系单报请管理处人员验收，管理员需要对业主进行回访。如果业主对服务态度不满意，则需要在维修单上注明。

6. 维修延时的，由维修人在维修单上注明延时原因；未能修复的，维修部需做返工处理。

六、支持文件

维修单、有偿 / 委托服务联系单。

制度 2：共用设施维修管理制度

共用设施维修管理制度

范本

一、目的

对小区内共用设施的维修进行控制，确保其满足业主的需要。

二、适用范围

适用于物业管辖范围内共用设施的维修。

三、职责

1.设施管理部负责所辖共用设施的正确使用和管理。

2.工程技术部负责物业公司内共用设施的维修计划管理。

3.维修中心负责共用设施维修的组织实施。

四、程序要求

1.维修流程

维修申请→鉴定→批准→制订维修方案→审核→批准→实施维修方案→验收→记录。

2.共用设施大修工程

（1）凡是需要牵动或者拆换部分主体构件，但不需要全部拆除则为大修。

（2）通常情况下，大修一次费用在该建筑物同类结构新建造价的 25% 以上。

（3）大修后的房屋，需要符合基本完好或者完好标准的要求。

（4）大修主要适用于严重损坏房屋。

3.共用设施中修工程

（1）凡是需要牵动或者拆换少量主体构件，但保持原有规模和结构则为中修。

（2）通常情况下，中修一次费用在该建筑物同类结构新建造价的 20% 以下。

（3）中修后的房屋，70% 以上必须符合基本完好或完好的要求。

（4）中修主要适用于一般损坏房屋。

4.共用设施维修程序

（1）物业公司管理部提出维修申请，由工程技术部鉴定后，报总经理审批。

（2）总经理批准后，工程部与管理部门、维修中心提出改造方案，并提交给财务部审核后，最后上交总经理批准。

（3）产权属于业主或需动用维修基金的，则需要报告业主委员会，并征得其书面同意。

（4）维修中心负责实施维修方案，而改造方案既可以由维修中心独立完成，也可以委托专业公司来完成。

（5）维修方案委托给专业公司实施时，维修中心须派技术人员进行监督。

（6）维修完成后，由工程部与管理部、维修中心共同进行验收，并填写维修验收单。如果是由专业公司实施，则验收双方签字认可，实施公司需要在保质期内承担相应责任。

五、支持文件

维修验收单。

指点迷津：

物业维修的特点

物业维修是指物业自建成到报废为止的整个使用过程中，可能会因为自然因素或人为因素对物业造成损坏，为了修复这些损坏并维护和改善物业的使用功能，而采取的各种养护维修活动。

从狭义上看，物业维修是指对物业的养护和维修；从广义上看，物业维修包括对物业的养护、维修和改建。根据物业损坏程度的不同，可以对其进行不同程度的养护和维修，这样才能保证物业的正常使用，延长其使用年限。其中，物业维修具有以下特点。

【具有物质生产性】

从本质上看，物业维修活动是一种物质生产活动，属于生产领域。物业受自然侵蚀、正常使用、生物破坏以及地理、灾害等因素的影响，会逐渐出现损坏，使用价值逐步降低。为了恢复物业失去的使用功能，避免其破损得更加严重，就要对破损物业进行维修，以及对不同等级物业的功能进行恢复与改善。不过，这些物业维修活动投资规模很小，属于简单再生产的性质。

【具有经营性和服务性】

物业管理是一种经营性的管理活动，而物业维修是物业管理的主要内容。物业维修过程是严格按市场经济规律运行的，其所取得的收入也是在经营管理中得到的。因此，物业维修具有经营性，没有这部分业务，物业公司的经营收入会受到很大影响。同时，物业维修又具有很强的服务性，其基本目的是以为住户服务为宗旨，保持物业的物质形态完好无损，保证住户对物业的正常和安全使用。

【具有广泛性和分散性】

物业使用期限长，在使用中因自然或人为的因素影响，会导致物业损坏，且没有明确的规则可言，相同结构的物业使用功能减弱的速度和损坏的程度也不同。当损坏发生时，需要根据损坏的程度随时进行相应的维修，这是所有的物业普遍存在的情况，所以物业维修具有广泛性。另外，由于损坏的部分只占物业的很少部分，分散在物业的各个方面，维修规模很小，维修工作又具有分散性。

【具有较强的技术性】

物业维修与一般建筑施工不同，它本身有独特的设计、施工技术和操作技能的要求，是一项技术性很强的工作，而且对不同的建筑结构，不同等级标准的物业，采用的维修标准也不同。物业维修技术不仅包括建筑工程专业的技术，还包括机械、设备、通信等相关专业的技术。另外，物业维修由于要保持原有的建筑风格和设计意图，并与周围环境相协调，这就增加了技术难度。因此，物业维修必须要求具备较高的技术性，并要在业主或使用人的监督下进行。

表格1：公共设施一览表

小区名称：								年 月 日
序号	名称	型号／规格	单位	数量	所在位置	附带资料编号	责任人	备注
1								
2								
3								
4								

表格2：公共设施保养计划表

小区名称：							年 月 日
序号	保养项目	保养日期	保养费用	前次保养时间	保养标准	保养责任人	备注
1							
2							
3							
4							
5							

表格3：公共设施维修、保养记录

				年 月 日
名　　称		地　　点		保养周期
费　　用		保养量		完成日期
保养内容				
维修、保养人：				年 月 日

续上表

保养结果	
	组长：　　　　　　　　　　　　　　　年　月　日
备　　注	

表格 4：住宅专项维修资金使用申请表

收件编号：　　第　　号

申请使用单位			
联系人		联系电话	
维修房屋坐落		房屋竣工时间	
受益户总户数	受益户总面积	缴纳资金总户数	缴纳资金总面积
维修项目及其损坏情况			
申请使用单位意见	因房屋上述共用部位、共用设施设备损坏，需要维修□、更新□、或改造□，按照物业专项维修资金管理的有关规定，拟申请使用物业专项维修资金，并对所提供的资料以及业主表决签字的真实性负责，如不属实，愿承担法律责任。 　　　　　　　　　　　　　　申请使用单位（章）： 　　　　　　　　　　　　　　　年　月　日		
受理项目编号		流水号　　　　系统立项日期	
备　　注			

表格 5：申请使用住宅专项维修资金业主意见单

经讨论决定，同意本处_____工程动用住宅专项维修资金进行维修，施工预算_____元，现全权委托_____（人、单位或业主委员会）办理申请使用专项维修资金事宜。

年　月　日

业主签名：

房　号	业主签名	房　号	业主签名

3.5　业主投诉工作管理

规范 1：业主投诉处理规定

条　目	规　范　内　容
1	因工作不当，造成物业公司出现损失及不良影响，并引起业主不满而向物业公司反映的行为（不含对小区管理的建议及善意的批评），都属于投诉。
2	业主的投诉方式分为 4 种，即来人投诉、来函投诉、来电投诉和其他投诉。
3	一般情况下，业主的投诉处理分为 4 个过程，即投诉、接诉、处理和回复。其中，投诉处理的责任部门为物业客服管理部。
4	当业主投诉时，接诉人均要以高度热情的服务态度予以受理，不能对投诉置之不理。
5	接诉人在受理业主或使用人投诉时，需要根据投诉性质的不同采取相应的处理方式。其中，投诉方式主要有两种，分别是普通投诉和特殊或紧急投诉。
6	业主投诉的处理要及时，普通投诉的处理通常不超过 1 日，特殊投诉的处理通常不超过 3 天。

续上表

条　目	规　范　内　容
7	当投诉的问题得到解决后，客服管理部根据业主的投诉方式分别予以不同的回复，即走访投诉人、回函投诉人、致电给投诉人或者按投诉方式给予相应的回复。
8	整个投诉问题完毕后，客服管理部接诉人对投诉的材料应分别予以整理和归档，以备查用。
9	在每个月末，客服管理部接诉人要对投诉处理材料进行统计，并向部门经理汇报。
10	各部门负责人在处理投诉过程中，应公正廉明、认真负责，不得向业主索取贿赂或进行其他不良行为，做到为业主真正地解决问题。

规范 2：处理物业投诉的正确态度规定

条　目	规　范　内　容
1	理解业主的抱怨，不要生气，因为生气会使简单的事情变得复杂难以解决。
2	告诉业主，你十分理解他的心情并尽快做出反应，如立即记录业主的要求，这样业主就会有一种被重视的感觉，怨气会消一些。
3	分析令业主恼怒的真正原因，甚至可以告诉业主你也曾有过类似的经历，使业主产生共鸣。
4	不要打断话头，满足业主倾诉与发泄的愿望。在倾听的同时要进行综合分析与判断，确认业主是否说清楚了所有事情。
5	主动承认自己与公司的不足，并向业主表示歉意，千万不要在业主投诉时为自己找理由。
6	告诉业主你将代表公司认真处理此事，虽然自己不能全权处理，但自己做出了反应，业主会得到某种程度上的满足，因为他们讨厌别人推诿。
7	言语尽量风趣幽默一些，这样可缓解紧张的气氛，减轻业主的怨气，从而大事化小，有些投诉本需要投诉方与被投诉方协商解决。
8	当问题解决后，需要打个电话询问业主对问题如此解决是否满意，这样既给业主留下好印象，也体现了物业公司良好的工作作风。

制度1：业主投诉管理制度

业主投诉管理制度

范本

第一章 总则

第一条 目的。为了规范投诉处理工作，确保业主的各类投诉能得到及时、合理地解决。

第二条 适用范围。本制度适用于业主针对公司管理服务工作的投诉处理。

第三条 原则。在接待业主的投诉时，接待人员要严格遵守"礼貌、乐观、热情、友善、耐心、平等"的服务方针，严禁与业主发生争吵。

第二章 处理要点

第四条 投诉界定。根据投诉事件的重要程度，将投诉划分为3种，即重大投诉、重要投诉和轻微投诉。

1. 重大投诉。

（1）因物业公司的原因，给业主造成重大经济损失或人身伤害的投诉。

（2）重大投诉是指物业公司承诺或合同规定提供的服务，但没有实施或实施效果中存在明显差错，经业主多次提出仍然没有解决的投诉。

（3）在一个月内没有得到合理解决的有效投诉。

2. 重要投诉。

重要投诉是指因物业公司的管理服务工作不到位，而引起的投诉。

3. 轻微投诉。

轻微投诉是指因物业公司的设施设备和管理水平有限，给业主造成的生活、工作的轻微不便，但非人为因素造成的影响，通过改进可以很容易得到解决的投诉。

第五条 投诉的处理承诺

1. 重大投诉：投诉受理后立即呈送物业公司总经理，进入处理程序。

2. 重要投诉：投诉受理后一小时内转呈物业公司主管或经理，进入处理程序。

3. 轻微投诉：投诉受理后两天之内或在业主要求的期限内解决。

第三章 投诉接待

第六条 当物业公司接到业主投诉时，接待人员需要先代表被投诉部门向业主表示歉意，并立即在住户投诉表中做好详细记录，记录内容包括以下几点：

1. 被投诉人或被投诉部门的名称。

2. 投诉事件发生的时间、地点。

3. 投诉事件发生的经过。

4. 业主所提出的要求。

5. 业主的联系方式。

续上表

第七条　接待业主投诉时的注意事项

1. 当业主前来投诉时，需要请业主入座，耐心倾听，不得反驳，如实记录。

2. 注意力集中，适时地与业主进行交流，不能只是埋头进行记录。

3. 遇到自己解决不了的情况时，要及时通知服务中心主管出面解释。

第四章　投诉处理程序

第八条　投诉上报

1. 服务中心接待人员根据投诉内容，在 10 分钟内将住户投诉表发送给被投诉部门或发被投诉人，领表人在投诉处置记录表上登记签收。

2. 重大投诉及重要投诉，经客服管理部经理当天转呈公司总经理。

第九条　投诉处理

被投诉部门负责人要在规定时间内将内容处理完毕，并根据住户投诉表做好投诉处理过程的记录。处理完毕后，被投诉部门于当天将住户投诉表交到客服管理部。

第十条　投诉反馈

客服管理部接待人员在收到处理完毕的住户投诉意见表后，在投诉处置记录表进行登记，同时将情况上报给服务中心主管，并在当天将处理结果回馈给投诉业主。

第十一条　回访

在投诉处理完毕后，服务中心主管通知相关人员对业主进行回访。

第十二条　重大投诉和重要投诉的处理

如果遇到重大投诉或重要投诉，需直接由公司总经理、服务中心经理按公司的规定处理。

第十三条　投诉处理的时间规定

1. 重大投诉应当在 2 天内给投诉的住户明确答复，解决时间最好不要超过 7 天。

2. 重要投诉通常在 3 天内处理完毕，超时处理须向物业公司总经理批准。

3. 轻微投诉通常在 2 天内处理完毕，超时处理须向服务中心经理批准。

第五章　附则

第十四条　本制度由客户服务部负责起草、修订，经总经理审批后生效，自生效之日起执行。

制度 2：物业公司业主回访制度

物业公司业主回访制度

一、概念

回访制度是物业公司各项工作监督检查的一种考核，而回访是物业公司对业主履行服务承诺的一种反馈。所以接待业主就是一种职责，而回访就是该职责效果的体现。

二、目的

1. 了解业主报修后，责任人实际维修情况及工作进展等。

2. 了解业主对物业服务是否满意。

3. 提升业主被服务的良好体验。

4. 对业主的质疑进行分析和解答。

5. 对物业服务中表现的不足进行弥补。

6. 体现物业公司的人性化，从而为物业公司树立良好形象。

三、内容

回访制度分为 4 种情况，即日回访、专项回访、季度回访和年度回访。通过各阶段的回访，物业公司可以了解业主的报修、满意度以及维护等情况。

1. 日回访

以当日报修或投诉情况依次回访，由客服管理部员工负责回访，通常采用电话回访的方式，并将回访的内容进行记录，最后汇总制作出回访情况分析表。对于日回访而言，要求回访率为 100%。

2. 专项回访

如果业主报修需要厂家或施工单位维修的情况，客服管理部需要回访及维修。物业公司再接到报修后，需要立刻打确认电话并上门确认专项报修事项，让业主体验到物业工作专业对接的服务态度，客户管理部也更加详细地了解到业主的报修情况，并告知业主维修进展，做到让业主心中有数。

3. 季度回访

以季度为单位，客服管理部以电话回访的方式定期回访，了解业主是否有专项物业服务需求、对物业公司较好的建议以及对物业公司服务的满意度等，客服管理部负责依次回访，前台负责抽样回访。

4. 年度回访

以年为单位，对业主满意度进行调查。以季度回访做铺垫，年度回访等同于第四季度回访，直接作为年度业主满意度调查资料。其中，年度回访要求客服管理部电话回访与上门回访共同进行，而回访率要达到 100%。

最后，将上述回访后的内容、业主的意见和建议，综合起来上交物业公司领导，以便采取相应的措施，改善服务，提高服务水平。

四、工作流程

客服服务部的负责人在电话拨通或上门拜访业主后，可以按照以下流程进行操作：

1. 礼貌问候，如您好，先生／女士，打扰了……

续上表

2. 自我介绍，如我是 ×× 物业公司的李某某。

3. 简述业主报修情况，如上次您报修进户门 / 声控灯。

4. 满意度调查，如对服务的满意程度。

5. 询问，如是否还有其他事项需要协助。

6. 感谢，如感谢您的支持和理解。

7. 记录回访信息。

8. 整改，如针对回访不满意业主，管理人员需要上门了解情况。

五、基本要求

1. 物业公司需要端正工作态度，客服管理部责任人也要热情回访，通过回访增加物业公司与业主之间的感情。

2. 回访时，语气要柔和，态度要可亲，表情要热情。

3. 回访完成后，需要了解业主的需求，帮助业主解决问题，并提高物业的服务水平。

指点迷津：

投诉处理的基本流程

在现在这个发达的社会中，物业纠纷是比较常见的现象，怎样才能为业主提供完善、周到、优质和理想的服务，努力为业主创造舒适、和谐的生活环境呢？这是许多物业公司急需解决的问题。而面对业主的投诉，物业公司的相关责任人也需要了解其基本处理流程。

1. 接受投诉。面对业主的投诉，需要进行详细的记录，并向业主表达歉意。

2. 确认投诉。一方面，需要进一步了解业主的真实动机，以及对处理结果的要求等；另一方面，要区分业主是真的对物业服务不满意，还是恶意为难物业人员。

3. 调查评估。一方面，需要对投诉的真实性进行调查，了解整个事情的原委；另一方面，对投诉可能产生的影响进行评估，制作出最佳解决方案。

4. 处理方案。与物业公司相关部门或人员协商，制订合理的服务补救方案。

5. 回复客户。将服务补救方案提交给业主，并征询其意见。如业主对该方案满意，则按照方案中的内容执行；如果业主对该方案不满意，则需要向业主做出合理的解释并参照其意见对方案进行调整。

6. 回访客户。在执行完服务补救方案后，还需要回访业主。

7. 投诉总结。在投诉关闭后，需要对业主投诉处理过程进行整理并存档，最后从这些投诉案例中总结经验。

表格 1：业主投诉处理表

投诉人		地　　址	
投诉时间		投诉方法	
投诉内容	受理人：	复核	复核人：
受理措施			签名：
处理结果	签名：	业主意见	□很满意　　　□满意 □基本满意　　□不满意 业主签名：

表格 2：业主投诉处理回访记录表

序号	回访日期	业主姓名	业主地址	联系电话	投诉内容	处理结果	业主意见	回访人	备注
1									
2									
3									
4									
5									

3.6　物业费用收缴管理

规范 1：物业费的内容规定

条　目	规　范　内　容
1	公共物业及配套设施的维护、保养费用，如外墙、楼梯、电梯、消防系统、保安系统、电话系统、配电系统、排水系统及设施等。
2	聘用员工的薪金，包括工资、津贴、福利以及社保等。
3	公用水、电的支出，如公共照明、喷泉、草地淋水等。
4	购买或租赁必需的设备及器材的费用。
5	物业财产保险及各种责任保险的支出，如火险、灾害险等。
6	垃圾清理、水池清洗及消毒灭虫的费用。
7	清洁公共地方及墙面的费用。
8	公共区域植花、种草及其养护的费用。
9	更新物业配套设施的费用。
10	聘请律师、会计师等专业人士的费用。
11	节假日装饰的费用。
12	行政办公支出，包括文具、办公用品等杂项的费用。
13	公共电视接收系统及维护费用。
14	其他为物业管理而发生的合理支出。

规范 2：物业管理费收取规定

项　目	规　范　内　容
一级	1.00 元 /（月·平方米）(已包含税费)。
二级	0.75 元 /（月·平方米）。
三级	0.50 元 /（月·平方米）。
四级	0.35 元 /（月·平方米）。

制度1：物业服务收费管理制度

物业服务收费管理制度

范本

一、目的

为了规范物业服务收费行为，保障业主和物业管理企业的合法权益。

二、适用范围

适用于物业管辖范围内物业服务的费用收取。

三、职责

1. 负责客户服务管理部各项费用收取工作。

2. 负责客户服务管理部各项基础数据资料录入工作。

3. 负责客户服务管理部费用核算、预收和减免划款操作工作。

4. 负责票款核对、送存和结款工作。

5. 负责催缴通知单打印及发放工作。

6. 负责对收费员及其他代收人员的监督和指导。

7. 负责客户服务管理部欠费情况统计分析工作。

8. 负责业主欠费律师函编制发放工作。

9. 负责督促物业费催缴工作。

10. 负责车位收费台账建立及台账和软件核对工作。

四、工作规程

1. 热爱本职工作，对业主热情主动。

2. 收费时语言文明，行为规范，主动向业主问好。

3. 收费人员开具的票据必须字迹工整、大小写一致，收款时需要提供收据给缴费人。同时，收费人员需要核对人民币的真伪，并对人民币真伪负责。

4. 收费人员每日清点所收现金与收费单据核对相符后，将现金存入银行，且每日与财务部结款，除收款备用金外收费员库里不得保留现金。结款时保证票据、收入统计表和款项相符，如出现长款必须将款项交予财务部，同时要求财务部提供收据，待查明原因后处理。

5. 收费人员不得泄露业主个人信息，如因收费人员泄漏业主信息而产生的一切事件后果由收费员承担责任。

6. 收费人员每日收到的现金，必须存放在保险柜内，不得放在他处。

7. 收款人员不得徇私舞弊，所收票款要及时上缴，严禁挪用、转借他人或截留票款。

8. 如业主有意刁难，拒不交费，要耐心与业主沟通，严禁与业主发生口角或争斗。

9. 认真学习收费文件，按文件标准收费，不多收、不少收和不乱收，合理收费。

五、收费管理工作规程

1. 日常收费

（1）客户服务管理部凡有新增收费项目，需先向财务部提出申请，经公司总经理审批后方可收费，所使用票据及流程必须按财务部要求统一进行管理。凡未经公司审批，个人或客户服务管理部擅自收费的，公司将给予严肃处理，出现问题后果自负。

（2）各种收费和罚款要按公司规定，严格区分，不得私自收取未经公司领导审批、财务部未存档的其他费用。

（3）各种收费必须使用财务部统一的正式票据，严禁混用、滥用或私用白条收费，对所收各项费用、押金要当日结清，按规定上交财务部，严禁截留拖欠，坐支挪用，现金私存。

（4）各种有关收费的证、照、牌等的印制工作，必须批报公司相关部门审批方可。收取的工本费、押金等据实上交财务部，各客户管理部不准截留或公款私存。任何客户服务管理部或个人不准擅自印制证、照、牌等。

（5）财务部每月不定期地对收费工作进行检查和监督，对收费数额、入库入账、票证使用或上缴等情况全面检查，发现问题及时纠正。

（6）所有收费不能随意减免，以维护全体业主的利益。

（7）服务费用应按"月"收取，不能分割到"日"。

（8）物业管理服务费应按通知起收之日起全额计收。

（9）根据收费计费情况向业主发出"收费通知书"。

（10）客户服务管理部需按照"物业管理服务合同或协议"中约定的时间进行收费。

（11）临时性收费也必须有主管级管理人员提供的资料。

（12）根据收款情况定期编制"收入情况表"报到财务部。

（13）物业管理服务费、水电费等固定性收费：

①每月5日前，收费人员做好当月收费资料，财务部核对后，收费人员在当月10日前打印收费通知单。

②每月12日前将通知单分发至各业主或物业使用人。

③收费人员向财务部领取空白收据。

2. 固定车位收费

（1）收费人员按照《租赁车位使用权协议》收取车主的车位使用权费，同时在盖有财务专用章或收费专用章的存根联和发票联上填写相关信息，如车牌号、起止时间、车位号、收款人及停车卡号，并将填好的发票联或收据联交与车主，登记固定车位收费台账。

…………

制度2：物业管理费催收管理制度

物业管理费催收管理制度

一、目的

为了规范公司的物业收费追欠工作流程，提高公司经营效率，保障物业费的准时上缴。

二、适用范围

适用于公司客户服务管理部收费人员和项目中心对物业管理费的催收工作。

三、职责

1. 公司客户服务管理部负责对收费人员、项目中心的收费工作进行联合督导，并提供协调帮助收取各种欠费任务。

2. 公司财务部负责对项目收费和欠费进行统计、汇总和考核，对收费人员定期、定计划督导追缴。

3. 项目负责人配合公司收费人员进行计划性联合开展收费任务，每月定时、定期在物业管理区域贴公告，上门发放催款通知单或电话通知，加强每月收费计划。

4. 各项目和公司收费人员联合对业主进行催费工作，通过电话短信平台、催费单、上门联系等多种方式催促欠费业主尽快交清欠费。

四、流程

1. 公司收费人员要树立良好的收费意识和责任感，有计划的落实收费。对于3个月内欠费的业主要及时联系，上门沟通协调，并第一次送上催费通知单，3天后第二次送上催费通知单，6天后第3次送上催费通知单。如果是物业公司的服务问题，则需要现场及时解决；如果是业主的问题，则由收费人员及时协商说明解决。收费人员解决不了的问题，需及时上报公司共同协商解决。

2. 对于一年以上的长期欠费业主，需要统计详细清单，客户服务管理部要及时解决遗留问题，限期追缴所有欠费。如果屡次联系解决不了，限期统计明细并由客户服务管理部负责人签字上报公司，由公司追缴欠款。

3. 公司收费人员对上报的收费遗留问题申请程序应完整属实，经公司领导批准后，实施对特殊遗留问题欠费抵债或补偿的剩余收款，账目上做全款收入处理。

4. 项目中心负责人签字上报到公司所有欠费业主名单，由公司的追费人员限期催收，收回的欠费不作为部门年考核收费率。

5. 公司催费人员接到催款清单，需在工作计划中写清楚款项收回的时间。对催收效果不佳者、没有计划、无理由或无痕迹者，3个月后给予降低工资、调整岗位或辞退等处理。

....

指点迷津：

物业费用收取标准

　　物业公司收取物业管理费用的高低，与其收取标准及业务量大小有着直接的关系。通常情况下，物业管理费收取标准越高，物业公司的收入就越高。不过，物业管理费收取标准不仅要受国家有关政策法规的制约，还要受业主收入水平高低的限制。因此，物业管理费收取标准要遵从一些原则。

　　1. 不得违反国家和地方政府的有关规定。

　　2. 需要根据业主的收入水平来确定，收费标准过高，业主无法承受，也不容易获得业主的支持；收费标准过低，物业公司无法正常经营。

　　3. 物业公司为业主所提供的服务档次越高，则收费标准越高。其中，特约服务通常比公共服务的收费标准要高，对商业部门的收费通常比对机关、事业单位的收费要高。

　　4. 物业管理服务部分的收入扣除支出应略有剩余，不然服务项目越多，工作量越大，亏钱的可能性就越大。

表格 1：应收物业管理费明细表

编号：　　　　　　　　　　　　　　　　　　　　日期：　　年　　月　　日

房号	业主姓名	面积(m²)	单价(元)	月度物业服务费（元）	签字	备注

制表人：　　　　　　　　　　填表人：　　　　　　　　　　审核人：

表格 2：物业管理服务收费公示表

服务电话：   价格举报电话：

收费项目	服务内容	实际收费标准计费方式		收费依据	价格管理形式
物业服务收费	物业公司接受业主、使用人委托对房屋建筑及其设备、公共设施、绿化、卫生、道路和治安项目开展日常维护、修缮、整治服务	高层	每平方米 ___ 元／月	政府定价	政府指导价
		多层	每平方米 ___ 元／月	《物业服务合同》	
日常物业专项维修资金	房屋的外墙、楼梯间、通道、屋面、水道、水池、加压水泵、电梯、机电设备和消防等公用设施的养护和维修及重大维修改造工程项目	不带电梯	每平方米 ___ 元／月	政府定价	政府指导价(如遇政府或相关部门调整，以政府及相关部门最终调整为准)
		带电梯	每平方米 ___ 元／月		
水费	代收	居民：0～21 立方米／户	___ 元／立方米	政府定价	
		居民：22～30 立方米／户	___ 元／立方米		
		居民：31 立方米以上／户	___ 元／立方米		
		商业	___ 元／立方米		

续上表

收费项目	服务内容	实际收费标准计费方式		收费依据	价格管理形式
污水处理费（按用水量的90%计算）	代收	居民：0 ~ 22立方米 / 户	___元 / 立方米	政府定价	政府指导价（如遇政府或相关部门调整，以政府及相关部门最终调整为准）
		居民：23 ~ 30立方米 / 户	___元 / 立方米		
		居民：31立方米以上 / 户	___元 / 立方米		
		商业	___元 / 立方米		
垃圾处理费用	代收	其他用户	___元 / 立方米	政府定价	
		居民用户	___元 / 立方米		
电费	代收	居民	___元 /（千瓦·时）	政府定价	
		商业	___元 /（千瓦·时）		
装修费用	验收合格后，一个月内退还 装修保证金	住宅类	___元 / 户	双方约定	市场调节价
		商铺	___元 / 户		
	垃圾清运费代收 垃圾清运费	垃圾清运费（高层）	___元 / 平方米	双方约定	市场调节价
		垃圾清运费（多层）	___元 / 平方米		
	装修工人证件工本费	对装修人员出入实行持证管理，办证工本费用	___元 / 证	政府定价	政府指导价

表格3：缴费通知单

年　　　月

房号	座　　　室		业主	
电费		公共分摊	应收金额	元
水费		公共分摊	应收金额	元
物业管理费			元 车辆管理费	元
合计金额：　　万　千　佰　拾　元　角　分　小写：				

友情提醒：1.请业主在　　月　　日前来小区物业服务处缴费，如有不便可通知物业上门收费，物业服务热线：　　　　，超过规定月份未交的将按有关规定加收滞纳金。

2.如认为通知单上有错误，可到物业服务处查对，以电脑收费台账上的金额为准。

年　　　月　　　日

表格4：物业费催缴记录表

序号	房号	业户姓名	催缴方式（电话/上门）	欠费金额/明细	催费时间	沟通内容	催费人	备注
1								
2								
3								

表格5：物业费收费统计表

序号	房号	业户姓名	面积（㎡）	物业费（元）	起始日期	截止日期	交费日期	金额
1								
2								
3								
4								

第 4 章

工程技术管理

（工程设备＋土建装修＋电力维修管理）

　　随着生活水平不断提高，各居住小区的设备、设施也在不断丰富。各类设备设施在使用过程中不可避免地需要进行维修、维护及保养，而这就是工程技术部门的主要工作任务。及时处理公共设备的故障维修、处理业主或住户的报修，是工程技术部的职责。工程技术管理是物业管理必须认真对待、执行到位的工作。

4.1 工程技术管理部岗位体系

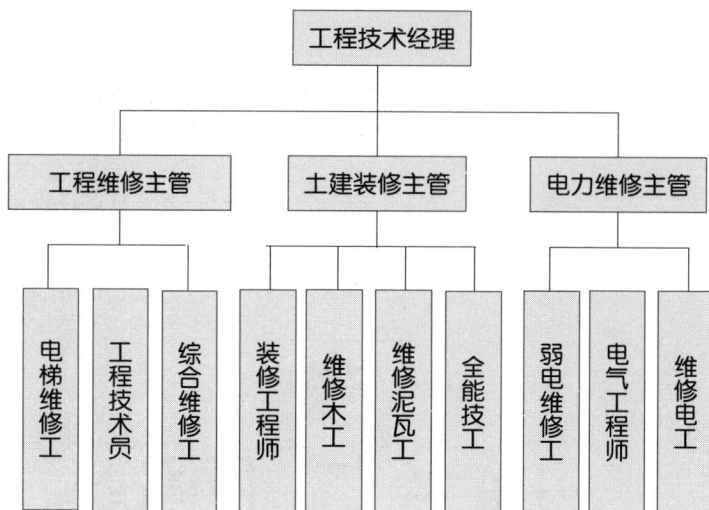

```
                          ┌──────────────┐
                          │  工程技术经理  │
                          └──────┬───────┘
          ┌──────────────────────┼──────────────────────┐
    ┌──────────┐          ┌──────────┐          ┌──────────┐
    │ 工程维修主管 │          │ 土建装修主管 │          │ 电力维修主管 │
    └─────┬────┘          └─────┬────┘          └─────┬────┘
    ┌─────┼─────┐      ┌────┬───┼───┬────┐      ┌────┬───┼────┐
  ┌──┐ ┌──┐ ┌──┐  ┌──┐ ┌──┐ ┌──┐ ┌──┐  ┌──┐ ┌──┐ ┌──┐
  │电│ │工│ │综│  │装│ │维│ │维│ │全│  │弱│ │电│ │维│
  │梯│ │程│ │合│  │修│ │修│ │修│ │能│  │电│ │气│ │修│
  │维│ │技│ │维│  │工│ │木│ │泥│ │技│  │维│ │工│ │电│
  │修│ │术│ │修│  │程│ │工│ │瓦│ │工│  │修│ │程│ │工│
  │工│ │员│ │工│  │师│ │  │ │工│ │  │  │工│ │师│ │  │
  └──┘ └──┘ └──┘  └──┘ └──┘ └──┘ └──┘  └──┘ └──┘ └──┘
```

4.2 工程技术管理岗位配置及岗位职责

4.2.1 工程技术经理

岗位名称：工程技术经理	
直属上级：董事长、总经理、副总经理	
直接下级：工程维修主管、土建装修主管、电力维修主管	
岗位职责	1. 全面负责工程部的各项工作。 2. 组织召开部门各例会，落实已办工作，部署计划工作，了解各班组每周工作情况，制订月/年度工作计划。 3. 负责主持各专业设施、设备的维保计划工作。 4. 负责落实各系统设备的操作规程、保养制度等。 5. 有计划有组织地解决设施设备的问题，及时处理各类突发事故。 6. 组织检查工程部员工的岗位工作情况，设施设备安全运行情况，定期组织员工进行安全作业技能培训。

岗位职责	7. 审定各专业维修保养工作，并督促计划进度的落实。 8. 审定设备更新改造计划、设备大修计划，组织计划的实施。 9. 节能降耗管理，以降低能耗、节约成本为运行宗旨，制定和监管节能计划及能耗分析记录。 10. 负责监督、检查、指导本部门员工工作，定期对本部门员工进行考核。 11. 负责洽谈、评估、监督工程外包委托公司，组织对外委托工程的质量验收。 12. 负责小区的装修管理。
任职资格	1. 年龄 45 岁以下，统招全日制本科及以上学历，相关工程专业优先考虑。 2. 具备 8 年以上工程管理工作经验，5 年以上大型物业管理企业工程经验。 3. 精通本专业设备设施维修保养经验，具有相关专业技术等级证书、资格证和上岗证，能独立解决技术问题。 4. 能制定相关工程设备的维保制度，并按照制度进行全国性的核查工作。 5. 具备较强的计划与监督执行能力、学习能力、人际沟通能力，标准化管理体系构建能力及突发事件应急处理能力等。 6. 熟悉物业工程管理的各个环节，有丰富的工作经验，熟练操作计算机常用办公软件。 7. 熟悉物业管理法律、建筑工程和装饰装修等方面的知识。

4.2.2　工程维修主管

	岗位名称：工程维修主管 直属上级：工程技术经理 直接下级：电梯维修工、工程技术员、综合维修工
岗位职责	1. 制定各岗位职责，组织制定各维修岗位规范和操作规程，确保工作符合质量管理体系要求。 2. 负责公共设备设施的维修、养护工作和客户的相关维修服务工作，做好工程方面事务的监督、检查和指导。

岗位职责	3.负责安排各区域、设备设施责任人，确保服务中心工程管理服务目标的实现。 4.负责制订设备设施维护保养计划，工程改造、设备购置、设备更新计划。 5.负责检查、监督和维修公共设施维护的品质，分析原因，完善流程，提高人员素质，提高客户满意度。 6.负责房屋本体维修管理及其他部位改造等工程的计划、申请和实施工作。 7.负责设备设施的运行、维护保养及设备固定资产的管理，各种设备台账的建立和管理。 8.审核运行质量记录，对比能源消耗规律，提出节能降耗措施。 9.负责组织对维修人员的培训和考核。
任职资格	1.48岁以下，中专以上学历，3年以上工程管理经验。 2.有设施、设备保养和维修的理论知识和实践经验，持有技师证或其他设备（如电工、高压）上岗证，有工程师证者优先。 3.有较强的组织协调能力和管理能力，熟悉工程各专业知识，有能力独立解决工程问题。 4.具备工程师中级职称者优先，能熟练使用办公软件。 5.善于协调沟通，有良好的应变和解决问题的能力以及组织能力，能妥善处理突发事件。 6.具备责任心，秉持勤劳、务实、高效的工作理念。

4.2.3 电梯维修工

岗位名称：电梯维修工 直属上级：工程维修主管 直接下级：无	
岗位职责	1.负责所在项目电梯的正常运作和维修保养工作。 2.负责所在项目电梯及附属设备的维修保养和故障检修工作。 3.负责各电梯照明及内外呼指示的巡查和维修。 4.负责各电梯轿厢井道及井道底各梯整流，电抗器、控制柜的清洁工作。

岗位职责	5.建立电梯档案，定期进行检查测试，发现问题及时处理，做到防患于未然。 6.及时处理电梯运行中发生的故障，以确保电梯的正常运行，如遇火灾时，要负责关闭电梯。 7.遇有电梯困人故障，首先通过对讲机向乘客解释，然后上报主管，并提示消防中心，监视被困乘客状态，迅速采取解救对策，保障乘客绝对安全。
任职资格	1.掌握电工、钳工的基本操作技能以及各种照明装置的安装和维修知识。 2.掌握交、直流电动机的运行原理，并会正确地排除使用运行中的故障。 3.了解变压器的结构，懂得变压器的运行原理，并掌握三相变压器的联结方法和运行中的维护。 4.掌握三相五线制电气装置的安装、质量检验和维修。 5.熟悉常用低压电器的结构和原理，并会排除低压电器的常见故障。 6.掌握电气控制线路和电力拖动的各种基本环节，并善于分析和排除故障。 7.具有电梯上岗证和维修证，有电梯维修经验 1 年及以上。 8.服从管理，具有配合和敬业精神。

4.2.4　工程技术员

岗位名称：工程技术员 直属上级：工程维修主管 直接下级：无	
岗位职责	1.负责项目供电、供水，机电设备、设施等的运行、维修工作。 2.熟悉小区供电、供水方式，线路、管道走向和所管辖设备、设施的使用原理、技术性能及操作方法。 3.定期巡视变配电、给排水的运行状况，密切监视各类仪表、电表、压力表的工作情况准确抄录各项数据并填写报表。

续上表

岗位职责	4. 负责与供电、供水和其他相关部门的业务联系，对停、送水电做好记录并提前 24 小时通知管理处领导。 5. 发生故障时，应按操作规程及时排除故障。如不能处理应及时向上级汇报，组织技术力量进行抢修。 6. 负责住户（顾客）的报修服务。 7. 完成上级领导交办的其他工作任务。
任职资格	1. 身体健康，年龄在 42 岁以下。 2. 具备 3 ～ 5 年以上工作经验，有两年住宅电工工作经验优先，具备中级以上电工证。 3. 必须持有相关的上岗资格证书（强电、弱电、消防、空调、电梯或机电），工程师初级职称优先。 4. 熟悉给排水、空调、电梯和强弱电等相关专业知识优先。 5. 具有设备设施的维护、保养和检修工作经验。 6. 有大型物业企业工作经验者优先。

4.2.5 综合维修工

岗位名称：综合维修工
直属上级：工程维修主管
直接下级：无

岗位职责	1. 负责维修工作，熟悉管理区域内公用配套设施、设备的种类、分布，掌握各类线路、管道的分布、走向和位置。 2. 经常巡查管理区域，发现公用设施有损坏、隐患或其他异常情况，应及时维修，保证公共配套设施、设备的正常运行。 3. 接到客户报修，应及时赶到现场，排除故障。确有困难应立即与维修主管联系。 4. 负责每天巡查各自管辖的楼层公共区域空调、照明、卫生间、墙面、门、天花和报站灯等，发现问题及时处理。 5. 领导安排的其他工作。

续上表

任职资格	1. 中专以上学历，年龄 45 岁以下。 2. 具备电工作业证、电梯安全员管理证。 3. 3 年以上水电维修工作经验。 4. 有在物业行业做过维修工作者优先。

4.2.6　土建装修主管

岗位名称：土建装修主管 直属上级：工程技术经理 直接下级：装修工程师、维修木工、维修泥瓦工、全能技工	
岗位职责	1. 负责土建、内外装修工程现场施工的监督、维修和管理工作，培训、督导下属技工，确保工作顺利完成。 2. 制订建筑、装饰和装修的年度、季度、月度和周维修计划及工作标准，报部门经理审批。 3. 组织、实施对建筑装修面和家具的保养工作。 4. 培训装修技工，提高装修技能，保证装修准确，快捷达标。 5. 制定装修工技术考核标准，报部门经理审核。 6. 掌握装修、装饰最新发展动态，及时对单位的装修装饰改造提出可行性方案。 7. 与仓库保管员密切配合，装订装饰、装修材料储备计划。 8. 经常对下属员工进行职业道德、专业技术知识的培训，考核下属员工的出险情况，合理调配下属员工。
任职资格	1. 中专及以上学历，具有技术员以上职称。 2. 熟悉本岗位专业技术、专业标准，懂得工程建筑、装修技术和成本管理知识。 3. 熟悉安全生产、劳动保护和防火安全等法规条例。 4. 熟练操作电脑。 5. 能组织和指挥员工按工作要求完成土建工程、安全生产及综合装修的能力。 6. 具有对有关技术方案、报告作评价选择和处理的能力。 7. 有较强的语言表达能力，能写建筑装修工作报告。

4.2.7 装修工程师

岗位名称：装修工程师	
直属上级：土建装修主管	
直接下级：无	
岗位职责	1. 负责项目装修工程的协调和现场施工管理工作。 2. 根据合同的约定、规程规范和设计图纸的要求，严格监督装修工程项目施工质量。 3. 定期对工地进场材料质量、规格及施工质量和交付验收等进行全面检查。 4. 与设计、监理及分包和供货等单位协调，有效控制施工进度。 5. 及时发现、解决本专业各项工作中存在的问题，按要求的工期指标完成工作。 6. 参加精装修工程变更、现场签证审核工作以及各项现场验收、评定、竣工验收备案和物业移交工作。 7. 协助完成装修工程相关的各项招标工作。
任职资格	1. 大专及以上学历，建筑学或室内设计相关专业。 2. 装修管理相关工作经验 3 年以上，担任大型装修项目技术负责人两年以上者优先考虑，有较强的现场管控及统筹经验。 3. 熟悉室内、室外装修材料及施工工艺，并且具有较为优秀的审美能力。 4. 熟练掌握各种办公软件，CAD 绘图软件等其他软件的操作。 5. 具备项目管理基础知识、建筑设计基础知识和房地产基础知识。 6. 具备较强的沟通协调能力。

4.2.8 维修木工

岗位名称：维修木工	
直属上级：土建装修主管	
直接下级：无	
岗位职责	1. 按照工作要求，制订维修工作计划，并按计划实施。 2. 负责物业内设备的日常维护。

续上表

岗位职责	3.负责对设备、设施进行安全检查。 4.进行综合维修的日常工作。 5.接到客户报修，须按规定时间（尽快）到达现场，进入业主、客户办公区域维修，用语要文明、规范。
任职资格	1.服从派工安排，按时完成家具、木器修理翻新和墙壁油漆任务。 2.热爱本职工作，努力钻研业务技术，做到一职多能互相帮助。 3.遵守操作规程，正确使用各种机具，对各种机具设备做到勤保养、勤检查。 4.坚持安全作业，遵守安全操作制度，搞好工作场所的卫生。废弃的刨花应及时清理，防止火灾隐患。 5.按时上下班，工作时间不做私活。不能修复的木器、家具及时报告主管。 6.熟知木工安全操作规程，确保生产安全。 7.合理使用木料、油漆，减少损失浪费。

4.2.9　维修泥瓦工

岗位名称：维修泥瓦工
直属上级：土建装修主管
直接下级：无

岗位职责	1.负责小区内公共区域及设施设备的泥、木、瓦、油维护和修缮工作。 2.负责小区楼内业户单元、楼梯、墙体、楼板、天花和停车场等土建修补工作。 3.负责小区内各类装潢、办公家具、门窗和门锁的修补工作。 4.负责小区内各类粉刷及油漆工作。 5.完成领导交办的其他工作。
任职资格	1.初中及以上学历，两年以上泥瓦工工作经验。 2.掌握泥工、木工、油漆等相关技术。 3.具备较高的纪律性、责任心，能吃苦耐劳。

4.2.10 全能技工

岗位名称：全能技工	
直属上级：土建装修主管	
直接下级：无	
岗位职责	1.服从公司安排，认真做好本职工作。 2.服从共享调度员的工作调派，按服务规范，上门做好有偿维修服务，确保业主满意。 3.根据公司要求，定期对小区道路、天台沟渠等检查和维修，确保达到最佳状态。 4.定期对各类油漆进行翻新，定期对各类涂料进行翻新。 5.配合公司解决各种工作遗留问题，包括各种土建开裂、渗漏等方面的改善工作。 6.节约公司资源，合理使用各种维修材料。 7.与各岗位保持联系，如有情况及时前往协助。 8.及时完成领导交办的其他任务。
任职资格	1.年龄23～45岁，3年以上土木装饰维修工作经验，有装修公司工作背景者优先考虑。 2.熟练掌握本部木工、油工和泥瓦工装修及维修保养规程。 3.能承担部分装修改造工程，包括墙壁、天花板、玻璃、地毯、金属构架的翻新或装修的处理，以及大理石、云石、瓷片饰面的修补，土建结构方面的渗漏水处理。 4.能完成木器家具及设备设施制作任务或改造翻新。 5.对日常报修的工作任务负责，做到及时、迅速完成各项小修和小件加工任务。

4.2.11 电力维修主管

岗位名称：电力维修主管	
直属上级：工程技术经理	
直接下级：弱电维修工、电气工程师、维修电工	
岗位职责	1.做好各项管理工作，全面负责强弱电运行管理，合理安排岗位人员的工作，保障小区供配电系统、照明系统设备正常安全运行。

续上表

岗位职责	2. 制定设备巡视、操作、检修规程和应急预案。 3. 制订月度工作计划、月预防性检修计划，各项设备运行操作和维护保养，检查维护保养质量，设备台账管理。 4. 组织和指导员工参加公司各项培训、部门内部技术培训及安全教育，并负责进行考评。 5. 完成上级领导交办的其他工作任务。
任职资格	1. 高中以上学历，电力维修管理方面相关专业。 2. 具备两年以上电力维修管理工作经验。 3. 工作有责任心，有较强的管理、协调能力。 4. 本岗位需要持证上岗，具有安监局高、低压电工证或相关工作管理证书。

4.2.12　弱电维修工

岗位名称：弱电维修工

直属上级：电力维修主管

直接下级：无

岗位职责	1. 负责住宅小区弱电系统的日常维护、管理及维修工作，保证系统正常运行，做好每日的运行记录，发现问题及时处理。 2. 定期检查各线路箱、线路、竖井和外部设备的运行情况，保证系统正常运行。 3. 完成园区内弱电系统的维修工作。 4. 熟练掌握园区弱电系统维修操作技术，具备修复改造技能。 5. 定期进行消防联动测试。
任职资格	1. 大专及以上学历。 2. 有物业相关工作经验一年以上。 3. 本人持有效的电工证和相关资格证书。 4. 具备设备检测能力。 5. 具有处理消防、监控系统、门禁系统、电话线网线等智能弱电系统方面经验。 6. 具有一定的沟通、协调能力和管理能力。

4.2.13 电气工程师

岗位名称：电气工程师
直属上级：电力维修主管
直接下级：无

岗位职责	1. 参与新接管楼盘专业范围内(供配电、照明、电梯等系统)的设备、设施验收工作，并进行指导。 2. 负责各管理处专业范围内的公共设备、设施业务归口管理及电子文档的收集、整理、完善。 3. 负责各管理处专业范围内的重要设备设施大修、改造、更新等项目的立项、运作，以及其他主要设备、设施大修、改造、更新等项目的审批。 4. 负责专业范围内的对外委托维护保养合同的洽谈、签订，与合同方沟通、协调，负责主要设备、设施年度保养计划的编制，审核各管理处设备、设施年度保养计划。 5. 负责专业范围内对外合同、发票的审核、流转，及商务楼设备、设施的检、校、试验管理和设备检查。 6. 及时完成领导交办事宜。
任职资格	1. 本科及以上学历，电气相关专业。 2. 具备 5 年以上相关工作经验，有大学物业、大型写字楼物业和工业园物业管理经验。 3. 持有电气工程师中级及以上职称。 4. 熟练使用工程绘图软件及办公软件。 5. 工作积极主动，有良好的沟通协调能力。

4.2.14 维修电工

岗位名称：维修电工
直属上级：电力维修主管
直接下级：无

岗位职责	1. 负责对公共照明、管线的检查、维护和保养工作。 2. 为业主提供有偿维修服务。

续上表

岗位职责	3. 负责小区内水表、电表的管理，核对水、电用量。 4. 负责供配电设备、水泵等机电设备的正常运行，发现隐患及时处理。 5. 负责小区内雨水、污水管道的疏通清理工作。 6. 负责给排水系统的检查、维护保养工作，做好水泵房日常保养工作。
任职资格	1. 身体健康，年龄在 40 岁以下。 2. 有电工操作证或其他证件，技校或高职以上毕业。 3. 有一定的专业电气理论基础知识，具有一定分析处理、解决问题的能力，会识简单的电气原理图，有现场维修和保养经验。有电工证。 4. 具备较高的纪律性、责任心、执行能力、语言表达能力和学习能力。

4.3　工程设备管理

规范 1：装修期间电梯使用规范

条　目	规　范　内　容
1	电梯运送材料和垃圾时间为 8:30 ～ 18:00，施工方必须服从物业方的管理。
2	如施工方在规定时间外进行运货或清运垃圾必须向物业提出电梯使用申请，并需提供专人负责监管电梯，任何损失将由申请施工方全权负责。
3	不允许装运易燃、易爆危险品（如油漆、天拿水、沥青）。如有违反协议者扣除违约金 500 元。如造成事故，由搬运单位及业主负全部责任。遇到特殊情况（装修装饰确实所需，且包装完好，未启封的），需经客户服务中心批准，并采取安全保护措施，有专人护送方可装运。
4	不允许开启轿厢顶部的安全窗或安全门来装运物品。如有违反协议者扣除违约金 1 000 元。
5	进入电梯内禁止吸烟、吐痰、涂污和乱扔杂物，禁止在电梯内打闹。如有违反协议者扣除违约金 100 元。
6	在电梯装货过程，只能用手按住开门按键，严禁使用硬物击打按钮（如钥匙、螺丝刀），撞击门板，不得用身体倚靠轿厢门或使用物品阻挡轿厢门，不得长时间站在门中间。如有违反协议者扣除违约金 200 元。

续上表

条　目	规　范　内　容
7	进入电梯的货物，不得超重、超长和超宽。如有违反协议者扣除违约金500元。
8	使用电梯搬运沙石、水泥、垃圾等，必须用袋做好包装，用布铺垫在轿厢地面方可放置，物料须平衡放置，避免轿厢倾斜，影响运行，不能重叠堆放。如有沙石垃圾掉进轿厢门道轨上，必须马上清理（采用吸尘器），做好保洁工作。如有违反协议者扣除违约金300元。
9	等待使用电梯搬运时，请自觉有序地等候，不得野蛮搬运。货物须轻放在轿厢内，不得抛放。货物不能堆放在候梯厅、大堂及走廊。搬运时不得阻碍其他人员的进出，必须礼让业主、行人先用电梯。如有违反协议者扣除违约金200元。
10	发现违章使用或损坏电梯的行为，请大家配合制止，并及时通知物业客户和安保人员，对此行为将严肃处理，当事人必须承担相应处罚和赔偿责任。
11	所有违规行为造成的电梯损失将由施工方全权负责，并承担由于电梯停运造成的相关损失及扣除违约金。
12	电梯有异常或不能使用，请及时联系物业管理处。

规范2：上门维修服务工作规范

项　目	规　范　内　容
敲门	有门铃时，轻按门铃，按铃时间不要过长，无人应答再次按铃，按铃时间加长。没有门铃时，则轻叩门三响。无人应答再次叩门，叩门节奏渐快、力度渐强。若无人应答，等候3分钟，若主人仍未返回，写留言条塞入用户门内。
介绍	主人闻声开门或在门内询问时，首先自我介绍："对不起，打扰了，我是××物业有限公司维修人员××，前来为您服务。"

续上表

项　目	规　范　内　容
进门	如进入十分整洁的房间，员工应将鞋子脱在门外，赤脚进入或穿好自备鞋套，经主人许可，进门可不必套鞋套。进入室内步子要轻，工具袋背在肩上，如拎在手中，则应高于地面一定距离，不能在地上拖着工具袋。走到工作地点后，将干净的帆布或塑料布铺在主人选定的位置，用于存放工具和需要拆卸的零件，不能将工具和拆卸下来的零件直接放在地上。
维修	维修工作中手脚要轻，尽可能不发出噪声。实在无法避免时，应事先向房间主人打招呼。
整理	修理完毕，做到工完场清。
收费	按规定标准收费。
填单	如实填写维修单，请用户对修理质量、服务态度与行为进行评价并签名。
辞别	向用户告辞，走出房间，步子要轻，工具袋背在肩上，如拎在手中，则应离开地面一定距离。至门口时，应转身面对房间主人说："今后有问题，请随时联系，再见。"

规范 3：公用设施、设备日常巡检规范

项　目	规　范　内　容
高低压配电室	每日需对园区内高压负控电表进行抄表，对配电室内各配电柜、变压器、直流屏等设备进行外观性检查，配电室内是否有异味、漏水等情况，并作好记录。
给排水	每日需对生活水泵、变频控制柜、喷淋泵、消防泵、稳压泵、水池、水箱及主供水管上的闸阀做外观性检查，判断设备运行是否正常。
中控室	每日需对中控室内设备运行状况进行外观性检查。监控系统摄像机是否运行正常，硬盘录像是否在录像状态。
公共照明	每日接报修维修情况，夜间园区照明情况。
渗水井	每日对渗水井进行外观检查，判断水泵运行是否正常。

续上表

项　目	规　范　内　容
园区设施	每日接报修维修情况，巡检过程中发现园区内设施损坏应马上维修。
单元门	每日必须对园区内所有单元门进行巡查，发现损坏必须马上维修。
雨水、污水井	每日需对园区内各下水井进行外观性检查，判断是否有堵、漏等现象。
地面	园区内地面砖、装饰理石是否有破损，如有可能应马上维修。

制度1：报修处理管理制度

报修处理管理制度

一、目的

规范住户报修及公共设施设备报修处理工作，保证维修工作得到及时有效地处理。

二、适用范围

适用于物业管理处住户家庭及各类设施设备的报修处理工作。

三、职责

1. 机电维修部主管负责维修工作的组织、监督以及对物业制定的《维修项目收费标准》以外的报修内容实行收费评审。

2. 服务中心管理员负责具体记录报修内容，及时传达至机电维修部，并跟踪、督促维修工作按时完成。

3. 机电维修部维修人员负责报修内容的确认及维修工作。

四、程序要点

1. 住户报修。

（1）服务中心管理员在接到住户报修要求时，应立即填写住户报修记录表。

（2）管理员在5分钟内将记录的报修内容（包括住户名称、地址、联系电话、报修内容、预约维修时间等）填入住户家庭安装／维修单（一式四联）相应栏目，并在两分钟内通知机电维修部前来领取维修单，机电维修部领单人在住户报修记录表上签收，将住户家庭安装／维修单（第二、三、四联）领回机电维修部。

（3）机电维修部主管按照报修内容，安排维修人员的工作：

①如住户报修内容属《维修项目收费标准》中的项目，住户要求尽快前去维修的，

应安排维修人员在接单后 15 分钟内带齐工具备件到达维修现场。

②报修内容属《维修项目收费标准》中的项目，住户另有预约维修时间的，维修人员应按预约的维修时间到来前 5 分钟带好维修工具、备件到达维修现场。

③对于不属于《维修项目收费标准》中的报修项目，由机电维修部主管在接单后 15 分钟内对维修的可行性和维修费用做出评审，回复住户是否可以维修，经征得住户对维修费用的认可及同意维修后，再按上述时效和维修要求安排维修人员前往维修。

（4）机电维修部维修人员到达现场后，应首先对报修项目进行对比确认，不相同的，在住户家庭安装／维修单上如实填写实际的维修项目及收费标准。

（5）维修人员向住户出示收费标准，住户同意维修后开始维修。如住户不同意维修的应提醒住户考虑同意后先行报修，并及时返回机电维修部向机电维修部主管说明情况，与机电维修部主管一同在住户家庭安装／维修单上注明原因并签名确认后交还服务中心备案。

（6）如果维修材料是住户提供的，由维修人员对材料质量进行验证并将结果（"合格""不合格""质量不佳"等）填写在备注栏内。对于验证不合格的材料，维修人员应主动提示住户使用不当材料的结果，但应注意尊重住户的选择。

（7）维修工作完成后，维修人员应按《维修项目收费标准》在住户家庭安装／维修单上注明应收的各项费用金额。请住户试用或检查合格后，在住户家庭安装／维修单上签名确认，维修人员将住户家庭安装／维修单（第四联）交给住户作为缴费依据。

（8）维修人员将住户家庭安装／维修单（第二、三联）交回机电维修部主管确认后将住户家庭安装／维修单（第三联）交服务中心，当月 25 日前月结后送财务部作为计收服务费用的依据。

（9）对业主的家庭维修可采取月底统一结算的形式进行扣款。对租户的家庭维修应在维修工作完成后的当日（最迟不超过第二天），由租户到财务部交款。

2. 公共设施设备的报修处理。

（1）服务中心管理员接到公共设备设施的报修需求后，应立即按公共设施设备报修记录表要求填写报修内容，并在 3 分钟内将报修内容填入公共设施设备安装／维修工程通知单（一式四联），5 分钟内通知机电维修部前来领单。

（2）服务中心管理员将公共设施设备安装／维修工程通知单（第二、三、四联）交给机电维修部，机电维修部维修人员应在公共设施设备报修记录表上签字。

（3）机电维修部主管按照报修内容，安排维修人员带齐维修工具及备件于 10 分钟内赶到现场进行维修。

（4）完成维修工作后，维修人员应在公共设施设备安装／维修工程通知单上注明维修有关事项。

（5）维修人员将公共设施设备安装／维修工程通知单（第二、三、四联）交机电维修部主管签名确认后，将第三、四联返还服务中心，再送财务部作为月底统计费用的依据。

3. 费用结算。

（1）服务中心管理员于每月底25日前将当月住户家庭安装／维修单及公共设施设备安装／维修工程通知单费用分别统计在住户家庭安装／维修费用统计表内的相应栏目及公共设施设备安装／维修费用统计表内。

（2）服务中心管理员将住户报修记录表、住户家庭安装／维修表、公共设施设备报修记录表、公共设施设备安装／维修工程通知单附在以上表格后，报服务中心主管审核。审核无误后，签名确认，报管理处财务审核。

（3）财务部报经理助理审核。

①财务部向业主收取有偿服务费用。

②财务部将公共设施设备安装／维修费用统计表存档备案。

4. 资料保存：公共设施设备安装／维修费用统计表、住户家庭安装／维修费用统计表由财务部负责保存，保存期3年。

5. 本制度作为相关人员绩效考评依据之一。

制度2：电梯维修保养管理制度

电梯维修保养管理制度

建立健全一套完善可行的电梯维修保养管理规章制度，是保证电梯安全、可靠运行的必要条件。

一、健全电梯维修保养人员职业道德规范

1. 热爱本职工作，对乘客和设备负责，遵守职业道德规范，对工作有高度的责任感和事业心，具有良好的服务态度。

2. 具有熟练的电梯操作技能和有关电工、电气、机械的知识。

3. 熟练掌握电梯的工作结构和有关原理。

4. 正确使用维修保养的仪表、工具，对设备正确调试、维修和拆装，使设备达到规定的技术标准。

二、建立电梯维修人员岗位责任制

1. 电梯维修人员必须严格遵守有关各项规章制度及要求，遵守纪律、坚守岗位，尽职尽责完成所承担的电梯维修保养工作。

2. 电梯保养人员须按保养计划表，准时到达指定工作点，认真负责地进行保养作业，并做好签到手续。

3. 保养人员遇到使用单位违章时，应及时地向该单位有关部门反映，并做好记录。

三、严格遵守维修保养技术规范

1. 保养维修人员进行工作时，应通知使用单位或上级管理人员，不得载客或载货，并在层门处悬挂检修停用指示牌。

2. 断开相应的安全开关。

（1）在机房时，将电源总开关断开。

（2）在轿顶时，将安全钳联运开关断开。

（3）在底坑时，将检修按钮箱急停开关断开或再将限速器张紧装置安全开关断开。

3. 使用移动灯具需用不高于 36 V 低压灯，并带防护罩。

4. 维修保养操作时需由两人以上相互密切配合进行，如有司机配合，司机须按维修保养人员命令，进行操作。

5. 严禁维修人员站在井道外或探身井道内地坎处做保养维护工作。

四、建立日常检查与保养制度

日常维修保养以保养为主，维修为副的方针去制订其内容，以确保电梯安全可靠地运行。

1. 每月对各种安全装置进行检查。电气控制系统中的各种接触器、继电器、保险器、电抗元件等进行检查，各接线端接触是否良好，各触点工作是否正常。遇到故障及损件发生后，马上加以调整和修理。

2. 每年进行一次技术检验，详细检查机、电、安全设备和主要零件磨损程度，以及修理更换损坏或超过允许值的零部件。

3. 做好保养和维修记录，是保证电梯正常运行极为重要的基本资料。保养人员必须要有熟练排查故障的技能，还要行之有效，在准确判断故障以后进行维修。

五、建立电梯维修保养工作考核制度

根据电梯日常运行状态、零部件磨损程度、运行年限、频率、特殊故障等，日常维修保养已无法解决时，为保证电梯继续安全运行，把电梯存在问题及解决的办法向上级主管部门报告。一般情况下，电梯运行两年后应中修，运行 5 年后应大修。

六、电梯设备事故处理方法

根据电梯设备事故（损坏、损失）所造成的影响程度，划分类别及处理方法，填写事故报告单，内容主要有：填写单位、设备编号、名称、型号规格、事故发生时间、地点、责任者、工种和等级，以及损坏、损失程度，事故经过和原因，本单位处理意见，防止措施，事故分析人员和上级主管部门意见等。

制度3：物业设备设施紧急维修管理制度

物业设备设施紧急维修管理制度

范本

1. 必须进行紧急维修时，须立即通知工程部经理，安排有关人员立即赴现场检查情况，并按实际情况进行处理。

2. 如因紧急维修，必须对用户使用产生影响时，须立即通知客服部，并由客服部向受影响之用户发出紧急通告，同时，需考虑尽量减少影响范围。

3. 如发生故障的设备在保修期内，应做出适当的应急处理，以尽量减少对用户的影响，并立即通知有关供应商的保修负责人。

4. 紧急维修结束后，须由主管填写维修记录及更换零配件记录，并以书面形式将故障原因、处理方法、更换零配件的名称、规格及数量、品牌等、处理结果、故障发生时间、恢复正常时间等向专业工程师报告，并提交工程部经理审阅。此报告由工程部经理负责存入设备维修档案备查。

制度4：物业设备设施检修维护保养管理制度

物业设备设施检修维护保养管理制度

范本

1. 目的

为保证本公司各分公司/事业部/项目管理处设备经常处于良好的技术状态，随时可以投入运行，减少故障停机时间，提高机械完好率、利用率，减少机械磨损，延长机械使用寿命，降低机械运行和维修成本，确保安全生产。

2. 适用范围

适用于各分公司/事业部/项目管理处大、中、小修和维修以及保养作业。

3. 职责

3.1 物业管理部全面负责公司生产用设备设施的维护保养管理工作及对维护保养实施过程中安全负监督、确认责任。

3.2 一般生产设备的日常维护保养，由公司正式委托的物业公司（以下简称"物业公司"）负责。

4. 管理内容

4.1 设备设施维护保养的原则

设备保养必须遵循"养修并重，预防为主"的原则，做到定期保养、强制进行，杜绝只用不养、只修不养现象。

4.2 设备设施维护保养的实施要求及监督检查

…………

指点迷津：

电梯困人事件应急措施

如发生电梯困人事故，电梯管理员应按如下方法处理：

1. 把电梯主电源拉开，防止电梯意外启动，但必须保留轿厢照明。

2. 确定电梯轿厢位置。

3. 当电梯停在距某平层位置约 ±60 cm 范围时，维修人员可以在该平层的厅门外使用专用的厅门机械钥匙打开厅门，并用手拉开轿厢门，然后协助乘客安全撤离轿厢。

4. 当电梯未停在上述位置时，则必须用机械方法移动轿厢后救人。步骤如下：

（1）轿门应保持关闭，如轿门已被拉开，则要叫乘客把轿门手动关上。利用电梯内对讲电话，通知乘客轿厢将会移动，要求乘客静待在轿厢内，不要乱动。

（2）在曳引电动机轴尾装上盘车装置。

（3）两人把持盘车装置，防止电梯在机械松抱闸时意外或过快移动，然后另一人采用机械方法一松一紧抱闸，当抱闸松开时，另外两人用力绞动盘平装置，使轿厢向正确的方向移动。

（4）按正确方向使轿厢断续地缓慢移动到平层 ±15 cm 位置上。

（5）使抱闸恢复正常，然后在厅门对应轿门外机械打开轿厢，并协助乘客撤出轿厢。

5. 当按上述方法和步骤操作发现异常情况时，应立即停止救援并及时通知小区电梯维修保养公司做出处理。

6. 事后书面报告服务中心主任。

制度 5：维修材料管理制度

维修材料管理制度

一、为加强维修材料的管理，使维修材料在维修过程中得到合理的使用，避免材料的浪费，特制定本制度。

二、采购员根据工程维修部的材料计划单采购材料，所采购的材料必须合乎维修使用的要求。

三、仓库材料必须分类堆放，并做好材料入账登记，以便备查。

四、发放材料时，材料保管员应审核维修单的项目要求，合理发放材料，做好签领记录。

五、维修工领到材料后，必须如实按申报单使用，维修完毕后将实际耗用材料的名称及数量，填报进维修单，并要求住户签字，对未用完的材料必须退还材料库。

六、材料保管员必须对材料的出、入库负责，不能私自转卖材料，不能将材料转送给他人，一经查实，按情节给予罚款或辞退处理。

七、工程维修部经理每周要对维修过的住户进行材料的使用抽查回访，检核材料使用情况，回访中如发现维修工虚报领取材料，必须向主任及上级领导汇报，按其情节轻重将给予罚款、警告或辞退处理。

八、当月的维修材料采购情况以及材料的耗用情况，由材料保管员以表格的形式，在当月底送交办公室及财务部。

表格 1：外委维修保养申请表

设备设施名称及编号		外委单位		
申请维修保养时间		要求完成时间		
维修保养内容简述： 申请人／日期：				
需更换的主要材料及其预计费用				
序　号	材料名称及规格	单　价	数　量	预计费用	备　注
预计总费用：					
服务中心意见：					
品质技术部意见：					
总经理意见：					

表格 2：供水系统周检保养记录

单位：　　　　　　　　　　　　　记录人　　　　　　　年　月　日

系统安装地点 供水泵	电机				水泵				控制柜						其他				
	轴承响声	机体温度	线接头	电流	润滑膏	盘根检查	联轴器	泵体响声	空气开关	保护开关	交流接触器	点起器	自动控制	显示表	单向阀	软接头	固定连线	防锈处理	压力表
1																			
2																			
3																			
4																			
5																			

功能柜	功能：	指示灯：	继电器：	线路：
水位控制	地下水池 1	地下水池 2	地下水池 3	屋顶水池
浮球阀检查				
减压阀检查				

注：以上检查保养项目无故障的打"√"，有故障的排除并简要记录。

表格3：公共设施一览表

小区名称： 　　　　　　　　　　　　　　　　　年　月　日

序号	名　称	型号/规格	单位	数量	所在位置	附带资料编号	责任人	备　注

表格4：公共设施保养计划表

小区名称： 　　　　　　　　　　　　检查日期：

序号	保养项目	保养日期	保养费用	上次保养日期	所在位置	保养标准	保养责任人	备　注

表格5：公共设施维修、保养记录表

　　　　　　　　　　　　　　　　　　　　年　月　日

名　称		地　点		保养周期	
费　用		保养量		完成日期	
保养内容	维修、保养人：　　　　　　年　月　日				
保养结果	班组长：　　　　　　　　　　年　月　日				
备　注					

表格 6：有偿维修服务单

用户名称		服务地点			联系人		
发单人					联系电话		
维修项目					报修时间		
					预约维修时间		
					要求完成时间		
维修情况				材料名称	规格型号	数量	金　额
业主提供维修材料：　　是□　　否□ 是否已验证：　　　　是□　　否□				人工费		合　计	
开工时间	月　　日 时　　分	完成时间	月　　日 时　　分			维修工签名	
工程部主管确认				收费确认			
请业主对维修服务质量进行评价。在您认可的□上打"√" 1. 服务礼仪　　□好　　□不好； 2. 维修质量　　□好　　□不好； 3. 服务时效　　□及时　□不及时； 4. 是否有额外收费　□有　　□没有。					客户意见： 签名： 日期：		

备注：本单一式三联，物业服务中心存档一联，客户一联，财务部一联。

表格 7：特种设备维修保养记录表

序号	设备名称	故障 / 保养时间	维修 / 保养完毕时间	解决方法 / 更换配件	维修后设备状态	维修 / 保养人
注：特种设备包括锅炉、电梯、冷冻机组、压力容器、分气缸、冷凝器						

表格 8：设备设施报修单

使用部门		设备编号		报修人	
设备 / 设施名称		模具编号		设备所在区域	
报修时间		维修等级	□紧急，需在____之前完成 □一般 □备用		
报修原因	□调试，换产品_____换成_____ □维修，故障现象描述如下：			处理方法及更换零配件清单	
起修时间		结束时间		机修签名	
维修使用材料名称				使用材料数量	
未能维修原因				报修人验收签字	
设备组长意见	签名：　　　　　日期：				
注：此单由报修人员填写，时间使用24小时制；一式两份，一份交设备组长现场助理，一份报修人留底，其中阴影部分项目由维修人员自行填写					

4.4　土建装修管理

规范 1：木工安全工作规范

条　目	规　范　内　容
1	作业人员必须穿戴工作服、帆布手套，并系好扣子和鞋带，切割木屑时必须戴防护面罩。
2	严禁酒后操作。
3	作业前，必须确认木工工具及用电设备性能完好。
4	及时对回收材料进行维修，按指定地点堆放整齐，做到工完料清。
5	拿取维修物资时，必须轻拿轻放，物资严禁码放倾斜。
6	转运货物时，必须确认货叉完全插入货物底部，严禁转运倾斜、超高货物（不影响视线）。
7	禁止货叉上站人进行升降作业，禁止使用单叉作业，禁止超载作业，禁止货物长时间悬空。
8	堆放货物时，必须确认作业区周围无人、无障碍物，动作必须慢、稳、准。
9	电动木工设备使用完毕，必须确认电源已切断，并放在指定位置，方可离开。

规范 2：泥瓦工安全作业规范

条　目	规　范　内　容
1	严格遵守高处作业安全规程。
2	砖、砂、浆等物料要堆放整齐，保持道路畅通，沟、坑边缘不准堆放材料。
3	在脚手架上砌砖、打砖时不得面向外打，不许向对面或脚手板下面扔物品，以免伤人。
4	不准随意抽出脚手板或松动脚手架。屋面或脚手板上堆放砖瓦、材料、物件时应堆放平稳。

续上表

条 目	规 范 内 容
5	砌墙时，必须站在脚手板上进行，禁止堆砖块或其他物垫脚。
6	砌筑二楼以上间壁时，必须在铺筑楼板后进行操作。
7	砌筑门窗上部站墙时，应将托底板顶支牢固后，才能施工。砌山墙时，应及时架设檩条或支撑，增强抗风能力。
8	拉线时，禁止将线绑在砖上，然后放在墙角施工。
9	砂浆搅拌机应有安全防护罩，转动时，严禁将手、脚和锹伸入搅拌筒内。砂浆搅拌机必须专人负责开。
10	砌筑围檐应事先做好临时支撑，灰浆未凝固、屋面未铺好前，不得拆除临时支撑。用脚手架砌筑大于墙身厚度的屋檐时，应用吊篮在外部砌筑。在钢梁和组成式钢筋混凝突出檐板上砌筑屋檐时，必须按照设计工艺进行作业。
11	室内粉刷应使用木制或钢木组合的活动脚手架。采用马凳搭设脚手架的距离不超过两米。马凳下禁止垫砖、石和木等物。室外粉刷必须搭外脚手架或设专用跳板。
12	禁止在暖气片、洗面盆等器皿上搭设脚手架。在楼梯间进行工作时禁止使用靠梯，不许将工作梯放在楼梯或斜坡上进行作业。
13	淋灰、筛灰时，石灰池周围应有防护措施，取灰时应在有防滑条的站板上操作，不准直接站在灰膏上面。灰浆内掺和含毒的化学成分时，必须作好相应的保护措施。地沟、坑井要用围栏围住或用盖板盖牢。
14	房面坡度大于 40° 时，应系安全带或安全绳。遇到雨雪霜冻时，应先清扫后再工作。行走时脚要踏在瓦片接缝处，眼睛不要正视太阳。蹲下工作起来时，要慢慢站起来，以免眼花头晕。
15	多人传递砖瓦时，每次不能超过千克，要手接手传递，不能投递。单人搬运砖瓦时，每人每次不得超过千克，行走时不要抢道。
16	铺设大面积轻型屋面时不要顶风立起，以免风压太大发生事故。行走或作业时，应踏在檩木上或设置专用脚手板。

规范 3：小区内装修管理规范

条　目	规　范　内　容
1	进行装修前，应当告知邻里。装修单元须配备灭火器，放置于显著位置，方便取用。
2	装修手续齐全，工人证件齐全，特种作业人员应持有特种行业操作证书。装修人员须佩戴装修人员出入证，并配合物业公司人员查验。
3	装修单元内公共通道、消防通道禁止堆放装修材料及装修垃圾。垃圾要袋装，日产日清。本物业管理区域的装修施工时间为：上午 8:00 ~ 12:00，下午 14:00 ~ 20:00。其他时间不得施工。
4	遵守施工安全操作规程，不得擅自动用明火和进行焊接作业，特殊情况应经物业公司审批同意。
5	晚上装修人员不得在装修场地留宿，确需留宿的应在物业办登记批准。
6	所有用电应当连接漏电保护开关，不得将电线直接插入插座，不得在装修现场烧饭、烧水，不得使用大功率电器。
7	本小区单元内卫生间装修施工前必须再次做好防水处理，工程隐蔽前务必做好 24 小时闭水试验及其他防水处理措施，卫生间室内墙面防水必须做到 1.8 米以上。
8	业主在按规定使用各自的给排水设施时，严禁将垃圾杂物、砂石、水泥浆等排入排水或排污管道中，防止造成堵塞。
9	施工现场禁止吸烟，违法、违规装修或装修失误造成物业、其他业主财产损失的责任人要承担赔偿责任。

制度 1：装修管理制度

装修管理制度

第一章 总则

第一条 为了保证业户的装修符合要求，确保装修工作顺利进行，特制定本制度。

第二条 本物业所辖范围内的业户入住后的装修管理所有事项，除另有规定外，均按本制度进行处理。

第二章 业户装修须知

第三条 业户需填妥物业管理处下发的"业户装修施工申请表",并及时交回物业管理处。

第四条 为保护楼房建筑的公共设施,业户在装修前必须准备装修图纸及技术资料等交物业管理处审批。未得到物业管理处、质检部门及消防部门书面批准前,不得开展任何装修工程。需要的图纸种类如下:

1. 室内平面图。

2. 天花平面图及吊顶施工方案,需标明现有烟感和温感位置。

3. 电力分布图及简图,上须标明配电盘、分区配电盘的位置、类别和功率,总配线图、简图及其详细技术资料。

4. 给排水图,包括建议给排水管的接驳位置及水管的尺寸、水管的分布图。

5. 空调分布图,应包括风机盘管位置、送风及回风喉的路线、送风及回风百页位置、室内空调温度控制器位置等。

第五条 装修管理费及押金的收取,退还程序如下。

1. 在装修工程展开前,业户须缴交装修押金及其他有关费用。

2. 装修完工后 3 个月,经物业管理处审核、检查后,扣除一切应付费用后将押金不计利息发还业户。

第六条 业户聘用装修公司施工须知。

1. 装修工作开展 5 天前,业户需填妥所有参与装修工作人员的名单并交回管理处。

2. 装修工作开展前,所有装修工作人员需向管理处申请装修工人出入证。在进入物业公司管辖范围时,装修工人必须佩戴工人出入证。装修工人出入证须于每天收工离开时交回管理处,遗失则须申请补发。

第七条 系统改动规范如下:

1. 确保所有公共设施能正常使用,并且避免系统受到有意或无意破坏,业户在改动电力分布系统、中央空调系统、给排水系统时,必须由工程管理部批准。

2. 有关内室改变而导致消防喷淋头、烟雾感应器的改动工程,业户应向消防单位报批。

第三章 业户装修规范

第八条 装修工作时间规范如下:

1. 装修工程时间为周一至周五早上 8 时至下午 6 时,如需超时加班工作,必须事先向管理处提出申请。

2. 管理处有权随时停止一切产生噪声、震荡、发出强烈气味或对其他业户产生滋扰的工程。凡这类工程都应在管理处指定时间内进行。

第九条 在未得到管理处批准之前，业户不得在楼房建筑的外墙及屋顶上安装任何空调机、天线或雨篷等。

第十条 业户更换玻璃幕墙时，请通知装修承包商对现有的玻璃、铝质材料、窗把手等进行特别保护。

第十一条 在未经管理处批准前，业户不得私自展示、悬挂任何带有广告性质的招牌和贴纸。

第十二条 楼内建筑设施更改规范如下：

1. 如装修工程影响楼内设施和结构，管理处有权要求对所有装修工程进行更改或还原。

2. 业户装修时必须保持楼内所有设备都不得封死，不得以任何物品挡住检查活门、渠盖、百叶等。

第十三条 业户不得私自更改楼内的喷淋头、烟雾感应器等装置，更改前必须得到物业管理处的批准。更改喷淋头、烟感、温感的工程必须由物业管理处指定承包商执行，业户负责有关费用。

第十四条 装修期间所有建筑垃圾、废料等都应存放在指定位置，不得摆放在公共区域。

第十五条 材料运输规范如下：

1. 业户所聘用的装修公司在搬运装修材料时需严格遵从管理处安排的特定路线及程序，所有车辆在装卸货后不能停在装卸货区内。

2. 建筑材料和垃圾不得走载客电梯、扶手电梯，超长超宽材料不得走货运电梯，应从楼梯上下。

3. 运送大量垃圾时，须预先与管理处联络安排货运电梯。

4. 业户在搬运货物时对楼房建筑的设施以及装修造成破坏的，须负责修补或赔偿费用。

第十六条 排水系统装修规范如下：

1. 业户不得对公共设施的水龙头、水管、阀门、设备等进行修改或接驳等工程。

2. 业户不得倾倒污水于公共区域的洗手盆或其他排水设备等。

第十七条 装修火灾预防规范如下：

装修前以及装修期间，业户需自行备足灭火器，并保证装修范围内每___平方米至少配备___台___千克以上灭火器。

第十八条 结构地面、分隔墙及围板规范如下：

1. 业户装修时不得在结构地面及分隔墙进行挖洞、钻孔等破坏性工程，以免破坏原先铺设的防水材料。

2. 为了减少噪声的散播，业户须在其装修范围内搭建围板，以避免影响其他业

续上表

户的工作与休息。

第十九条 业户在装修前，必须购买火险、劳工赔偿险等足额保险，以防止出现安全责任事故。

第四章 附则

第二十条 业户须熟悉并遵守本制度中的相关规定。

第二十一条 本制度由物业管理处制定，自发布日起实施。

制度2：给排水管理制度

给排水管理制度

范本

为规范物业管理中给排水管理服务工作，明确给排水管理工作内容，特制定如下管理制度。

一、管理责任

1. 管理服务中心维修组负责给排水系统的运行维护等管理工作，维修主管负责组织维修人员实施。

2. 给排水管理人员必须了解、熟悉楼宇内的供水系统，如水管、水箱、水泵、开关阀门及分阀门位置。

3. 实行设备管理责任制，划分各类设备管理责任人。

4. 管理服务中心主任负责给排水管理工作监督和检查。

二、巡视制度

1. 定期巡视水泵操作是否正常，供水系统有无损坏或滴漏，水箱是否清洁。必须定期安排清洗水箱，水箱每半年清洗消毒一次，确保用水卫生。

2. 发现水管爆裂时，必须尽快关上相应的阀门，大水管爆裂时应将总阀门关闭，并即时发出通告，按照《供水处理紧急方案》立即安排紧急抢修。

三、保养制度

1. 注意水箱的保养，预防破裂和渗漏，水箱盖应保持密封，每次开启后及时锁好，防止蚊虫滋生。

2. 救火用的输水设备要经常检查，如有损坏，应立即维修，平时严禁使用消防水作其他用途。

四、检修制度

1. 经常检查沟渠及沙井是否畅通，及时清理渠道盖上的垃圾以防止下雨时渠水

续上表

受阻引起水浸，并按规定填写相关记录。

2. 供水设备每年按保养计划进行保养，保养情况按年度保养计划填写。给排水设备除了按年度保养计划保养外，还必须按规定进行正常的巡视检查，以便及时发现设备在运行中出现的问题。建立二次供水管理制度，严格按法规要求，实施定期维修保养。

五、正常给排水

1. 管理服务中心维修主管负责给排水的技术指导、监督和检查，负责楼宇供排水设施设备的运行管理工作，保证 24 小时不间断供水。

2. 运行维修人员在设备发生故障时应立即报告主管领导并积极进行抢修。

六、正常停水

1. 当接到自来水公司的停水通知后，应立即通知客户服务中心，并做好记录。

2. 当按计划保养必须停水时，应提前一天将停水的范围和时间通知客户服务中心，在得到客户服务中心的许可后方可进行保养。

3. 由于工程的需要，对消防系统停水时，必须通知消防人员后，由消防人员进行操作，并做好相关记录。

七、水质保障

每年组织专业人员对生活水箱进行两次清洗，并按规定取得《供水卫生许可证》及卫生防疫部门的水质化验合格证明。

八、异常情况处理

1. 楼宇外墙的公用下水管渠发生破裂，应立即维修，以免污水流出影响环境卫生。

2. 楼宇底层沟渠有臭味溢出时，应立即检查及维修。

3. 安装及维修楼宇外的供水系统设备，应与自来水公司联系修理。

4. 楼宇内的水表发生故障时，应告知用户，并立即检修。

5. 接到自来水公司发出的停水通知时，应及时向住户发出通知，使住户有所准备。

6. 化粪池每季度进行一次检查，化粪池满时及时组织人员清理，并将检查清理结果进行记录。

7. 当发生突然停水事件时，客户服务中心应及时与自来水公司取得联系，了解恢复供水的时间，主动与客户服务中心联系，帮助做好对客户的解释工作。

8. 认真做好检查记录，日常的巡视检查记录在值班记录中，定期的检查保养记录在相应的检修保养记录表中。

表格 1：装修施工申请表

业户名称（单元号）：		
公司负责人： 联系电话：	24 小时紧急联系人： 联系电话：	
装修 / 施工公司名称：		
装修 / 施工公司地址：		施工人数：
装修 / 施工负责人： 身份证号： 联系电话：	24 小时紧急联系人： 身份证号： 联系电话：	
装修 / 施工时间：由 年 月 日至 年 月 日止		
施工 项目	1. 3. 5.	2. 4. 6.
装修 保证	本公司 / 人自愿在此向客户服务中心承诺：在装修 / 施工过程中严格遵守《业户手册》之内部装修规定和《装修指南》以及其他相关约定和承诺，如有违规行为，同意所有赔偿或违约金在装修 / 施工保证金中扣除，以补偿因违规施工造成的不良影响或后果。 装修 / 施工公司负责人签名和盖章：　　　　　日期： 业户负责人签名和盖章：　　　　　　　　　日期：	
备注：申请表及相关资料原件交客服部存档		

表格 2：装修施工现场检查表

施工地点：_____

检查内容	1. 有施工许可证、出入证；2. 动火作业有批复；3. 禁止吸烟、煮食、烧水；4. 正常办公时间施工不许产生大噪声和强烈的气味；5. 运输材料不得损坏公共墙面、电梯、公共设施及走廊；6. 施工场地之外禁止堆放施工垃圾；7. 关门施工；8. 配备灭火器等消防设施；9. 无违规用电现象；10. 地漏是否有作保护；11. 电梯、过道地面是否有做保护；12. 地面、墙壁、天花施工不能破坏房屋结构；13. 现场垃圾清理；14. 施工现场玻璃门有无做围蔽；15. 装修项目是否与《施工许可证》相符

续上表

检查日期、时间	检查人	检查情况及处理结果

表格 3：室内装修审批表

　　层　　　号　　　　　　　　　　　　　　申请日期：　　年　月　日

业户 姓名		单位名称		联系电话		
装修 公司	全　称			执照号		
	负责人		装修人事	联系电话		
	室内装修内容			管理处审批意见		
业户 装修 保证	本业户和施工队保证装修内容不超过审批的范围并按期完成，严格遵守《住宅管理规定》，若有违约，愿接受处罚。 　　业户签名：　　　　　　　　　施工队负责人签名：					
装修 期限	年　月　日至　年　月　日					
预算 造价		业户 押金		施工队 押金		
验收 意见	楼管员签字： 　　　　　　　　　　　　　　　　　　年　月　日					

表格4：土建装修物业验收表

类别：土建装修 　　　　　　　系统／设备／设施：　　　屋面／挑檐

位置／编号：　区　　楼／栋　检查人：　　日期：　年　月　日

项　　目	状　　态	备　　注
地面		
防雷设施		
组织排水		
爬梯		
排气口		
风道严口		
台阶		
挑檐外装饰		
挑檐排水		
开发商（代表）： 签字： 　　年　月　日	承建商（代表）： 签字： 　　年　月　日	监理公司（代表）： 签字： 　　年　月　日	物业公司（代表）： 签字： 　　年　月　日

代号：√满意　×不满意　A需调整　B未完成　C需清理

表格 5：全能技工工作周报表

日期　　　　　　　　　　工作区域

序　　号	核查内容	日　　期	返修内容	日　　　期
总　计			正常异常	

○正常　　　　△异常　　　　□检修项目表号和返修号
填写人：　　　　　　　　用途：向领导汇报一周工作情况

4.5　电力维修管理

规范 1：电工安全操作规范

条　　目	规　范　内　容
1	电气操作人员应思想集中，电器线路在未经测电笔确定无电前，应一律视为"有电"，不可用手触摸，不可绝对相信绝缘体，应认为有电操作。
2	工作前应详细检查自己所用工具是否安全可靠，穿戴好必需的防护用品，以防工作时发生意外。
3	维修线路要采取必要的措施，在开关手把上或线路上悬挂"有人工作、禁止合闸"的警告牌，防止他人中途送电。
4	使用测电笔时要注意测试电压范围，禁止超出范围使用。电工人员一般使用的电笔，只许在 500 V 以下电压使用。
5	工作中所有拆除的电线要处理好，带电线头包好，以防发生触电。
6	所用导线及保险丝，其容量大小必须合乎规定标准，选择开关时必须大于所控制设备的总容量。

续上表

条 目	规 范 内 容
7	工作完毕后，必须拆除临时接地线，并检查是否有工具等物漏忘在电杆上。
8	检查完工后，送电前必须认真检查，看是否合乎要求并和有关人员联系好，方能送电。
9	发生火警时，应立即切断电源，用四氯化碳粉质灭火器或黄沙扑救，严禁用水扑救。
10	工作结束后，必须全部工作人员撤离工作地段，拆除警告牌，所有材料、工具、仪表等随之撤离，原有防护装置随时安装好。
11	操作地段清理后，操作人员要亲自检查，如需做送电试验一定要和有关人员联系好，以免发生意外。

规范2：停送电操作规范

条 目	规 范 内 容
1	高压隔离开关操作顺序。 （1）断电操作顺序。 ①断开低压各分路空气开关，隔离开关。 ②断开低压总开关。 ③断开高压油开关。 ④断开高压隔离开关。 （2）送电操作顺序和断电顺序相反。
2	低压开关操作顺序。 （1）断电操作顺序。 ①断开低压各分路空气开关、隔离开关。 ②断开低压总开关。 （2）送电顺序与断电相反。

规范 3：倒闸操作规范

条　目	规　范　内　容
1	高压双电源用户做倒闸操作，必须事先与供电局联系，取得同意或得到供电局通知后，按规定时间进行，不得私自随意倒闸。
2	倒闸操作必须先送合空闲的一路，再停止原来一路，以免用户受影响。
3	发生故障未查明原因，不得进行倒闸操作。
4	两个倒闸开关，在每次操作后均应立即上锁，同时挂警告牌。
5	倒闸操作必须由两人进行（一人操作、一人监护）。

制度 1：电工操作管理制度

电工操作管理制度

范本

一、电气设备的维护、接拆电线，必须由专职电工进行，任何人不得私自乱接、乱拉电线。

二、对接触使用电线、开关、保险、插销、照明灯具、电炉和电动机等电气设备的职工，要加强安全用电教育，避免因使用不当引起触电和火灾事故的发生。

三、对电气设备应加强检查、维护，防止本身着火和爆炸。

四、要定期检查、更换电气线路，防止腐蚀老化线路引起漏电短路。

五、接拉临时线要经过所在部门领导批准，按规定要求等设由专人负责，用完后立即拆除。

六、按规定设置避雷装置和消除静电的接地装置，应定期进行校验，使其符合安全要求。

七、供配电室要严密，防止小动物进入引起短路，防止漏雨水。

八、发生电气火灾，应先切断电源，再行扑救，扑救时严禁使用水。

九、电气作业人员上岗，应按规定穿戴好劳动防护用品和正确使用符合安全要求的电气工具及消防器材。

十、电气运行人员要严格执行操作票、工作票制度，工作许可制度，工作监护制度，工作间断、转移和终结制度。

十一、值班人员应在工作时间内对运行中的电气设备进行巡视，监视设备的运行情况。

续上表

十二、不准在电气设备、供电线路上带电作业，检修前必须先确认设备是否全部停电。停电后，应在电源开关处上锁挂上"禁止合闸、有人工作"等标志牌。

十三、经批评必须带电检修时，应采取可靠的安全措施，并由有实践经验的人员担任监护，否则不许作业。

十四、架设临时线要严格遵守有关规定办理《临时接线装置申请单》，380 V绝缘良好的橡皮临时线悬空架设距地面，室内不小于 2.5 米，室外不小于 3.5 米。

十五、更换熔断器，要严格按照规定选用熔丝。

十六、电气运行操作人员必须严格遵守《电工安全操作规程》。

制度2：变配电房设备巡检制度

变配电房设备巡检制度

一、目的

保证变配电设备设施安全运行。

二、适用范围

各管理区域内变配电站设备及附属设施的管理。

三、管理规定

1. 高压系统

（1）观察双回路高压进线电压是否正常，如偏差超过允许范围，要及时报告上级部门及供电局用电监察。

（2）观察高压进线电流、指示灯、声音是否正常，如发现比正常值偏大或有异常现象，要快速查明原因，及时报告上级部门及电器修理厂（委托维护单位）。

（3）观察直流屏电池电压和浮充电流是否正常，检查电池水是否在指定位置以内，如发现电池水不够，要及时补足。

（4）巡视环境卫生及防鼠设施，确保防鼠设施完整，环境整洁。

2. 变压器系统

巡视变压器运行温度，高、低压电流是否正常，有无噪声。如发现与平时运行温度、电流有异，要及时了解，分析原因，做出正确应急处理，并上报上级部门，并通知委托维修单位来修理。检查环境卫生及防鼠设施。

3. 低压配电系统

（1）巡视各变电柜、馈电柜、联络柜、电容柜，观察各控制回路的工作电压、工作电流、功率因数、指示灯是否正常，有无噪声，并做好记录。

续上表

（2）检查并清洁各电柜表面积尘。

（3）检查环境卫生及防鼠设施，确保防鼠设施完整，环境整洁。

4. 燃油系统

每周巡查一次燃油系统，记录储油罐及各日用油箱油位，了解总控制柜及现场控制柜的控制状态，各电气开关及指示灯是否正常。其中第一、第二项每两小时巡查一次，第三项每四小时巡查一次，将结果填写在电站运行记录表上。

制度 3：电气维修管理规程

电气维修管理规程

一、目的

保证管理区域内 (大厦) 电气设备和人身安全，使电气维修工作正常化、规范化、科学化。

二、适用范围

公司接管的管理区域内 (大厦)，从高压进线到住户电气箱开关前端的供配电系统及其用电设备的维修。

三、内容

1. 电气维修人员必须持证上岗，严格按照国家有关的电气安装工作规程进行作业。

2. 在进行电气维修时维修人员应穿戴好安全防护用品，配备绝缘良好的电工工具。

3. 维修和保养电气设备时，应按要求做好保证安全的组织和技术措施，维修主管应在分配工作的同时向维修人员说明工作中的安全注意事项，并在工作中检查、监督执行情况。

4. 当需停电时要按《停电处理规程》告知用户。

5. 在配电干线、变压器、低压配电箱带电作业时，应设专人监护，并至少二人进行。工作开始前，必需验电，确信停电方可开始作业。

6. 一般情况下，尽量避免带电作业，若因特殊需要而必须带电作业时，应装设隔离挡板，并有专人监护。

7. 在一经合闸即可送电到工作地点的开关和刀闸的操作把手上，应悬挂"有人作业，禁止合闸"的标志牌。

8. 维修或保养后的电气设备或线路，经检查无误，拆除所有安全措施，全体维修人员撤出工作现场后，方可送电。

9. 在施工设备两侧临近带电设备的固定遮拦上，应悬挂"有电危险"的告示牌。

指点迷津：

电工低压带电作业注意事项

在对电气设备进行维修时，难免会有需要进行低压带电操作的情况，维修人员应以安全为重，注意以下事项。

①低压带电作业必须有专人监护。

②使用有绝缘柄的工具，其外裸的导电部位应采取绝缘措施，防止操作时相间或对地短路。禁止使用锉刀、金属尺和带有金属物的毛刷、毛掸等工具。

③工作时，应穿绝缘鞋和全棉长袖工作服，并戴手套、安全帽和护目镜，站在干燥的绝缘物上进行。

④高、低压同杆架设，在低压带电线路上工作时，应先检查与高压线路的距离，采取防止误碰带电高压导线的措施。在低压带电导线未采取绝缘措施时，作业人员不准穿越。在带电的低压配电装置上工作时，应采取防止相间短路和单相接地短路的绝缘隔离措施。

⑤上杆前，应先分清相、零线，选好工作位置。断开导线时，应先断开相线，后断开零线。搭接导线时，顺序应相反。人体不准同时接触两根线头。

表格1：配电柜检修工作票

小区名称：   年   月   日

1	工作负责人（监护人）： 值班电工：	
	参加维修工作人员：	
2	工作任务及地点：	
3	计划工作时间：自 年 月 日 时 分 　　　　　　　至 年 月 日 时 分	
4	工作条件（停电或不停电）：	
5	注意事项（安全措施）：	
6	许可开始时间： 年 月 日 时 分	
	经理签名： 工作负责人： 值班人：	
7	工作结束时间： 年 月 日 时 分	
	经理签名： 工作负责人： 值班人：	
备注		

表格2：机电设备年度（保养）检修计划

部门：

（　　　）年度　　　　类别：

序号	检查保养项目	保养时间（月份）												负责人
		1	2	3	4	5	6	7	8	9	10	11	12	
1	低压配电设备													
2	生活水泵													
3	消防水泵													
4	中央空调设备													
5	水池清洗消毒													
6	消防监控系统													
7	柴油发电机													
8	电梯													
9	交通道闸													
10	正压风机													

注：标明保养、检修周期

编制：　　　　　　　　　　　　　审核：　　　　　　　　　　　　　批准：

日期：　　　　　　　　　　　　　日期：　　　　　　　　　　　　　日期：

表格3：配电室运行日记表

班　　次	早	中	晚
运行及工作情况			
交接班情况			
交接班人签字及时间			
管理人员巡查签字			
日期			

填写人：　　　　用途：管理，反映日常运行情况　　　　联数：一式一联

表格4：防盗监控系统及保养记录表

系统安装位置		
保养内容	保养情况及处理情况	备　　注
检查视频线有无松动		
调节并检查监视上各旋钮		
检查摄像头		
检查镜头并校焦，擦洗镜片		
防雨、防尘罩的密封		
清理降温风扇		
检查铁件部分的防锈情况		
检查室内通风、照明		
检查监控系统的连线接触		
保养人		年　　月　　日
审核人		年　　月　　日

表格 5：变配电室电气设备缺陷及故障记录表

年			设备缺陷及故障情况	记录人	备　注
月	日	时间			

填写人：　　　　　　　　　用途：管理　　　　　　　　联数：一式一联

表格 6：用电安全检查表

受检查单元／房号：　　　　　　　　　检查时间：　　年　　月　　日

检查项目	检查内容	检查结果	不合格项数	整改结果
电源电箱部分	1. 电箱外观完整，配线规范整齐完好，有无虚接现象			
	2. 接地保护是否完善、牢固可靠			
	3. 是否都有漏保，漏保测试是否合格			
	4. 三相配电是否分配平衡，空开设置是否匹配			
	5. 各相电流测试值是否过载			

检查项目	检查内容	检查结果	不合格项数	整改结果
线路部分	1. 线路是否暗敷设。明敷设线路配有阻燃线槽			
	2. 线路的高度，低位置线路的防护与易燃品距离			
	3. 线路的连接方式，接头的防护处理合乎要求			
本次检查结果（√）	□合格　　　　　□良好　　　　　□不合格			
提出的整改意见和时限				
受检业户 / 代表	签名：　　　　　　　　年　　月　　日			
工程部检查人员	签名：　　　　　　　　年　　月　　日			
客户部参加人员	签名：　　　　　　　　年　　月　　日			

表格 7：变压器保养记录表

变压器编号：＿＿＿＿＿＿＿＿　　　　　　　所在电房：＿＿＿＿＿＿＿＿

内　　容	处理结果
外罩	
接线螺丝	
冷却风机	
内部灰尘	
绝缘	
接地线	
风机控制器	
温度显示器	

制表：　　　　　　　审核：　　　　　　　日期：

第 5 章

小区环境管理

（保洁 + 绿化）

　　环境管理是物业管理基本内容之一，主要是调控业主或物业使用人与环境保护的关系。包括物业管理区域内共用部位、共用设施和场地的清洁卫生与园林绿化的管理服务。环境管理的好坏，对业主或物业使用人的生活工作有着巨大的影响，这也是物业管理服务的直观体现。

5.1　环境管理部岗位体系

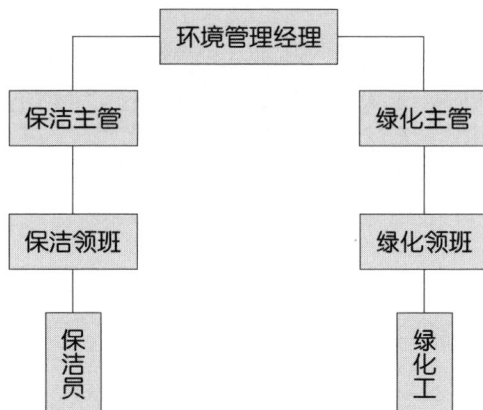

5.2　环境管理岗位配置及岗位职责

5.2.1　环境管理经理

岗位名称：环境管理经理	
直属上级：董事长、副总经理	
直接下级：保洁主管、绿化主管	
岗位职责	1. 负责组织制定各项环境管理制度及工作标准，并交由公司总经理审批后执行。 2. 贯彻执行各项环境管理制度，并根据执行效果及时修订。 3. 负责拟定辖区内的保洁、绿化方案。 4. 定期对辖区内的保洁、绿化工作情况进行抽检，并做出效果评价。 5. 监督辖区内保洁人员、绿化人员的工作纪律，纠正违规现象，并做好记录。 6. 负责走访工作，向业主调查保洁、绿化工作的满意情况，记录业主的意见和建议。 7. 负责保洁、绿化外包项目的谈判与合同签订工作。 8. 负责处理保洁、绿化工作中遇到的各种突发情况。 9. 对本部门人员进行业务指导和监督，负责部门员工的绩效考核

岗位职责	并组织员工进行岗位培训。 10. 做好与公司其他部门的协调工作。 11. 配合人事行政部门，完成本部门的招聘、考核及部门内部的岗位调整工作。 12. 完成领导交办的其他工作任务。
任职资格	1. 教育背景：全日制本科及以上学历，房地产、物业管理等相关专业。 2. 知识要求：①熟悉国家相关物业管理法律法规的管理知识；②熟悉环境体系安全管理类别；③熟悉环境体系药剂类别及使用要求；④熟悉日常工作清洁程序、成品保护注意事项；⑤了解石材晶面养护工艺；⑥了解机器的使用注意事项；⑦能够运用专业知识对保洁绿化工作开展提供专业指导。 3. 工作经验：5 年以上物业相关工作经验，包括 3 年以上同等岗位的管理工作经验。 4. 技能技巧：①熟练操作 Office 办公软件；②具有扎实的文字描述与表达能力；③具有较强的领导能力、组织能力和协调能力；④具有较强的影响力和沟通协调能力，良好的学习能力和文案写作能力，良好的执行能力；⑤能够正确使用各类清洁药剂。 5. 工作态度：有良好的职业操守，严格遵守国家法律法规，执行企业的各种规章制度；做事细致认真，精明干练。

5.2.2　保洁主管

岗位名称：保洁主管 直属上级：环境管理经理 直接下级：保洁领班	
岗位职责	1. 在环境管理经理的领导下，全面负责保洁处的工作。 2. 负责制定保洁处的岗位职责和各项规章制度。 3. 负责制订保洁各项业务计划，并组织实施。 4. 负责制订公司整体绿化布局的计划及费用预算。 5. 指导、督促公司各楼层、广场卫生保洁工作，使清洁服务工作达到物业管理的标准。 6. 全面负责日常卫生的管理工作，实行规范作业。随时在卫生区域内巡查，发现问题及时纠正、处理。

岗位职责	7. 定期检查公司卫生清洁情况，指导、帮助下属，纠正存在的问题。 8. 定期召开工作例会，组织、分工、落实各项计划，督导各下属人员贯彻执行，保证工作按质按量、安全顺利地完成。 9. 做好下属员工的日常工作绩效考核，激励员工的工作积极性，不断提高管理水平。 10. 加强与员工、与其他部门的沟通交流，提高工作效率。 11. 有计划地组织员工业务培训工作，提高员工的业务素质。 12. 完成上级交办的其他任务。
任职资格	1. 教育背景：全日制大专及以上学历，物业管理、工程管理等相关专业。 2. 知识要求：①熟悉保洁工作的管理要求、操作流程；②熟悉当地市容管理的相关条例规定。 3. 工作经验：3 年以上工作经验，1 年以上本行业的管理工作经验。 4. 技能技巧：①熟练操作 Office 办公软件；②有较强的组织能力、管理能力和领导能力；③具有处理突发事件的应对能力。 5. 工作态度：具有良好的职业道德、敬业精神，严格履行岗位职责，敬业尽职，保守公司商业秘密。

5.2.3 保洁领班

岗位名称：保洁领班
直属上级：保洁主管
直接下级：保洁员

岗位职责	1. 服从保洁主管的领导和工作指派，对部门主管负责。 2. 负责所管区域的吊顶、墙面、地面以及卫生间的卫生清洁工作。 3. 按工作要求制订卫生清洁作业计划，并按时实施。 4. 每日按工作项目组织区域内卫生清洁工作，保证清洁达到要求，防止出现卫生死角。 5. 勤巡查、勤督促、严格要求，发现保洁服务质量问题，及时处理，并做记录。 6. 每日统计、考核保洁物耗，遇有不合理现象，及时向上级汇报。 7. 监督、检查卖场内专柜卫生情况，发现问题及时处理、纠正。 8. 协助保洁主管做好保洁人员的考核工作。 9. 完成上级交办的其他工作。

续上表

任职资格	1.教育背景：中专及以上学历。 2.知识要求：熟悉物业小区分工安排、清洁工具的使用、清洁流程。 3.工作经验：两年以上同行业工作经验。 4.技能技巧：①熟练操作 Office 办公软件；②有一定的组织协调能力、领导能力；③具有处理突发事件的应对能力。 5.工作态度：具有良好的职业道德、敬业精神，严格履行岗位职责，敬业尽职，保守公司商业秘密。

5.2.4　保洁员

岗位名称：保洁员

直属上级：保洁领班

直接下级：无

岗位职责	1.服从保洁领班的领导和工作安排，主动、高效地进行工作。 2.认真做好所属区域内的各项卫生保洁工作。 3.按保洁工作要求，制订保洁作业计划，并按时实施。 4.每日按工作流程认真完成保洁工作，保证不出现卫生死角。 5.随时巡查区域内卫生情况，发现杂物、尘土，立即清扫处理。 6.做好其他工种的配合协调工作。 7.严格执行各种规章制度，接受上司的检查、督促、考核。 8.参加各种培训学习，不断提高自身业务素质。 9.违反制度、拖延时间、工作质量低劣，造成经营不便和影响公司购物环境形象的，应承担相应责任。 10.完成上级交办的其他工作。
任职资格	1.教育背景：中专及以上学历。 2.知识要求：①了解保洁相关知识；②清楚知道清洁区域重点划分。 3.工作经验：根据所属企业实际情况而定。 4.技能技巧：①具有一定的保洁专业操作技能，会配比消毒水等；②具有处理突发事件的应对能力。 5.工作态度：①组织纪律性较强，服从指挥，团队协作意识较强；②能吃苦耐劳、为人平和、谦恭；③具有良好的敬业精神，严格履行岗位职责，敬业尽职，保守公司商业秘密。

5.2.5 绿化主管

岗位名称：绿化主管
直属上级：环境管理经理
直接下级：绿化领班

岗位职责	1. 对环境管理经理及园艺工程师负责，开展小区内的整体绿化工作。 2. 根据部门月度工作计划，制订绿化队周工作计划及月度材料采购计划、工具配备计划，做好月度考勤及轮休安排。 3. 月度绿化养护计划及岗位定编，负责绿化队人员的日常绿化工作安排，带领绿化工定期对花木进行修剪、施肥、松土等养护工作。 4. 熟悉小区的整体绿化情况，熟知各花草树木的名称、特性，清楚各种病虫害的防治。 5. 认真贯彻执行部门制订的制度、标准、规程。 6. 指导员工正确使用绿化机械及各绿化养护工作的操作规程。 7. 负责绿化工具、材料的发放、保管，合理控制绿化工具、材料的消耗及不同天气状况的浇水情况。 8. 以身作则，带头工作，调动员工的积极性，高质量、高效率的完成绿化工作计划，并做好工作事项记录。 9. 根据规程要求负责对各岗绿化工作进行检查、监督、指导，发现问题及时处理并汇报上级，及时传达上级指示。 10. 配合部门进行员工的培训及月度绩效考核。 11. 配合部门制订各项绿化改造方案，协助监督、检查乙方绿化养护情况。 12. 完成上级交办的其他工作。
任职资格	1. 教育背景：全日制大专及以上学历，园林、园艺等相关专业。 2. 知识要求：熟悉物管行业相关的法律法规文件。 3. 工作经验：3年以上工作经验，1年以上本行业的管理工作经验。 4. 技能技巧：①熟练操作Office办公软件；②有较强的组织能力、管理能力和领导能力；③具有处理突发事件的应对能力。 5. 工作态度：具有良好的职业道德、敬业精神，严格履行岗位职责，敬业尽职，保守公司商业秘密。

5.2.6　绿化领班

岗位名称：绿化领班 直属上级：绿化主管 直接下级：绿化工	
岗位职责	1. 负责监督执行公司及部门的各项规章制度。 2. 负责检查绿化工的仪容仪表和到岗情况，做好考核评估记录。 3. 根据当日工作任务，负责每日工作的分配指派。 4. 负责检查所辖范围各责任区的绿化养护状况。 5. 负责随时检查绿化员的工作状况，及时调整各种工具及人力的配置。 6. 负责对绿化员的工作态度和工作质量做出恰当的批评、纠正、指导，并做出正确的评估。 7. 负责对绿化工具、设备的使用维护进行指导。 8. 负责检查设备、工具的清洁保养工作。 9. 协助处理涉内外纠纷、投诉。 10. 负责每日工作记录的填写及交接班工作。 11. 完成上级交办的其他工作。
任职资格	1. 教育背景：中专及以上学历。 2. 知识要求：熟悉绿化养护、病虫害防治等专业知识。 3. 工作经验：两年以上同行业工作经验。 4. 技能技巧：①熟练操作 Office 办公软件；②有一定的组织协调能力、领导能力；③具有处理突发事件的应对能力。 5. 工作态度：具有良好的职业道德、敬业精神，严格履行岗位职责，敬业尽职，保守公司商业秘密。

5.2.7　绿化工

岗位名称：绿化工 直属上级：绿化领班 直接下级：无	
岗位职责	1. 熟记住宅区内的绿化面积和布局，熟知花草树木的名称以及管理作业程序。 2. 对花草树木定期进行培土、施肥、浇水、中耕除草和防治病、虫、害。

续上表

岗位职责	3. 做好补栽、补种工作，及时修枝剪型，大棵的树木要给予生动活泼的形态。 4. 保持绿化的清洁，保证不留杂草、杂物、不死苗、不被偷，当天及时清理枯枝落叶。 5. 负责对各责任区绿化进行管理，劝阻、纠正一切破坏绿化的行为。 6. 认真学习专业技术知识，努力提高管理质量和工作效率，服从班长安排，遵守工作纪律。 7. 对较为名贵、稀有或数量配套的品种，在适当的地方公告其名称、种植季节、生长特征、管理办法等，供业主观赏。 8. 当暴风雨、台风来临前，提前做好花草树木稳固工作。 9. 每月定期检查绿化草坪完好情况、花草树木生长情况，并做好详细记录。 10. 完成领导交办的其他工作任务。
任职资格	1. 教育背景：中专及以上学历。 2. 知识要求：①熟悉各类绿化工具；②了解各类植物的习性。 3. 工作经验：根据所属企业实际情况而定。 4. 技能技巧：①具有一定的绿化养护、移植等能力；②具有处理突发事件的应对能力。 5. 工作态度：①组织纪律性较强，服从指挥，团队协作意识较强；②能吃苦耐劳，为人平和、谦恭；③具有良好的敬业精神，严格履行岗位职责，敬业尽职，保守公司商业秘密。

5.3 保洁管理

规范 1：卫生清洁工作规范

条 目	规 范 内 容
1	选择正确的化学用剂，按比例进行稀释（使用防护用具）。
2	按清洁的项目进行"一洗、二刷、三冲、四消毒"，洗是用专用的洗洁精清洗，刷是指刷掉器具上难以清除的污垢，冲是指用清水大力冲洗器具，消毒是指将器皿放入消毒水中或消毒柜中消毒的过程。
3	将清洁池中污水放掉，清理杂物残渣，冲洗干净。

续上表

条　目	规　范　内　容
4	经过消毒项目的器具，放在保洁柜中或保洁架上晾干水分，直至表面干爽。
5	清洁后的标准：光洁、干爽、无油污、水渍、茶渍、血渍。

规范 2：保洁领班日常管理工作规范

条　目	规　范　内　容
1	检查商场保洁人员的出勤情况、仪容仪表，并做好考勤记录。
2	组织召开每天班前工作例会，布置工作，传达公司工作安排。
3	督促、检查各楼层保洁人员做好工作区域的卫生保洁工作。
4	定时巡查商场内外的卫生。各楼层走道、卫生间、大厅、电梯前室、扶手、扶梯、电梯、外广场等卫生，并做好巡查记录。
5	发现有不清洁或卫生死角，立即组织人员清理，并采取整改、防范措施，情况较严重的报上级领导。
6	负责保洁物品的发放，监督保洁物品的使用，杜绝浪费，并做好记录。
7	组织保洁人员进行临时性卫生清洁工作。
8	负责每日保洁人员工作的临时调配、休假、值班安排。

规范 3：保洁员工作流程规范

项　目	规　范　内　容
中庭门厅	1. 清扫及洗刷中庭、门、厅、大门入口地面及梯级（每天两次）。 2. 中庭、门厅地坪、台阶推尘（每天数次）。 3. 清洁门厅、中庭玻璃门、窗及装备（每天两次）。 4. 墙脚线、大理石、墙面用碧丽珠抛光（每周 1 次）。 5. 大理石地坪清洗（每天 1 次）。
公共区域	1. 走廊、过道尘推（每天数次）。 2. 清洁门、窗、框、栏杆、扶手（每天两次）。

续上表

项 目	规 范 内 容
公共区域	3. 门、框、栏杆、扶手用碧丽珠抛光（每月两次）。 4. 清洁空调风口、照明灯罩（每月1次）。 5. 清洁垃圾箱，花槽内外表面（每天4次）。 6. 收集、清理所有垃圾箱、花槽内的垃圾（每天两次）。
卫生间	1. 用全能清洁剂清洗马桶（每天1次）。 2. 清洁门、窗、框（每天1次）。 3. 冲洗及擦净马桶（每天数次）。 4. 擦净卫生间内镜面，地面及地面拖干（每天4次）。 5. 天花板及灯罩表面除尘（每周1次）。 6. 清理手纸篓（每天4次）。
电梯	1. 清洁电梯门表面及内壁、扶梯扶手（每天两次）。 2. 电梯天花板表面除尘（每天1次）。 3. 清洁电梯通风口及照明罩（每天1次）。 4. 电梯吸尘，扶梯清洁（每天1次）。 5. 电梯门表面涂上保护膜（每周1次）。
楼梯	1. 清洁各楼层楼梯（每天两次）。 2. 擦洗栏杆和扶手（每天两次）。 3. 扶手和栏杆抛光（每月1次）。
天台	1. 清理积聚于天台的垃圾，避免渠道堵塞（每天1次）。 2. 擦洗天台大门表面（每天1次）。
其他	1. 大理石清洗、打蜡（每周1次）。 2. 地板清洗、打蜡（每月1次）。 3. 地毯清洗（每季1次）。

规范4：洗手间环境卫生管理规范

条 目	规 范 内 容
1	地面无污迹、无水泥迹、无口香糖胶迹、无积水、无堆放杂物。
2	天花、光管罩、排气口无污迹、无积尘、无蜘蛛网、无霉迹。

续上表

条　目	规　范　内　容
3	墙面、窗户、镜台无污迹、无积尘、无乱张贴物。
4	尿槽表面光洁、无尿迹、无污迹、无水锈迹、无烟头、无杂物、无异味。
5	厕盖及厕体内外表面光洁，其内无尿迹、无污迹、无水锈迹、无阻塞。
6	地漏及水沟无污物积聚、无堵塞。

规范 5：正门、广场卫生管理规范

条　目	规　范　内　容
1	绿化带、花草盆：无垃圾、无脏杂物，花草叶无枯萎和明显积尘，花草盆侧面及槽边无污迹、无积尘、无积水和异味，花草修剪整齐，摆放美观。
2	所管区域道路和地面：无污迹、无水泥迹、无口香糖胶迹、无积水、无堆放杂物、无表苔。
3	阶梯无污迹、无水泥迹、无口香糖胶迹、无积水、无堆放杂物。
4	墙面、门户、指示牌无污迹、无乱张贴物。

规范 6：停车场卫生管理规范

条　目	规　范　内　容
1	停车场地整洁、卫生。无乱堆乱放，无乱挂乱晒，无乱搭乱建，无垃圾杂物，无污水积存，无蚊蝇孳生地。
2	上、下水设施齐全，排水畅通，窨井盖无破损、无堵塞。
3	停车场地面硬化、平整，车辆划线停放，整齐有序。
4	垃圾收集密闭化，日产日清。

制度 1：物业公司保洁工作管理制度

物业公司保洁工作管理制度

第一章　总则

第一条　目的。为了使业主对保洁工作满意，对保洁员工作进行规范。

范本

第二章 保洁工作日常管理

第二条 物业区域环境卫生实行专人管理、专人负责。

第三条 物业区域采用"定人、定地点、定时间、定任务、定质量"的方式加强管理，进行标准化清扫。

第四条 物业区域内实行动态保洁，保洁员每日按规定时间与地点清扫责任区域。

第五条 根据物业区域服务标准，随时保持屋宇内公共区域的清洁，遇到雨天要及时疏通排水沟。

第六条 环境卫生标准达到"六不"和"五净"，也就是不见积水、不见积土、不见杂物、不乱倒垃圾、不漏收集、不见人畜粪便以及路面净、路沿净、雨水口净、树坑墙根净和果壳箱净。

第七条 装修垃圾和生活垃圾要做到日产日清，及时集中清理到指定的地点。

第八条 落实检查和考核措施，确保保洁工作达到相关的标准。

第九条 保洁员在工作时间内，遇到区域内有任何垃圾、废弃物等不卫生现象时，要随产随清、随叫随到，并保持卫生。

第十条 做好环卫宣传工作，提高业主的清洁卫生意识，共同创造优美、洁净的环境。

第十一条 根据季节变化，及时做好除"四害"除虫消毒工作。

第三章 保洁工作细则

第十二条 地面清洁工作程序。

1. 保洁员到所辖的区域准备清洁工具，如果遇到雷雨天，需要在各入口处铺上防水踏垫。

2. 将区域大门入口的垃圾清扫干净，保证地面无纸屑。

3. 用拖把反复拖抹地面，确保地面光亮、整洁和无脚印。

4. 负责将扶手电梯清洁干净，包括清洁扶手和不锈钢表面，做到扶手干净、无灰尘，不锈钢表面光亮、无手印。

5. 清洁 3 个入口处的玻璃门窗，确保入口处玻璃窗清洁光亮、无水渍、无手印、无污渍。

6. 保持光缆电梯外的玻璃遮罩的清洁，做到玻璃光洁、无水渍、无污渍。

7. 清扫安全走道及楼梯，先打扫一遍再用湿拖把将地面拖抹干净。

第十三条 入口处地面清洁工作程序。

1. 每天将地面清扫干净，确保地面无纸屑。

2. 用铲刀将地面不易清除的污垢清除干净。

3. 用洗地机将入口处的地面清洗干净，每周需要进行一次。

第十四条　玻璃门窗清洁工作程序。

1. 用湿布将入口处玻璃门擦拭一遍，若是稍高的玻璃门可以用铝合金梯辅助。

2. 遇有不易用抹布清洁的污垢，可用玻璃刮刀辅助清洁。

3. 用玻璃刮刀将玻璃上的水滴刮拭干净，使之光亮、无灰尘、无手印。

4. 用地托将地下的滴水抹干。

第十五条　扶手电梯清洁工作程序。

1. 用湿保洁布擦拭扶手电梯的扶手，使之干净、无尘。

2. 用细扫帚将扶手梯的踏步清扫干净。

3. 擦拭扶手电梯的铝合金面、边板及镜面，使之光亮、无灰尘、无手印。

4. 清洁玻璃，使之光亮、无手印。

第十六条　货运电梯清洁工作程序。

1. 打扫电梯的地板，使之无纸屑等杂物。

2. 分别用干、湿拖布拖抹地面，保证无脚印。

3. 清洁电梯的不锈钢门及内部墙壁，使之光亮、无浮尘、无手印。

4. 清洁天棚，使之无尘、无蜘蛛网。

第十七条　观光电梯清洁工作程序。

1. 清洁各楼层观光电梯的不锈钢门，使之光亮、无浮尘、无手印。

2. 将观光电梯的地板清扫干净，并用拖把拖抹。

3. 清洁观光电梯的玻璃，使之无污点。

第十八条　扶手栏杆清洁工作程序。

1. 清洁扶手栏杆上的不锈钢扶手，使之光亮、无浮尘、无手印。

2. 用鸡毛掸掸去栏杆上的灰尘，每日用湿布擦拭一遍栏杆。

第十九条　垃圾处理工作程序。

1. 收集所有用户、业主的垃圾，并送到垃圾车上。

2. 将垃圾运送到垃圾房。

3. 收集整理垃圾房。

4. 保持地库清洁。

5. 地库每周清扫两次。

6. 地库垃圾的清扫要做到地面无纸屑等其他可见的污垢。

第四章　清洁工具领用管理

第二十条　如果要领用设备，则需要先填写领用登记表。

第二十一条　领用设备时，领用人需自行检查设备的完好程度。如果因为检查不周，领用到问题设备而影响工作，由领用人自行负责。

第二十二条 使用设备时，如果设备发生故障，则不得强行继续操作，违者罚款。

第二十三条 因为使用不当，发生机具、附件损坏者，按规定赔偿。

第二十四条 归还设备时，必须保证设备完好无损、内外干净，如有损坏，应及时报修，并在领用簿上注明损坏情况。

第二十五条 凡不符合上述领用要求的，保管人员有权拒收，由此影响工作的，由领用人自行负责。

第五章 常用工具操作

第二十六条 使用设备前，需要先了解设备的性能、特点和耗电量。

第二十七条 操作设备前，需要先清理场地，防止接线板、电机进水或因电线卷入正在操作的设备中而损坏设备。

第二十八条 擦地机、抛光机、地毯清洗机、吸水机以及吸尘器等设备，都需要按照使用说明正确操作、正确使用。

第二十九条 高压水枪不能在脱水的情况下操作。

第六章 保洁人员安全操作管理

第三十条 牢记"安全第一"的思想，确保安全操作。

第三十一条 保洁员在超过 2 米的高处操作时，必须双脚踏在凳子上，不得单脚踏在凳子上，以免摔伤。

第三十二条 保洁员在使用机器时，不能用湿手接触电源插座，以免触电。

第三十三条 保洁员不会使用清洁机器时，不得私自开动机器，以免发生意外事故。

第三十四条 保洁员应该严格遵守防火制度，不得动用明火，以免发生火灾。

第三十五条 在操作与安全发生矛盾时，应该先服从安全，以安全为重。

第三十六条 保洁员在使用开水时，应思想集中，以免烫伤。

第三十七条 室外人员在推垃圾箱时，应小心操作，以免压伤手脚。

第七章 奖惩

第三十八条 部门主管每周对责任区域卫生进行检查，对于保洁工作做出相应处理，如奖励、处罚等。

制度2：特殊环境清洁标准作业制度

特殊环境清洁标准作业制度

范本

一、目的

为了规范特殊环境清洁工作，确保环境卫生质量。

二、适用范围

适用于物业管理公司辖区内特殊情况的清洁工作。

续上表

三、职责

1. 环境管理部主管负责特殊情况下清洁工作的组织、检查和安全管理工作。

2. 保洁组领班负责协助主管检查、组织实施特殊情况的清洁工作。

3. 保洁工负责依照本规程进行特殊情况下的清洁工作。

四、程序要点

1. 污／雨水井、管道、化粪池堵塞，污水外溢的清洁处理。

（1）当接到环境管理部主管的指令后，保洁工应带着垃圾车、扫把等工具迅速赶到现场，协助维修工对堵塞处进行疏通清理。

（2）将从污／雨水井、管道、水池中捞起的污垢、杂物直接装上垃圾车，避免造成第二次污染。

（3）疏通堵塞处后，保洁员需要迅速打扫地面被污染处，用接水管或用桶提水清洗地面，直到目视地面无污物。

2. 暴风雨天气的清洁。

（1）暴风雨来临前。

①保洁组领班应巡查各岗位保洁员的工作及各处设施的排水情况。

②领班需要派专人检查天台、各楼层平台的明暗沟渠、地漏口等处排水情况，如有堵塞应及时疏通。

③检查污／雨水井有无垃圾杂物，并及时疏通清理。

④各岗位保洁员需要配合保安员关好各楼层的门窗，防止风雨刮进楼内淋湿墙面、地面及打碎玻璃。

（2）暴风雨过后。

①保洁员需要及时清扫各责任区内地面上所有的垃圾袋、纸屑、树叶、泥土、石子以及其他杂物。

②发生塌陷或有大量泥土、泥沙冲至路面绿地时，保洁员需要协助绿化工及时清运、打扫现场。

③保洁员需要查看各责任区内污／雨水井、管道排水是否畅通，如果发生堵塞外溢的情况，则需要即时报告主管处理。

3. 梅雨季节大理石瓷砖地面、墙面很容易出现反潮现象，造成地面积水、墙皮剥落以及电器感应开关自动导通等现象。此时，需要采取适当方式加以清洁。

①在公共场所放置告示牌，提醒来往行人"小心滑倒"。

②保洁组领班需要现场指导、合理调配人员加快工作速度，及时清干地面、墙面的水迹。

③如果出现比较严重的反潮现象，则需要在大堂铺设防滑地毯，并用大块的海

绵吸干地面、墙面、地毯以及门下的积水。

4. 楼层内空调水管、给水管的接头发生爆裂，造成楼层浸水时的清洁步骤。

（1）迅速关闭水管阀门，并及时通知保安和机电维修人员前来协助。

（2）迅速用扫把扫走流进电梯厅附近的水，控制不了时应将电梯开往上一楼层，并通知机电维修人员关掉电梯。

（3）关掉电源开关后，抢救房间、楼层内的物品如资料、电脑等。

（4）用垃圾斗将水盛到桶内倒掉，并将余水扫进地漏，接好电源后再用吸水器吸干地面水分。

（5）打开门窗，用风扇吹干地面。

5. 户外施工影响环境卫生的清洁。

（1）在小区设施维修以及供水、供电、煤气管道、通信设施等项目的施工中，保洁员需要配合做好场地周围的清洁工作。

（2）保洁员需要及时清理住户搬家时遗弃的杂物，并清扫场地。

6. 入住装修期的清洁，各责任区保洁员需要加强保洁，对装修垃圾清运后的场地及时清扫，必要时协助住户或装修队将装修垃圾及时清运上车。

7. 注意事项。

（1）暴风雨天气时，保洁员应注意安全，待暴风雨停后再出来工作，禁止冒险作业。

（2）雨天作业时宜穿胶鞋，不宜穿着塑料硬底鞋，以防滑倒。

（3）处理水管爆裂事故注意防止触电。

五、支持文件

环卫清洁绿化日／周／月检查表、清洁工作质量检查标准作业规程。

指点迷津：

如何清洁电梯可以达到更好的效果

电梯的清洁工作主要包括电梯门、轿厢内壁、轿门内槽以及轿厢地面的清洁等，一般为每日清洁一次，并进行每日的巡回保洁，每日巡回保洁次数可根据人流量的大小和具体标准要求而定。下面来看看有哪些电梯清洁的方法，以帮助物业服务单位提高服务品质，提高客户满意度。在电梯轿厢的清洁过程中，一般应从上到下，从里到外依次进行。

【准备工作】

①准备好所需的工具和用具，如抹布、干毛巾、水桶、清洁剂、扫把、拖把、

第 5 章　小区环境管理（保洁＋绿化）　|　191

吸尘机和按要求需要更换的地毯等。

②通知电梯工停止电梯运行，切断电源。

【清洁轿厢内壁】

①将抹布浸入配制好清洁剂的水桶中，拿起后拧干，沿着轿厢内壁从上往下用力抹擦。

②若壁上沾有较顽固的污垢或污迹，可用铲轻刮或直接喷上清洁剂后用抹布用力来回抹擦。

③用另一块抹布浸透清水后，拧干抹擦。将抹布过清水后用力拧干，再彻底清抹一遍。

④用半干湿毛巾抹净电梯按钮及显示屏。

⑤轿厢天花板可每周清洁一次，除照明灯饰镜面和摄像探头要用半干湿毛巾轻轻清抹外，其他部位的清洁方法与轿厢内壁清洁方法相同。

【清洁轿门内槽、轿厢地面】

①用铁钩将轿门内槽的杂物勾起，亦可用吸尘机吸净轿门内槽的沙粒。

②若轿厢地面铺有每天更换的地毯，则只需将旧地毯掀起，用半干湿拖把将轿厢地面拖净，待湿气挥发后再铺上干净的地毯。

③若轿厢地面为固定地毯，则可用吸尘机吸干净地面的沙粒、杂物，每周一次用洗地机（地毯机）配合清洁剂清洁一遍。

④若轿厢地面为木质或合成塑料，则可先用湿地拖配合清洁剂拖抹，再用清水拖抹，最后用干地拖将水迹抹干。

【清洁电梯轿厢门】

①电梯轿门材料一般是不锈钢，清洁时先喷上少许不锈钢喷剂，然后用棉质软布由上而下抹净，使电梯轿门洁净光亮。

②清洁作业完毕，应环视整个电梯轿厢一遍，检查是否有遗漏和清洁不彻底之处，如有应立即补做，最后通知电梯工重新启动电梯。

【巡回保洁方法】

在电梯正常运转的情况下，用夹子夹起电梯间地面上的垃圾或杂物，用干毛巾抹擦按钮、显示屏及脏污印迹。

电梯清洁直接服务于顾客，也直接关系到客户对保洁质量的评价，所以物业服务人员应该从日常工作做起，重视电梯的清洁与保养，保证电梯环境的整洁卫生，切实维护客户的利益。

表格 1：保洁巡查表

序号	巡查时间	巡查内容	扣　分	巡查人	负责人签字
1					
2					
3					
4					
5					
6					
本页总计分数					

表格 2：清洁工作列表

清洁项目	每天清洁工作事项	每周清洁工作事项	每月清洁工作事项	清洁质量标准

表格 3：环境卫生检查表

小区名称：　　　　　　　　　　　　　　检查时间：

序号	检查项目	检查结果		整改问题	整改结果		检查人	备注
		合格	不合格		合格	不合格		
一	楼宇内							
1	暖气							
2	楼道/玻璃							
3								

续上表

序号	检查项目	检查结果		整改问题	整改结果		检查人	备注
		合格	不合格		合格	不合格		
二	设备间			·				
1								
2								
3								

表格 4：清洁消杀记录表

楼号：　　　　　　　　　　　　　　　　　　　　　　年　　月　　日

消杀日期	消杀部位	消杀人签名	检查人签名	备　　注

表格 5：保洁工作安排表

姓　　名	工作时间	负责区域	工作内容	工作要求	备　　注

表格 6：消杀服务质量检验表

项目名称：		编号：			不合格
检查地点	灭　蚊	灭　蝇	灭　鼠	灭蟑螂	处理结果
垃圾地					

续上表

项目名称：				编号：		不合格处理结果
检查地点	灭　蚊	灭　蝇	灭　鼠	灭蟑螂		
垃圾中转站						
井内						
化粪池内						
沙井内						
绿地						
楼道、管道竖井						
天面、雨棚						
食堂、宿舍						
地下室、设备房						
转换层						
停车库						
商业网点						
说明	1. 每月对照《清洁工作检验标准》中消杀的检验标准进行检测 2. 合格打"√"，不合格记录其原因					
检查人：				时间：		

表格 7：垃圾（固体废弃物）清运登记表

部门：　　　　　　　　　　　　　　　　　　　　　　　　　年　　月

日期	清运时间		固体废弃物清运数量（车）			清运合计	清运效果	检查人	备注
	早上	下午	一般垃圾	可回收垃圾	有害垃圾				

续上表

日期	清运时间		固体废弃物清运数量（车）			清运合计	清运效果	检查人	备注
	早上	下午	一般垃圾	可回收垃圾	有害垃圾				

表格 8：保洁工作质量检查表

巡检区域	巡检部件	部件服务质量（打√）			备注
		优良	一般，有待提高	较差	
大厅大堂电梯厅	垃圾桶				
	地面、地垫				
	艺术品、盆栽				
洗手间	地面				
	洗漱台面				

5.4　绿化管理

规范 1：绿化养护质量标准

项　目	规　范　内　容
草坪	1. 草坪长势良好，枝叶健壮、叶色绿，夏季无枯黄叶。 2. 无裸露地，覆盖率达 98%。 3. 杂草率与病虫率均低于 3%。 4. 马尼拉草等细叶草类，草坪高度保持 2 ~ 8 厘米。 5. 修剪平整、边缘切齐。

续上表

项　目	规　范　内　容
乔、灌木	1.乔木长势良好,枝条粗壮,叶色浓绿,无枯枝残叶、无萌蘖、无死株。 2.灌木生育良好、枝繁叶茂,枝条分布均匀,衰老枝及时更新,枝梢不超过上缘线20厘米。单株灌木具有一定造型,枝梢不超过整形面20厘米。 3.病(虫)株率低于3%,单株(根、茎、叶、花果)发病(虫)率低于3%。 4.乔木树冠美观,主、侧枝分布均匀,内膛不乱,枝梢不超过树冠上缘线50厘米。 5.无粉尘污染现象。
绿篱	1.长势良好,无断层、无缺株少株现象。 2.修剪整齐,上平下直,有造型。 3.无粉尘污染,病(虫)率低于3%,无枯枝死株。 4.枝梢不超出整形面20厘米。
露地花卉与盆花	1.幼苗与成株生育良好,成株枝繁叶茂,株型美观。 2.病(虫)率低于3%。 3.花坛内干净,杂草率低于3%。 4.盆花修剪成良好的形状。
藤本	1.枝蔓生长良好,叶色绿,变弯无黄叶。 2.蔓、叶片分布均匀,覆盖率达70%以上。 3.病虫率低于3%。

规范 2：绿化养护作业标准

项　目	规　范　内　容
浇水、施肥	1.植物叶片不萎蔫(不缺水)。 2.土壤表层不干旱、根系分布层土壤湿润。 3.浇水时间、方法正确,不浪费水。 4.植物生育正常(不缺肥)。 5.施肥时期、方法正确,施肥量适中。

续上表

项　目	规　范　内　容
病虫害防治	1. 使用农药种类、倍数、方法适当，喷药均匀、周到。 2. 喷药后病（虫）率低于 3% 或病（虫）情指数低于 20%。
修剪	1. 乔木要修剪成一定的冠形，主侧枝分布均匀、内膛不乱，枝梢不超过树冠外缘线 50 厘米。 2. 灌木枝条分布均匀，衰老枝及时更新，新梢不超过外缘线 20 厘米。 3. 绿篱修剪应达到横平竖直，枝梢不超过整形面 20 厘米。
花木整形	1. 按要求将花木造成一定的形状，枝梢不超过整形面 20 厘米。 2. 花木枝条分布均匀，不缺枝、少枝，不空膛、不偏体。 3. 蔓生植物枝蔓要及时牵引上架、绑缚，剪除过密枝蔓，使枝蔓分布均匀。
防台风	1. 台风来临前加固植株牢固直立于土壤中。 2. 台风来临前修剪过密的树冠，使树冠保持良好的通透性。 3. 台风过后 1 日内清除被台风危害的植物。 4. 台风过后 3 日内恢复（补植）被台风危害的绿地植物。
肥料使用	1. 施肥时期、施用肥料种类、施肥方法正确，施肥量适中。 2. 肥料保存方法得当。

规范 3：园艺机具管理标准

条　目	规　范　内　容
1	设备处于完好状态。
2	设备发生故障停机 3 小时内必须修复完好。
3	每次作业完毕后要清洗干净。
4	放掉燃油和机油，呈水平位置存放好机器。

制度1：小区绿化管理制度

小区绿化管理制度

为把小区建成环境整洁、优美、文明的住宅小区，特制定小区绿化管理制度。

一、绿化管理标准

1. 小区内植物无杂物，无浓浮灰，保持叶色翠绿。

2. 各类植物无枯萎、凋谢现象。

3. 草坪修剪整齐，无高低不平现象。

4. 枝叶修剪齐整，无杂乱现象。

5. 草坪干净、无纸屑、杂物，保持干净。

6. 各类植物无病虫害。

7. 严格管理草坪禁止人为踏坏，影响美观。

二、绿化管理具体规定

1. 物业绿化管理人员是本住宅区绿化管理工作的直接责任人，负有培植、维护、管理绿化的权利和义务，具体职责如下：

（1）充分利用和发展绿化，保证绿地面积，并且合理布置花草树木的品种、数量，提高住宅小区的环境档次。

（2）对花草树木定期进行培土、施肥、除草和病虫害，修枝剪叶、补苗、浇水。大棵的树木要予以造型，丰富绿化内容。

（3）保持绿化地清洁，必要时进行封闭养护，保证不留杂物、不缺水、不死苗，让其生长茂盛。

（4）劝阻和制止违反有关绿化管理规定的行为。

（5）采用各种形式开展宣传，使"保护绿化，美化住宅区"成为小区的共识，形成良好的风气，自觉爱护小区内的"一草一木"。

2. 本住宅区住户是本小区绿化的受益者，负有爱护绿化、管理绿化的义务，必须遵守以下规定：

（1）严禁任何人毁坏花木，践踏草坪。

（2）严禁偷摘花草、攀登树木、涂损园林小品。

（3）严禁在绿化地内任意开挖、堆放物品，倾倒垃圾和抛洒杂物及设置广告牌。

（4）严禁在草坪上踢足球，打羽毛球、遛狗。

（5）严禁在绿地上停放自行车、人力车、助动车和摩托车等。

（6）严禁出租车、轿车等驶入草坪。

（7）严禁在树上、建筑物上拉绳、晾晒衣物被褥。

（8）装修要文明施工，不准在绿化带丢放建筑垃圾。

续上表

（9）提倡鼓励小区住户在围栏内布置花草，阳台上种植花卉，增设小区景观。阳台置盆景要有保护架等安全措施。

（10）严禁楼上向下乱扔杂物、泼污水等不文明行为，对教育无效者除责令清扫干净外，并报有关部门处理。

凡有违反上述规定者，造成绿化带花草树木损坏的，赔偿金一律由责任人支付，未成年造成的损害由其监护人支付。对积极检举破坏绿化的人员，给予罚款收入的 50% 作为奖励。对违反园林绿化规定，不听劝阻、刁难、辱骂或殴打管理人员的，情节严重者，送交司法部门处理。

三、绿化管理工作流程

1. 浇水：根据不同的季节、气候，以及草皮生长期、植物品种决定浇水时间（早、中、晚）和浇水量。

2. 施肥：根据土质、植物生长期、植物品种和培植需要，决定施肥种类及用量大小。

3. 清除杂草及松土：根据季节、草坪生长状况对所辖草坪内的杂草进行清除并对土地进行相应的松土以利于草皮的生长和规范。

4. 修枝整形：根据植物的形状，以利观赏为目的，根据植物品种及生长情况等因素进行修剪整形。

5. 除虫：根据病虫害发生规律及时实施综合治理，通常在病虫害高发时，施以药剂杀死病虫，以确保植物能良好生长。

6. 禁止事项：禁止任何人踏入草坪并在树枝上吊拉、折枝、悬挂物件，严禁铁线紧箍树干，影响树木生长，严禁任何公民在草坪内以体育锻炼为形式损伤植物。

7. 防止损坏：加强宣传教务及保安巡视，树立告示牌，防止人为毁坏，做到预防在先。

8. 定期洗尘：由于草坪紧靠道路，人与车辆流动多尘土飞扬，会影响树木生长和美化效果，故养护人员应定期对草坪及树木用水喷淋清洗。

制度 2：绿化养护工作管理制度

绿化养护工作管理制度　范本

一、目的

规范绿化养护工作的管理，确保绿化植物长势良好。

二、范围

适用于小区绿化养护工作的管理。

三、内容

1. 绿化养护管理范围

管辖区内所有果树、乔木、灌木、绿篱、绿化地、爬藤、地面覆盖物、攀缘物、草皮和其他植物的养护。

2. 绿化养护工作管理规定

（1）绿化养护管理员承担辖区绿化的日常巡视、养护、监管重任，绿化养护工应服从上级领导工作安排，遵守所有绿化管理规则，爱护公物，同时认真履行绿化养护服务。

（2）严格按照绿化养护工作技术规范要求执行操作，保质保量完成所负责的绿化区域和上级领导安排的各项绿化养护工作，并进行定期检查和定量考核。

（3）进行绿化养护前，应认真仔细检查辖区公共设施及建筑物完好状况，若发现任何破坏环境行为或故意损坏行为应及时制止，对不听劝告者，立即向保安员和上级主管报告。

（4）爱护绿化工具和设备，确保工具和设备保持良好使用状态。

3. 绿化养护过程安全规定

（1）在喷洒时要采取预防措施，不让烟雾飘进业户房屋，特别是喷洒药物时，应严格遵守《打药安全操作规程》，注意风向，选择合适的喷洒方向和控制喷洒范围，确保避免对业户或设施造成损害。

（2）在使用机器时应严格遵守《园林机械安全操作规程》，采取安全措施，避免给业户或设施造成危险、损害、伤害，在使用水管喷淋时，应尽量避免穿越道路时给行人和车辆造成不便。

（3）在机器使用前要进行安全检查，确保螺丝和螺帽固定在切削片上，避免切削片飞出；机器使用中，不得改变或改动机器的防护罩。

4. 绿化管理检查规程

（1）绿化管理员按规定每日进行巡视检查、养护，并将养护内容进行记录，及时发现、分析、解决问题并向上级主管汇报。

（2）养护主管及必要的技术人员对辖区绿化养护情况进行定期巡视检查，及时发现问题，分析、解决处理好绿化养护管理人员或相关人员提交的相关问题，必要时外请专家进行会诊。养护主管每月应对辖区的绿化养护管理工作进行总结，并向部门经理汇报。

（3）部门经理对辖区绿化养护情况进行定期巡视检查，及时处理养护主管提交的重大事情，对养护主管提交的月工作报告进行审查。

指点迷津：

小区绿化打药注意事项

　　小区内植物众多，就无法避免蚊蝇和植物害虫滋生，特别是在夏季。为保护小区植物良好生长，就需要为植物喷洒杀虫药物。在喷洒药物时，应注意以下事项：

　　①打药时注意先上风、后下风；人上风、药下风。

　　②为了居民的安全，在每次打药前，要提前 2 ~ 3 天张贴打药通知，提醒居民注意安全，带好小孩，管好宠物。

　　③操作人员必须戴好口罩和手套，穿长衣长裤，戴防风眼镜，以防中毒。

　　④根据不同的病虫害，打不同的药物进行防治。用药要严格按药品使用说明书进行配制。

　　⑤打药后的区域要有安全提示标志。

表格 1：绿化苗木清单

年　　月　　日

序　　号	苗木名称	苗木编号	产　　地	种植日期	种植地点	养护人

审核：　　　　　　　　　　　　　　　　　制表：

表格 2：绿化养护记录表

日　　期	地　　点	绿化养护工作内容	执行人	检查人	备　　注

表格3：绿化喷药记录表

喷药日期	喷花地点	防治病虫害种类	花木名称	用药种类及浓度	用药效果	操作人

表格4：绿化工具使用登记表

使用日期	工具名称	工具编号	使用地点	使用时间	用前状况	用后状况	使用人

表格5：绿化工程施工日记录表

年　月　日

序　　号	工作项目	施工人姓名	工作结果

主管：　　　　　　　　　　　　　　　　　填表：

表格 6：绿化养护月检表

月份：

项　　目	内　　容	检查结果	负责人	备　　注
月度天气情况说明				
月度温度说明				
草坪	长势是否良好			
	有无超长			
	有无杂草			
	是否干旱缺水			
绿篱	长势是否良好			
	有无超长			
	是否干旱缺水			
乔灌木	长势是否良好			
	有无干枯枝叶			
	是否干旱缺水			
花卉	长势是否良好			
	有无干枯枝叶			
	是否干旱缺水			
植保	有无虫害			
	有无病害			
其他				
检查期限：		检查人： 负责人确认：		

审核人：

表格 7: 绿化养护工作记录明细表

工作明细	施工位置	施工方式	施工对象及内容	施工人数	施工量	其他
浇水						
施肥						
病虫害防治						
修剪						
除草						
补植补种						
垃圾清运						
其他						

当日用工人数：男工　人　　女工　人　　总计：　　　　记录人：

检查人：　　　　　　　　　　　　　　　　　负责人：

表格 8: 绿化养护修剪作业时间表

养护作业种类	作业内容（主要防治对象）	完成时间
绿篱色带修剪	第一次修剪	
	第二次修剪	
	第三次修剪	
草坪修剪	第一次修剪（修剪后第二天使用矮化剂，渐缓生长，提高抗旱能力）	
	第二次修剪	
	第三次修剪	
	第四次修剪	
备注：修剪作业在工作日进行，按照 ×× 市规定噪声作业时间段完成		

第 6 章

财务管理

（预算＋物业费用＋收支＋资产管理）

　　任何企业都离不开财务管理，财务管理为保证企业健康发展提供了有力支撑。财务管理以资金的角度参与企业的管理，企业中任何涉及资金的事项都属于财务管理的范围，而企业的运营始终不能离开资金，可见财务管理的重要性。

6.1 财务部岗位体系

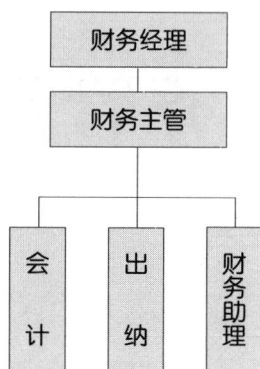

```
┌──────────┐
│  财务经理  │
└──────────┘
      │
┌──────────┐
│  财务主管  │
└──────────┘
      │
  ┌───┴────┬────────┐
┌────┐  ┌────┐  ┌────┐
│ 会 │  │ 出 │  │ 财 │
│    │  │    │  │ 务 │
│ 计 │  │ 纳 │  │ 助 │
│    │  │    │  │ 理 │
└────┘  └────┘  └────┘
```

6.2 财务岗位配置及岗位职责

6.2.1 财务经理

岗位名称：财务经理
直属上级：董事长、总经理、副总经理
直接下级：财务主管

岗位职责	1. 负责公司资金运作管理、日常财务管理与分析、资本运作、筹资方略、对外合作谈判等。 2. 负责项目成本核算与控制。 3. 负责公司财务管理及内部控制，根据公司业务发展的计划完成年度财务预算，并跟踪其执行情况。 4. 按时向总经理提供财务报告和必要的财务分析，并确保这些报告可靠、准确。 5. 制定、维护、改进公司财务管理程序和政策，以满足控制风险的要求，如改进应收账款、应付账款、成本费用、现金、银行存款的业务程序等。 6. 组织制定财务方面的管理制度及有关规定并监督执行,制订年度、季度财务计划。

续上表

岗位职责	7. 监控可能会对公司造成经济损失的重大经济活动，并及时向总经理报告。 8. 监控公司重大投资项目，以确保未经批准的项目不实施，批准的项目在预算范围内进行并在控制之中。 9. 全面负责财务部的日常管理工作。 10. 负责编制及组织实施财务预算报告、月 / 季 / 年度财务报告。 11. 负责公司全面的奖金调配，负责成本核算、会计核算和分析工作。 12. 负责资金、资产的管理工作。 13. 管理与银行、税务、工商及其他机构的关系，并及时办理公司与其之间的业务往来。 14. 完成上级交给的其他日常事务性工作。
任职资格	1. 财务管理、会计、金融相关专业、大专及以上学历。 2. 3 ～ 5 年物业财务工作经验，丰富的物业财务管理经验。 3. 通晓财务、会计、金融、税务知识，掌握法律相关知识，具备基本计算机应用知识。 4. 熟练运用会计电算化，熟练使用 ERP 等办公软件。 5. 具有一定的外部关系协调和统筹管理能力。 6. 能管理财务团队，建立财务管理体系。 7. 谦虚、正直、责任心强，热爱本职工作，能承受一定的工作压力。

6.2.2 财务主管

岗位名称：财务主管 直属上级：财务经理 直接下级：会计、出纳、财务助理	
岗位职责	1. 根据公司业务，编制财务计划、财务预算、财务决算，确保财务经营指标的建立。 2. 负责编制项目各类转账凭证，往来账核对工作，确保凭证的准确性。 3. 负责应收账款的跟进工作，确保及时、准确提供客服部应收账款明细及收缴 / 清欠率数据。 4. 负责网上纳税申报工作，确保及时、准确无误报税。 5. 负责各类明细账的编制工作，确保明细账的准确性、及时性。

续上表

岗位职责	6. 负责上报总公司和区域的各类月报／年报工作，确保数据提供的准确、及时。 7. 协助集团审计部门和会计师事务所的审计工作，以确保外审通过。 8. 完成上级指派的其他工作。
任职资格	1. 全日制大专及以上学历，会计、财务管理、税务等相关专业优先。 2. 具备两年以上相关工作经验，熟悉房地产、建筑、物业公司财务管理，有执行增值税企业相关财务工作经验。 3. 熟悉物业／商场财务管理流程，较强的会计核算和财务分析能力，熟悉相关税收政策。 4. 熟练掌握 Office 办公软件、财务软件。 5. 良好的沟通协调能力和敬业精神，能承受一定的工作压力。

6.2.3 会计

岗位名称：会计

直属上级：财务主管

直接下级：无

岗位职责	1. 按照国家会计制度的规定进行会计核算，执行企业财务制度，针对公司财务工作中出现的问题及产生的原因提出改进建议和措施，会计核算及会计报表要及时准确。 2. 负责指导检查各部门财产的登记保管使用工作，各种财产物资的管理平日要随时完善，并定期进行盘点，一般季度一盘点，年度内进行两次彻底清查，对到期、报废、盘亏、盘盈的资产完善手续及时进行处理和账务处理，做到账账相符、账物相符。 3. 负责做好营业费用、管理费用、财务费用等账簿登记工作，考核与控制各部门费用指标，抓好日常费用管理工作，负责编制部门经营状况报表。 4. 负责对外来款的核算结算，特别是对应收款账外部分建立台账，每月做账内账外应收报表备查并报财务经理一份，同时及时督促有关部门进行催款，结清欠账。 5. 正确计算应缴税金，依法依时纳税。

岗位职责	6. 负责物业管理软件数据的统计和审核，停车场收费系统的使用和管理，使软件与财务账相互统一，并达到财务统计核算的相关要求，用软件规范各项工作流程（如收费流程、有偿服务流程等）达到以软件为管理平台，同时及时对各种欠费的催缴及往来账的核算管理。 7. 定期对不定期的现金、支票抽查制度，并做好现金检查记录，对出纳银行余额调节表，每月都要签字核对。 8. 按会计档案管理要求编制和管理账册、报表、传票，建立会计档案目录，平日随时归档，年度一次性归档。 9. 完成财务部经理安排的其他工作。
任职资格	1. 大专或以上学历，5 年以上财务工作经验。 2. 需有会计专业资格，熟练使用财务软件。 3. 独立多账套全盘账务处理能力。 4. 熟悉国家财务会计税务法规。 5. 熟练掌握 Excel、PowerPoint 和 Visio 等办公软件。 6. 有良好的人际沟通和独立工作能力。 7. 仪容端庄、整洁，工作主动、勤奋，性格开朗。 8. 能吃苦耐劳，不斤斤计较。 9. 具备物业管理、财务管理工作经验者，优先考虑。

6.2.4　出纳

岗位名称：出纳 直属上级：财务主管 直接下级：无	
岗位职责	1. 负责办理现金、银行存款收付及结算业务： （1）及时登记现金日记账，现金收付日清月结，防止长短款情况发生，接受现金库存的抽查并做清点记录。 （2）及时处理银行相关业务，了解银行相关运作流程，掌握企业在银行的资金存取情况，合理调拨资金，不签发空头支票。 （3）做支票登记备查簿、银行余额调节表，及时处理催缴已签发的支票，保证企业资金安全管理规范。

岗位职责	（4）有效地调控各账户间的资金，以方便工作的进行。 2. 各项收款业务手续齐备，各审批程序要完整准确，支付及时有效，当天收入当天入账，各种收付款凭证支付完毕须加盖已收、已支或已结清字样戳记。同时严格审核报销单据、发票等原始凭证，按照费用报销的有关规定，办理现金收支付业务，做到合法准确、手续完备、单证齐全。 3. 物业管理收款的录入核对工作，对各项收入的物业管理费、供暖费等要及时录入，每月与会计账簿进行核对并编制录入核对情况表。 4. 月份银行对账单、工资存卡明细及有关付款明细等的保管装订并装订成册存档，会计凭证的编制、装订，凭证装订前要注意检查，编制是否完整、规范。 5. 对物业服务性收费收入、其他由他人代收的费用入账前要对相应的发票、收据或其他收款凭据进行签字确认，防止责任不清产生的差错，同时要及时入账。 6. 负责妥善保管现金、有关印章、空白支票和收据，做好有关单据、账册、报表等会计资料的整理、归档工作。 7. 完成财务经理交办的其他临时性工作。
任职资格	1. 大专及以上学历，财会类相关专业，有良好的职业操守。 2. 具有 1 年以上大型企业出纳的相关工作经验。 3. 为人细致、耐心，抗压能力强，善于与人沟通，有物业相关工作经验者优先。 4.Excel、Word 操作熟练。 5. 持会计从业资格证。

6.2.5 财务助理

岗位名称：财务助理 直属上级：财务主管 直接下级：无	
岗位职责	1. 物业服务中心收费、开具票据、银行解现，每周至分管会计处结报。 2.收费系统数据录入、业主信息变更、系统基础资料维护、数据提报。

续上表

岗位职责	3. 提供年度预算财务数据支持、配合分公司及分管会计提供财务类数据及信息。 4. 小区内各类费用报销办理、福利卡申领。 5. 财务类资料存档管理工作。 6. 事项申请、合同及非合同付款流转。 7. 除工程类、经营类库存物品外的仓库管理。 8. 财务部布置的其他临时性事务。 9. 人事类员工入职、离职、考勤管理、请休假及奖惩等人事类基础工作。
任职资格	1. 35 岁以下，财务、会计、经济等相关专业大专以上学历，具有会计任职资格。 2. 具有扎实的会计基础知识和一年以上财会工作经验。 3. 熟练使用财务软件和办公软件。 4. 具有较强的独立学习和工作的能力，工作踏实，认真细心，积极主动。 5. 具有良好的职业操守及团队合作精神，具有较强的沟通、理解和分析能力。

6.3　财务预算管理

规范 1：企业预算编制的原则

条　目	规　范　内　容
1	预算编制应围绕企业战略规划及年度经营目标进行，避免执行战略跑偏。
2	年度预算应结合企业行业特点、市场情况和自身实际，在充分论证和分析的基础上，从实际出发，并满足企业发展原则。
3	企业编制年度预算应遵循自下而上、自上而下、全员参与和全程沟通原则。
4	企业年度预算编制应确保全覆盖，即成员单位全覆盖、业务细分全覆盖。
5	年度预算编制要结合企业薪酬及绩效管理规定，体现绩效管理思维。

规范2：财务预算管理流程规范

项　目	规　范　内　容
预算目标制定与分解	根据公司的经营目标，选择关键指标作为预算指标，并将其分解到各预算责任单位。
预算编报	建立基于业务特点的预算编制体系，由各基层单位及业务部门参与编制公司年度预算，逐层汇总形成集团公司及各单位整体预算。
预算执行与控制	以预算为基础，开展实际经营活动，辅以控制流程，对预算执行过程进行监督。
预算分析	将实际发生情况与预算指标进行差异分析，并形成公司预算执行分析报告。
预算调整	根据公司内外部环境变化和经营情况，调整年度预算目标与滚动方案。
预算考核	根据各项预算指标和公司预算考核制度，对预算执行结果进行考核评估。

制度1：物业公司全面预算制度

物业公司全面预算制度

范本

第一章　总则

第一条　为了深化公司全面预算管理的思想，有效利用和控制公司在经营过程中的收支，做到计划性、前瞻性和有序性，特制定本制度。

第二条　通过实施全面预算管理，可以明确并量化公司的经营目标、规范企业的管理控制、落实各责任中心的责任、明确各级责权、明确考核依据，为企业的成功提供保证。

第三条　原则。事前预测、事中控制和事后分析相结合。

第二章　预算组织

第四条　预算主体。以谁花费、谁预算的原则，预算的主体是费用收支的责任人（或部门）。

第五条　预算管理组织。预算管理小组由公司经理、副经理、财务人员组成，全面负责公司运营范围的预算管理。

第三章　预算责权

第六条 职责和权利。

1. 各预算主体负责预算的编制和执行。

2. 公司、部门负责人依据权限进行审核和执行。

3. 财务人员做好监督、信息支持和稽核工作。

4. 预算管理小组负责部门预算草案审批和执行监管。

5. 总公司财务部负责公司预算草案审批及执行监管。

第七条 预算范围。

1. 公司预算内容。

预算收入：物业管理费、商业经营费、有偿服务费、其他收入。

预算支出：人员经费（福利费）、办公费、公务费、业务费、设备购置费、维修费、绿化费、保洁费、保安费、税费、机动经费和其他支出。

2. 管理处预算内容。

预算收入：物业管理费、商业经营费、有偿服务费、其他收入。

预算支出：人员经费、设备购置费、维修费、绿化费、保洁费、办公费、一定比例的机动经费和其他支出。

3. 保卫科按照部门做预算，由预算管理小组分解到各管理处。

预算支出：人员经费、器械购置费、业务费、其他支出。

第八条 预算目标的界定。

1. 在物业服务和管理过程当中发生的计划性、周期性和阶段性的可预见的收支。

2. 因突发或新增项目的无预见依据而又超出预算机动经费 30% 的，再按此办法进行预算管理。

第四章　预算编制和审批程序

第九条 各部门应按照公司规定时间编制年度预算草案，并分解到阶段性预算草案。

第十条 在编制收入预算时，避免漏项，不得将上年的非正常收入作为编制预算收入的依据。

第十一条 各部门预算支出的编制，应当贯彻厉行节约、勤俭办事的原则。

第十二条 各部门编制年度预算草案的依据：

1. 公司的目标以及本部门的工作目标。

2. 本部门的职责、发展计划及所属岗位职责。

3. 本部门定员、定额标准。

4. 本部门上一年度财务收支情况和本年度预算收支变化因素。

第十三条 公司编制年度预算草案的依据：

1. 总公司的目标和要求。

2. 本公司的职责、发展计划。

3. 本部门定员、定额标准。

4. 本部门上一年度财务收支情况和本年度预算收支变化因素。

第十四条 公司按照《预算草案编制的依据》确定今年支出重点、力保项目，支出金额总数。

第十五条 预算编制和审批：

1. 部门以下岗位预算主体按照预算依据提报年度和阶段性的预算支出草案。

2. 部门预算主体汇总各岗位预算主体的预算支出草案，进行综合审核，反复商讨，达成共识，再综合部门预算收入和工作目标形成部门预算草案，报公司预算管理小组。

3. 公司预算管理小组对部门提报的预算草案进行审核、商讨、汇总，达成共识，再综合公司的预算依据形成公司的预算草案。

4. 确定预算总额后，预算管理小组将预案上报总公司财务部审定预算，达不成共识，再下放到各逐级预算主体进行调整，直至达成共识。

第十六条 各纵向经费规模由财务人员组织各业务部门报预算计划，报预算管理小组讨论、确定。

第五章 附则

第十七条 本预算管理规定由预算管理小组负责解释。

第十八条 本预算管理规定自发布之日起实行。

制度 2：预算执行与管理制度

预算执行与管理制度

第一章 预算执行与管理

第一条 公司年度预算经总公司财务部批准安排后，公司各部门应加强日常收支管理，认真落实预算指标，增强预算的严肃性，确保预算的完整性和年度预算的实现。

第二条 公司预算管理小组应按预算指标，会同有关部门积极落实收入，保证收入按计划或超计划完成。

第三条 各部门应根据本部门实际编制年度支出计划，细化年度预算支出。并将

续上表

具体支出计划报送预算管理小组监督执行，同时还应建立本部门支出辅助账（劳保用品、办公用品等的支出），定期与公司财务人员核对预算执行结果。

第四条　部门预算支出额度一般只能用于日常维持性支出，不得用于购置设备（包括办公家具等）和劳务性支出。如确需购置急需设备或其他突发情况，必须经公司主管领导批准后，在不超过年度预算的情况下从公司机动经费中解决。

第五条　各部门的预算支出，必须按照预算管理小组批复的预算科目和数额执行。确需做出调整的，需经预算管理小组负责人批准。

第六条　预算管理小组的负责人要对公司的预算执行情况负总责，保证预算支出额度不突破，并严格实行"一支笔"审批制度，各项支出必须经公司"一支笔"审批签字后方可支付。

第二章　业绩报告及差异分析

第七条　公司预算管理小组，对各部门和各专项经费预算支出情况进行管理、控制和分析，定期将预算执行情况予以公布，并每半年举行一次全面预算执行情况大检查。

第八条　年终，各部门主管必须向预算管理小组汇总编制预算执行报告。报告要分析预算收入、支出与实际收入、支出存在的差异，以及各项任务完成的情况，并提出改进措施。做到数字准确、内容完整、说明充分、报送及时。

第三章　预算指标考核

第九条　各部门的年度或阶段性预算列入部门年度或阶段性工作目标考核书中，公司将对各部门的预算执行情况进行考核。

第四章　附则

第十条　本预算管理规定由预算管理小组负责解释。

第十一条　本预算管理规定自发布之日起实行。

制度 3：预算考核办法及实施细则

预算考核办法及实施细则

范本

第一章　总则

第一条　为促进预算管理、保障预算有效执行，实现公司各项经营目标，参照公司《财务预算管理的指导意见》及公司《预算管理办法（修订）》相关规定，结合工作实际，特制定本办法。

第二条　本办法适用于公司预算指标考核。

第三条　本办法的考核对象为公司各部门。

第四条 预算考核遵循以下基本原则：客观公正、突出重点、指标考核、绩效挂钩。

第二章　预算考核的程序

第五条 公司预算考核分为季度考核和年度考核。季度考核主要针对预算的日常管理进行考核，年度考核主要针对预算执行情况进行考核。

第六条 预算管理办公室每季度末 20 日内进行季度考核；每年度终了 30 日内进行年度考核，并将考核结果报公司预算管理委员会审核。

第七条 预算管理委员会对考核结果的客观性、公正性、合理性进行复核，并进行审批。

第八条 预算管理办公室将批准后的季度考核结果报企业发展部，纳入各部门季末次月的绩效考核；将批准后的年度考核报人力资源部兑现奖惩。

第三章　考核内容及方式

第九条 公司预算考核内容包括预算指标考核、预算工作质量考核两个方面。预算指标考核主要评价各部门预算执行情况，重点考核成本费用指标；预算工作质量考核主要评价各部门预算编制、控制和管理水平。

第十条 季度考核于每季度结束后 20 个工作日内完成，主要目的是通过信息反馈控制和调节预算执行偏差，确保年度预算的最终实现。部门季度考核包括扣分、加分两项。部门季度考核扣分计算方法如下（季度考核指标、扣分标准等详见附表）：

部门季度考核扣分 = Σ 部门负责人考核扣分 + Σ 预算员考核扣分

季度考核无扣分者的相对较优部门，综合考虑各部门季度预算执行情况、预算管理及分析情况等因素，评选 1 ~ 3 个先进部门，给部门负责人、预算员加 1 ~ 2 分。

第十一条 年度考核于年度终了后 30 个工作日内完成，主要是进行奖惩和为下年度的预算提供依据。

年度考核为百分制，采取日常考核与年终考核相结合的方式评分，以得分最高者为优。部门年度考核得分计算方法如下：

部门年度预算考核得分 = 基础得分 + 年终考核得分 = （100− 各季度扣分 + 季度考核得分）+（部门可控预算得分 + 突出节约事项得分）

年终考核得分是对部门年度预算执行情况的总体评价，由财务部结合公司年度总预算执行情况进行综合考量。

部门可控预算得分按照各部实际执行占可控预算（剔除不可控成本费用）的比例及成本费用节约额进行计算。实际执行占可控预算比例达 60% 以上，按由高到低计分；60% 以下属执行偏低不计分。

突出节约事项得分是指在预算执行过程中，由非客观因素形成的突出节约贡献、或具有推广意义的先进事项，视部门突出节约事项的具体情况给予加分。

第十二条 不可控因素作为特殊情况处理不予扣分。遇自然灾害、政策调整等不

续上表

可抗力因素及其他特殊因素影响预算执行的，各部应书面说明原因，于每季度末报财务部核实确认。

第四章　预算考核结果

第十三条　公司预算指标按部门下达，以部门为单位进行考核，预算考核结果作为各部年度工作业绩考核的重要依据。

第十四条　各部门负责人作为预算管理的第一责任人，对本部门预算考核结果负责。各部门预算员在职责范围内，对本部门预算考核结果承担相应责任。

第十五条　公司季度预算考核部门负责人和预算人员；年度预算考核部门全体员工。

第五章　附则

第十六条　各部门可参照本办法并结合实际情况，制定部门内部预算考核指标及评分办法。

第十七条　本办法由财务部负责解释。

第十八条　本办法自发布之日起施行。

表格 1：物业管理费用预算表

序　　号	支出项目名称		算　　式	支出金额（元）	
				月支出	年支出
一、物业管理处员工薪金					
	职　位	人　数			
经理办公室	物业总经理	1			
	总经理助理	1			
业主、客户服务部	业主、客服经理	1			
	业主、客服专员	4			
二、物业管理办公费					
1	办公消耗品				
2	办公交通费				
3	节日布置费				

续上表

序　号	支出项目名称	算　式	支出金额（元）	
			月支出	年支出
4	办公电话费			
5	办公水电费			
三、公共设备维护费				
1	消防设备维护费			
2	客梯设备维护费			
3	空调设备维护费			
4	电器设备维护费			
四、物业管理清洁费				
1	写字楼厕所卫生纸			
2	清洁剂、毛巾、工具类费用			
3	垃圾清运费			
4	清洁管理备用金			
五、绿化租用、管理费				
1	外围绿化租用费			
2	物业绿化水电费			
3	室内绿化布置费			
六、固定资产折旧费				
1	电脑			
2	复印机			
3	打印机			

续上表

序　号	支出项目名称	算　式	支出金额（元）	
			月支出	年支出
七、物业公用水、电费				
1	客梯、消防梯			
2	生活水泵、排污泵			
3	公共照明			
4	会所用水费用			
5	餐厅用水费用			
6				

表格 2：管理费用预算分配表

单位：元（人民币）

支出项目	序　号	住　宅	停车场	合计金额	备　注
薪金福利					
员工工资	1				
工资附加费	2				
系统维修及保养					
升降机	3				
空调	4				
电信系统	5				
房屋工程	6				
给排水系统	7				
消防系统	8				
电气设备	9				
发电机组	10				
管理费用					

续上表

支出项目	序　号	住　宅	停车场	合计金额	备　注
电费	11				
水费	12				
排污费	13				
保险费	14				
绿化费	15				
清洁消费	16				
储备金	17				
财务费用	18				
行政费用	19				
税金	20				
支出合计					
收入					
管理费结余					

审核：　　　　　　　　　　　　　制表：

表格3：物业年度预算统计表

月份：　　　　　类别：　　　　　页次：　　　　　单位：元

预算编号	预算科目	核算方法	核算金额	专用申请预算			预算金额	核准预算	备注
				用途	文号	金额			

批示：　　　　　　　　审核：　　　　　　　　拟订：

表格 4：物业管理收支预测汇总表

项　　目		金额 / 年	备注
物业管理综合收入总计			
1	物业管理费收入		
2	停车场收入		
3	有偿服务收入		
物业管理成本总计			
1	人工费（×× 人计）		
2	行政办公费		
3	公共设备设施维护保养费		
4	（保安）公共秩序费		
5	公共水电费		
6	绿化养护费		
7	清洁卫生费		
8	社区文化活动费		
9	保险费		
10	业委会活动经费		
11	律师顾问费		
12	不可预见费		
管理者酬金			
税金及附加			
物业管理支出总计			
物业管理服务费收支差额			

6.4　物业费用管理

规范1：物业管理费用收取流程规范

条　目	规　范　内　容
1	工程部每月5日抄水电气表，并于10日前将读数输入电脑。财务部每月11日打印缴费通知单给客户部催缴费用，客户部在14日前将缴费通知单送到客户家中，财务部在每月20～25日到委托银行扣取当月管理费、车位费及上月水、电和煤气等费用。
2	如银行扣款不成功，财务部将银行回执联，发给客户部，客户部将进行第一轮的催缴，将催缴通知单送到／寄到客户家里，并限期3天内缴清。第二个月10日财务部第二次到银行扣取上月费用。
3	未办理银行托收的客户，在接到缴费通知单后3个工作日内到客户中心现金支付当月管理费、车位费及上月水、电、煤气等费用。
4	当第二个月10日前费用仍被拖欠时，客户助理将二次催缴通知单送到／寄到客户家里，并限期3天内缴清。
5	客户在收到口头及书面通知仍无意补交相关费用，财务部根据约定计收滞纳金；如拖欠达半年以上的，报公司经理批准后，向人民法院申请支付令或予以起诉，运用法律手段强制收回。
6	在催缴过程当中，对于不同情况要注意区别对待： 　　1. 对于故意拖欠的，应在相关催缴手段使用无效后，经经理批准后，采用停煤气或直接运用法律手段强制收回。 　　2. 对于因服务不满意而拖欠的，应及时整改或说明原因，并在服务合格之后进一步催缴。 　　3. 对确实有困难的客户，经公司同意后，可以视情况延长期限1～2个月。 　　4. 对欠费客户，客户服务中心主管要亲自登门拜访、解释和劝导。 　　5. 客户部每月填写管理服务费催缴情况登记表。

规范2：物业管理费用收取标准制定规范

条　目	规　范　内　容
1	不违反国家和地方政府的有关规定。

续上表

条　目	规　范　内　容
2	与用户的收入水平相适应。要根据用户的收入水平高低来确定，收费标准过高，用户承受不了，也不容易取得用户的支持；反之，收费标准过低，则物业管理公司赔本服务，这又违背市场规则。
3	优质优价，兼顾各方利益。所提供的服务档次越高，则收费标准越高，特约服务一般比公共服务的收费标准要高，对商业部门的收费比对机关、事业单位的收费一般要高。
4	微利原则。物业管理服务部分的收入扣除支出略有剩余，否则服务项目越多，工作量越大，赔本就越多。

制度 1：物业收费管理制度

物业收费管理制度

一、物业管理收费项目

1. 物业管理服务费

物业管理服务内容包括：

（1）房屋共用部位、共用设施、设备及其运行的维护和管理。

（2）环境卫生：公共环境卫生（公共场所、房屋共用部位的清洁卫生及垃圾的清运）

（3）小区公共秩序维护：协助公安部门维护本区域内的公共秩序，检查消防隐患和消防设施，搞好安全防范工作（小区安全监控、巡视、门岗执勤）和管理宣传工作。

（4）物业管理费用不包括房屋共用部位、共用设施设备大中修、更新、改造的费用，不包括户内小修费用及路灯和楼道灯费用。

2. 代收公用事业费

物业管理区域内，供水、供电、供气、通信、有线电视等单位向最终用户收取有关费用。物业公司接受委托按统一定价代收上述费用，不向业主收取手续费等额外费用。

3. 特约服务费

物业管理企业根据业主的委托提供物业服务合同约定以外的服务，如委托上门清洁服务，上门维修服务，上门保安服务，照看病人、老人、儿童服务和委托装潢监理服务等，收费由双方约定。

二、物业管理收费原则

收费原则：公开、公平、公正。按照政府价格主管部门的规定实行明码标价，在物业管理区域内的显著位置，将服务内容、服务标准以及收费项目、收费标准等有关情况进行公示。

三、物业管理收费依据

1. 合同的约定

《物业服务合同》是一种有偿的劳务合同，物业管理企业收取费用的基础是其提供的管理服务所付出的成本和劳务。

2. 法律的规定

根据相关法律规定，物业管理收费是一种服务收费，根据所提供的管理及服务的性质、内容等不同情况实行政府指导价。

制度2：物业维修基金管理制度

物业维修基金管理制度

范本

一、范围

本制度适用于 ×× 物业管理公司管理区域的物业维修基金管理。

二、维修基金筹集

1. 动迁房维修基金筹集，按规定从房租收入的 60% 中提取，并专项管理。

2. 商品房维修基金筹集，按规定由开发商和业主在办理产权证时交入政府主管部门指定账户或业委会开立的维修基金专户。

3. 按规定，维修基金利息及停车管理净收益应归入维修基金专户。

4. 维修基金不足时，可由管理处编制筹集方案报业委会，由业委会征集。

三、维修基金使用

1. 维修基金应严格按照有关法规规定的范围使用，不准许挪作他用。

2. 日常维修费的使用应按规定报业委会批准后再报公司审批，经总经理或授权代理人批准后方可使用。

3. 对于电梯、污水处理、空调系统等比较大的维修项目，应签订合同，并报公

续上表

司审批同意后实施。

4. 中修、大修或更新项目在年度计划中立项，应编制项目预算书，选定施工单位，订立工程施工合同，报公司审批，同时报业主委员会审批。经公司、业主会批准同意后，应由业委会与施工单位订立工程合同。若由物业公司与施工单位订立工程合同，应由业委会出具委托书，并写明工程的支付约定，按合同规定经业委会正、副主任签字和公司总经理签字认可后从维修基金中支付。

四、维修基金核算

1. 按规定维修基金应按幢、门牌号立账，按单元立分户账。

2. 维修费用由管理处或公司按政府有关规定分摊到户，如政府机关部门实行会计电算化的，则由管理处进行分摊，并报维修基金管理中心核算。

3. 维修基金收、支、积余情况按规定每半年公布一次。

4. 管理处应将每年的维修基金筹集、使用及分摊情况年终结算后归档。

指点迷津：

动用物业维修基金具体流程

物业维修基金实质上为全体业主所有，物业公司未经业主允许不得挪作他用。以下是某物业小区物业维修基金提取的具体程序，可供参考。

①首先发征询函给全体业主，确定有 2/3 以上的业主同意动用维修基金进行修缮。

②邀请 3 家以上的修缮单位来报价。

③按投标的形势从 3 家以上单位中选出一个作为修缮单位。

④将修缮报价、单位等情况公示出来，公示时间不少于 5 天。

⑤让业主在公示上签名同意开始维修。

⑥将以上资料整理成册上交当地主管单位，等待主管单位的审批及核查。

⑦主管部门下发同意核准文件后，带上维修资金账本去指定的银行领取第一笔动工款（一般都是分期付款的）。

⑧动工。

⑨公示维修费用、材料和保修期等情况。

⑩递呈汇报给相关主管部门。

表格 1：维修基金使用情况登记表

企业名称：　　　　　　　　　　　　　　　　　　年　月　　　单位：元

项 目	本期发生额	累计金额	转固定资产	金 额	备 注
应收基金					
已收基金					
未收基金					
基金结余					
基金支出					
其中：					
工具					
办公设备					
通信					
办公费					
经理人酬金					
员工薪金					
工程费					
税金					
合计					

表格 2：应收管理费明细表

年　月　日

房 号	业主名称	面积/m²	单价/元	月管理费/元	备 注

制表：　　　　　　　　填表：　　　　　　　　审核：

表格 3：管理费欠费分析表

年　月　日

项　　　目	上月数	本月数	增减数	本月欠费分类			
				一个月	两个月	三个月	四个月以上
欠费业主数量 / 户							
欠费金额 / 元							
收缴比例及趋势分析							

审核：　　　　　　　　　　　　　　　　　　　　制表：

表格 4：管理费收缴情况表

房号	使用人姓名	使用人编号	业主姓名	业主编号	1月	2月	3月	4月	5月	6月	7月	8月	9月	10月	11月	12月

审核人：　　　　　　　　　　　　　　　　　　　制表人：

6.5　财务收支管理

规范1：费用报销规范

条　目	规　范　内　容
1	报销人必须取得相应的合法票据，且发票背面有经办人签名。
2	填写报销单应注意：根据费用性质填写对应单据；严格按单据要求项目认真写，注明附件张数；金额大小写须完全一致（不得涂改）；简述费用内容或事由。
3	按规定的审批程序报批。
4	报销5 000元以上需提前一天通知财务部以便备款。

规范2：申报网上纳税流程规范

条　目	规　范　内　容
1	纳税人向国税局的征管部门提出网上申报纳税申请，经县（市）区局审批同意后，正式参与网上申报纳税。
2	纳税人向税务机关提供在银行已经开设的缴税账户，并保证账户中有足够用于缴税的资金。
3	纳税人与银行签署委托划款协议，委托银行划缴税款。
4	纳税人利用计算机和申报纳税软件制作纳税申报表，并通过电话网、因特网传送给税务机关的计算机系统。
5	税务机关将纳税人的应划缴税款信息，通过网络发送给有关的银行。由银行从纳税人的存款账户上划缴税款，并打印税收转账专用完税证。
6	银行将实际划缴的税款信息利用网络传送给税务机关的计算机系统。
7	税务机关接收纳税人的申报信息和税款划缴信息，打印税收汇总缴款书，办理税款的入库手续。
8	纳税人在方便的时候到银行营业网点领取税收转账完税证，进行会计核算。

规范 3：公司现金使用规范

条　目	规 范 内 容
1	支付给职工个人的工资、奖金、补贴、福利补助费、差旅费等款项。
2	支付给不能转账的集体单位或城乡居民个人的劳务报酬或购买物资的款项。结算其他的零星支付款项。
3	各个部门因采购工作需要，可通过申请方式申请采购备用金。
4	不准利用管理公司银行账户为其他单位或个人支付和存入现金。
5	不准用白条或不符合财务制度的凭证顶替库存现金。

制度 1：财务管理制度

财务管理制度

范本

一、严格执行国家规定的财务会计制度和有关财经纪律，按《中华人民共和国会计法》办事，遵章守法，做好财务会计工作。

二、财务科负责本物业公司的经济总核算。每月末收银员把各住宅、商铺收取的租金、物业管理费等，做好收支结算表、欠缴管理费情况表交到财务科，由财务科及时编制损益表和资产负债表等财务报表，进行税务申报，并综合公司资金运作的情况、管理费收入和费用开支的资料向公司领导报告。

三、管理和控制物业公司各部门编制收支计划，平衡工作，严格检查备用金的使用，严格执行库存现金限额制度，负责本公司资金运作的组织和调动，定期把资金变化情况向公司领导汇报。

四、遵循权责发生制原则及时完成收支核算，做好财务记载，正确核算，按时准确编报会计报表。

五、负责公司的各项资产登记、核对工作，保证资产更新的资金来源，保障资产的更新换代。

六、对公司的各项开支力求做到严格审核、合理开支，对违反规定、未经审批的开支一律不得报销。

制度 2：费用报销制度

费用报销制度

一、费用支出管理原则

1. 从工作需要出发，厉行节约，从严控制，在合理前提下争取费用最低。

2. 任务明确，各部门第一负责人是部门费用的决策者和责任人。

3. 费用发生情况公开、透明，财务按月、分部门汇总数据，提供查询。

4. 凡费用报销，财务科以公司总经理批准的相关授权和报销标准为准。

二、费用报销程序

1. 由经办人将取得的原始票据分类粘贴在票据粘贴单上，按规定填写事由、金额，并签字。

2. 经办人将此票据交由部门经理审核签字。

3. 经办人将此票据交由小区核算人员审核，核算员应对该票据进行真实性、合法性、合理性、完整性、正确性、及时性的审核，对审核合格的票据进行签字。对真实、合法、合理但内容不够完整、计算有错误的票据，应退回给经办人员，由其负责将有关单据补充完整、更正错误后，再办理正式会计手续；对于不真实、不合法的单据，有权拒绝受理。

············

制度 3：成本费用管理制度

成本费用管理制度

为了加强成本控制，降低费用消耗，提高企业效益，合理运用财务手段对管理处的各项开支进行监控，便于公司各部门、各管理处的日常工作，特制定本制度。

一、总则

1. 成本费用管理采用成本效益的管理模式进行管理，并实行总裁一支笔审批的原则。

2. 成本费用开支实行集中审批、归口管理、财务监督、分级把关的方式对各项费用开支进行日常管理。

二、成本费用报销审批程序

1. 符合成本费用开支标准的日常费用开支，在备用金使用限额内的由管理处主任批准后从备用金中直接支付。各收款室集中办理费用报销、补充备用金手续。

············

制度 4：会计核算管理制度

会计核算管理制度

一、采用借贷记账法，以权责发生制为原则，收入与其相关的成本、费用应当相互配比。

二、合理划分收益性支出与资本性支出，凡支出的效益仅与本会计年度相关的，应当作为收益性支出（如办公费用的支出）；支出的效益与几个会计年度相关的，应当作为资本性支出（如固定资产的购置）。

三、会计年度自公历 1 月 1 日起至 12 月 31 日止。

四、会计核算以人民币为记账本位币；会计记录的文字均使用中文；会计凭证使用复式记账凭证。

五、会计科目的设置，会计凭证、账簿、报表和其他会计资料的编制，必须符合国家统一的会计制度的规定，并应及时向领导和有关部门报送会计报表。

六、会计凭证、账簿、报表和其他会计资料，应当按照国家有关规定建立档案，妥善保管。保管期满需要销毁时，要填写"会计档案销毁清册"，经经理审阅，报公司董事和财政部门批准后销毁。

指点迷津：

借贷记账法的主要原理

任何经济业务的发生，都会引起资产、负债、所有者权益等会计要素发生相应变动。但无论发生任何经济业务，它们对资产和负债或者所有者权益的影响不外乎是以下的几种类型。

（1）资产和负债或者所有者权益同时增加，资金总额增加。对这类经济业务，一方面要将发生的金额登记到资产类账户的借方，另一方面同时要以相等金额登记到负债或所有者权益的贷方。

（2）资产和负债或者所有者权益同时减少，资金总额减少。对这类经济业务，一方面要将发生的金额登记到资产类账户的贷方，另一方面同时要以相等金额登记到负债或所有者权益的借方。

（3）发生经营收入，一般会导致资产和收入同时增加，资金总额增加。对这类经济业务，一方面要将发生的金额登记入资产类账户的借方，另一方面同时要以相等金额登记到收入账户的贷方。

（4）发生经营费用，一般会导致资产减少与费用增加，资金总额不变。对这类经济业务，一方面要将发生的金额登记到资产类账户的贷方，另一方面同时要以相等金额登记到费用账户的借方。

（5）资产内部项目互相转化，即两个项目一增一减，资金总额不变。对这类经济业务，一方面要将发生的金额登记到某一资产账户的借方，另一方面同时要以相等金额登记到另一资产账户的贷方。

（6）负债或所有者权益一增一减，资金总额不变。对这类经济业务，一方面要将发生的金额登记到某一负债或所有者权益账户的贷方，另一方面同时要以相等金额登记到另一负债或所有者权益账户的借方。

制度5：公共收益账目公开制度

公共收益账目公开制度

为进一步遵循我市物业管理服务收费制度，根据国家有关规定，结合实际情况，我司现就建立物业管理公共性服务内容和收支账目公布制度（以下简称两公布）如下：

一、指导思想和目的

在物业管理中实行两公布制度，让业主和非业主使用人了解物业管理服务内容和实际收支情况，有利于增强物业管理收费透明度，实行民主理财和民主监督，进一步促进物业管理行业健康发展。

二、公布公共性服务的内容

公共性服务的内容主要包括与业主和非业主使用人生活、工作密切相关的服务，如环境清扫保洁、垃圾收集、安全巡查、庭院绿地及其设施的养护管理，以及代收代缴的收费等。新增公共性服务内容，应由业主委员会根据业主和非业主使用人的需要与物业管理企业协商确定。

三、公布收支账目的内容

收支账目的内容包括实行政府指导价的公共性服务费；实行政府定价的电梯运行费、二次供水运行费、中央空调运行费、热水供应费、停车场收费等实际收费和支出；以及按照《上海市物业管理条例》规定，为住宅区提供配套的商业网点用房的经营收入。随着物业管理的发展和公共性服务项目的增多，需及时调整公布收支账目的内容。

四、公布的形式和时间

物业管理企业要根据实行两公布制度的要求，在本服务区域适当地方设立宣传栏进行张榜公布，公共性服务内容应在宣传栏长期公布，公布收支账目的时间应由业主委员会研究确定，半年公布不少于一次，公布天数不少于3天。物业管理

续上表

规模较大的小区除进行张榜公布外，还应由业主委员会在召开的业主大会或业主代表会议上进行公布，让更多的业主和非业主使用人了解公共性服务内容及实际收支情况，便于监督，保障业主和非业主使用人的合法权益。

五、建立健全规章制度

物业管理企业应根据而关规定，建立健全服务工作规程，凡对外公布的公共性服务项目不得随意更改，不得减少服务内容；根据国家有关财务管理规定，建立健全财务管理制度，每项收费都应建立相关台账，及时登记收费情况，认真核算服务成本；企业负责人、财务负责人、制表人均应在公布的收支账目上签字盖章，以对公布收支账目的完整性、真实性负责。业主委员会应对物业管理企业两公布内容进行审议，并在适当地方设置评议箱，对外公布评议结果；对业主和非业主使用人提出服务、收支方面的疑问、要求，应及时通知物业管理企业进行解释、答复。

六、加强领导和督促检查

各物业管理企业应充分认识建立物业管理两公布制度的重要性，落实到人，认真做好两公布的各项准备工作，并按规定时间组织实施。各级价格主管部门和物业行政管理部门要从支持发展物业管理的大局出发，抓好两公布制度的落实工作，加强宣传和指导，搞好培训，通过督促检查促使企业开展好这项工作。对不执行规定的，要通报批评；严重违反的，建议业主委员会解除聘用合同。

表格 1：物料申购表

序　号	品　名	规　格	单　位	数　量		需用日期	请购原因及用途	备　注
				库存数量	需求量			

申请人：　　　　　　　　　　　　　　　　　　批准：

表格 2：发票领用登记表

发票类别：卷筒发票

单位：份

年			领用记录			开票记录				发票库存情况			开票人员签字	领取人员签字	发票管理人员签字
月	日	数量	起号	止号	发票号码	购货单位（个人）	金额	数量	起号	止号					

表格 3：转账支票使用明细表

支票号码	开具日期	收款单位	摘　　要	金额（元）	签收人	备　　注

审核人：　　　　　　　　　　　　　　　　制表人：

表格 4：设备维修保养费测算表

序　号	项　　目	金额（元 / 年）	备　　注
1	电梯维保费		按每梯　　元计
2	电梯年检费		按每梯每年　　元计
3	公共照明设备		按每月更换物材料　　元计
4	监控系统		按每月提取　　元维修费用计
5	门禁系统		每月按　　元维保费用计
6	消防系统		按每月　　元维保费用计
7	公共设施		按每月　　元维保费用计
	合计		

表格 5：行政办公费用明细表

序号	名　　称	数量	元 / 月	合计：元 / 年	备　注
1	笔、本、文件夹				
2	其他办公用品				
	共计				

表格6：日常工程维修材料及易耗品费用统计表

序　号	物品名称	单　　位	数　　量	单价（元）	合　　计	备　　注
1	一字螺丝刀	套				
2	十字螺丝刀	套				
3	尖嘴钳	把				
4	老虎钳	把				
5	卷尺	把				
6	电笔	个				
7	电工胶布	卷				
8	铆钉	盒				
	合计					

6.6　资产管理

规范1：固定资产盘点流程规范

条　目	规　范　内　容
1	初点时盘点人对盘点区域内所有的固定资产进行清点，并制作出区域固定资产平面摆放示意图草图。
2	盘点人依据固定资产平面摆放示意图草图，用电脑按标准格式制作出标准的固定资产平面摆放示意图。
3	盘点人依据确定无误的固定资产平面摆放示意图和固定资产列管清册，制作出标准的固定资产盘点表。
4	标准的固定资产平面摆放图和固定资产盘点表制作完成后，应与实物进行核对，发现异状及时修正。
5	复点时复点人员依据固定资产平面摆放示意图与实物和固定资产盘点表逐一核对，发现异状应在固定资产平面摆放示意图和固定资产盘点表上标注，并在复点异状登记表上进行详细的记录。

续上表

条　目	规　范　内　容
6	复点完毕，复点人员应将复点资料移交给盘点负责人员，盘点人应对复点中发现的异状进行修正，并制作出正确的固定资产平面摆放示意图和固定资产盘点表。
7	各区域所有经复点修正后的盘点资料由各区域盘点负责人收集审签后移交给各区域财管部。
8	如有外部会计师复点，由财务部负责提供盘点资料给外部会计师进行抽点
9	在所有的盘点过程结束后，财管部应将所有的盘点资料收集汇总移交给财务部。

规范 2：资产采购流程规范

条　目	规　范　内　容
1	编制采购计划。 （1）固定资产采购按季度提前编制采购计划，各部门编制完成交办公室汇总统一交总经理批准，采购期限内按计划采购，超出计划部分须及时报副总经理、总经理批准。 （2）低值易耗品按月采购，每月限采购一次（新开项目酌情考虑），超出计划部分顺延至下月采购。
2	填写采购申请单。采购物资须填写采购申请单交副总经理批准后方可执行采购。
3	采购验收入库，采购完成。

制度 1：固定资产管理制度

固定资产管理制度

范本

一、目的

加强固定资产管理，合理使用固定资产，维护固定资产的安全与完整，防止资产流失，提高固定资产的使用效率。

续上表

二、适用范围

公司各部门。

三、定义及分类

1. 本制度所称的固定资产，是指公司拥有所有权（不含小区配套的设施设备）、使用期限超过一年的房屋建筑物、机器机械、运输工具以及其他与经营生产有关的设备、器具、工具等。不属于生产经营主要设备的物品部门在 2 000 元以上并且使用年限超过两年的应作为固定资产管理。属于生产经营主要设备、能独立运行操作、部门价值在 800 元以上、使用期限超过两年的小型物品也应作为固定资产进行管理。

2. 固定资产按其用途分为五类：

（1）房屋建筑屋。

（2）机器设备（各类机器机械设备、通信设备、监控设备、制冷设备以及厨房设备等）。

（3）交通运输设备（各类交通及运输车辆）。

（4）办公设备（电脑网络设备、音像设备、办公家私和其他办公设备）。

（5）其他。

四、管理部门及职责

1. 固定资产一级管理部门。

综合部是固定资产主管部门，负责对公司的固定资产管理情况进行检查监督，负责固定资产档案的建立，组织年度固定资产的核查工作，负责制定各类固定资产的管理办法和实施细则。

综合部负责固定资产购买前的初审、验收、登记、调配、核查及报废处理工作，各二级管理部门及时向公司综合部报送固定资产变动的档案资料及固定资产报废单，每季度至少上报一次固定资产变动情况。

2. 固定资产二级管理部门。

固定资产二级管理部门为具体使用固定资产部门，部门负责人为第一责任人，办理购买、报废固定资产申请手续。根据"谁使用、谁保管"原则，固定资产具体使用人为直接责任人，正确使用，做好维修保养工作。公共设施设备由部门负责人指定直接责任人，责任人离职时必须办理固定资产交接手续。

五、固定资产管理

1. 固定资产登记、办公设备的标识。

综合部建立固定资产档案，各级固定资产管理部门应建立台账，按类别（五大类）分别编号，逐栏登记每一项固定资产的详细情况，新购、调配增减、报废固定资产及时登记入账，做到账实相符。固定资产编号采用 7 位数字和字母混合组成。

因办公设备中同类型同型号设备较多（如电脑），为了便于区别和管理，贴标签于明显位置进行标识。

　　2. 固定资产的申购。

　　（1）需求部门（固定资产二级管理部门）填报采购申请单报固定资产一级管理部门，填写申请单时须在备注栏说明资金来源。

　　（2）受理申购的固定资产一级管理部门首先根据职责范围内的现有资产分布及使用情况，尽可能通过调配内部闲置设备给予解决，如无可能，则提出意见报公司总经理审批。

　　（3）采购申请单若获批准，则转采购部门购买；若不获批准，则转回申请部门。

　　固定资产购回后，由领用部门签收，签收单一式二份，使用部门、采购部门各一份，并据此各自登记台账，建立固定资产管理档案。财务部门根据合法的收据及固定资产领用明细表做账务处理。

　　（4）二级管理部门于下月 5 号前向公司综合部报送增置固定资产的档案资料，综合部建立该固定资产的档案。

　　3. 固定资产调配。

　　（1）一级管理部门管理权限内内部固定资产调配时，由一级管理部门开具固定资产内部调配单一式三份，调入、调出部门和财务部门各一份，据以登记固定资产台账及做账务处理。

　　（2）调出二级管理部门于下月 5 日前将固定资产调配资料报与公司综合事务部归档管理。

　　4. 固定资产报废。

　　（1）固定资产使用达到报废期限后，由使用部门填写固定资产报废申请表一式三份报固定资产一级管理部门。

　　（2）由固定资产一级管理部门、财务部门分别签署意见后报公司领导审批。

　　（3）使用部门、固定资产一级管理部门、财务部门根据审批表意见各自做账务处理。

　　（4）固定资产二级管理部门每月 5 号前向公司综合事务部报送上月固定资产报废单。

　　（5）公司综合事务部归档处理。

　　5. 固定资产核查。

　　（1）每年年底由公司综合事务部组织财务部门、二级固定资产管理部门人员对各部门固定资产进行全面核查，并向总经理提交盘点报告。

　　（2）责任人离职办理交接手续时，二级固定资产管理部门对其管理职责内的固定资产进行核查。

　　（3）经核查发现固定资产缺失，责任人应承担相应责任，对购置价在 5 万元以

续上表

下且没有购买保险的固定资产，若因管理不善而导致毁损的，由责任人按净值赔偿。

（4）固定资产财务及账目管理：按财务管理相关规定及要求办理。

制度2：物品领用管理制度

物品领用管理制度

一、目的

为了加强公司物业管理，规范公司各部门物品领用行为，有效地降低费用支出，制定本制度。

二、原则

制定标准、规范程序、及时发放、节约开支和提高效率。

三、适用范围

主要适用于办公用具、办公用品、经营性耗用品的领用、发放。

四、发放标准

办公用品按办公用品配置标准发放，经营性耗用品按部门标准用量发放。

五、发放时间

办公用品每月发放一次，一般月初发放。经营性耗用品，每月根据商场需要一般发放2～3次。

六、发放程序

1. 制表：办公室后勤科根据各单位员工人数和营业量计算各单位办公用品与经营性耗用品数量，列出发放登记表。

2. 领用：各单位选派专人到公司领用，或由办公室后勤科将应领用物品送至各商场。

七、办公用具设备领用

1. 确定岗位：人事部应将新增人员岗位设置级别结果告知办公室，办公室据此按办公用品配置标准准备。

2. 因工作需要领用办公用具或设备，应首先提前3天提出申请，经部门主管审核后，报办公室后勤科进行调配。

3. 若无法调配，办公室主任审核报总经理批准采购，后勤科办理物品入库手续后，方可领用，领用应办理物业登记手续。

八、短缺物品补领

各单位应经常盘查本单位各类物品库存数量情况，发现存货不足3天使用量时，

续上表

应立即向办公室后勤科提出申请，保证后勤科有充足时间组织短缺物品的到位。办公室后勤科接到短缺物品申领申请后，应立即办理相关手续，在 3 日内将物品购回，不得影响各部门、各商场办公或营业。	

九、紧急状况处理

因意外或突发事件需紧急领用物品，负责处理紧急事件的三部一办经理或主任以上人员签字时，可采取应急采购办法，保证工作措施的实施。办法是指可以现场指定专人采购或要求后勤科先采购、先领用，后办理相关手续。

十、本制度由总经办委托，办公室制定、修改，解释权归总经办。

十一、本制度从发布日起执行。

表格 1：固定资产报废申请表

年 月 日

申请人		申请部门	
申请报废的固定资产说明			
资产名称		型　号	
资产编号		使用年限	年
原用途		原　值	
原管理人		存放地点	
申请报废理由			
部门经理意见			
财务部门意见			
财务总监意见			
处理结果			

表格 2：固定资产盘点表

单位（盖章）：　　　　　　　　清查基准日：　　　　　　　　填报日期：

序号	资产编号	资产名称	规格型号	价值(元)	购置日期	使用（保管）人	存放地点	资产现状			清查结果			备注
								在用	闲置	待报废	其他	账实相符	有账无物	有物无账	
1															
2															
3															
4															
5															
6															
7															
8															
9															
10															

单位负责人：（签名）　　　　　　　　资产管理员：（签名）

表格 3：物品报损表

编号

报损部门		报损日期		采购日期		库存数量	
物品类别：	低值易耗品□		办公用品□			其他□	
报损物品编号		数量		购置单价		合计金额	
报损原因： 处理意见： 报损人签字：							
分公司行政签字：　　　　分公司经理签字：　　　　总公司行政签字：							

表格 4：库存物品盘点表

年　月　日

序号	品　名	规　格	数　量	单　位	单　价	金　额	存放地点
1							
2							
3							
4							
5							
6							
7							
8							
9							
10							

盘点人：　　　　　　　监盘人：　　　　　　　复核：

表格5：物品领用登记表

序 号	物品名称	购进数量	领用数量	余 数	领用日期	领用人签字	保管员签字	备 注

第7章

法律事务管理

（事务＋案件管理＋合同文书）

　　在物业管理和服务过程中，随时都有可能出现法律风险和纠纷，法律服务需求无处不在。但是，许多企业虽成立了法律事务部，但其专业水平往往较低。本章主要介绍物业公司法律事务部门工作中可能涉及的一些规范、制度和表格，以帮助相关工作人员更好地做好法律事务工作。

7.1 法律事务管理部岗位体系

7.2 法律事务管理岗位配置及岗位职责

7.2.1 法务经理

岗位名称：法务经理	
直属上级：董事长、总经理、副总经理	
直接下级：法务专员（诉讼岗、非诉岗、综合岗）	
岗位职责	1.对不同种类合同风险能做出准确判断，构建企业风险防范的体系。 2.协调解决客户纠纷，负责情况调查、材料收集、责任分析，并协调解决存在问题。通过和解、诉讼或仲裁方式解决未决纠纷，独立参加开庭诉讼（或仲裁）及执行程序。 3.独立审核、修改、起草各类合同，审查合同，参加招标项目审核，提供投标法律意见，参加谈判，负责合同文本的草拟订立。 4.负责公司项目经营行为的法务支持。 5.负责合同管理和相关法律文件的汇编、整理及保存工作。 6.完成上级临时交办的各项工作任务。 7.为公司各部门提供法律咨询。 8.负责公司普法宣传和法律知识培训。 9.企业商标、知识产权管理。
任职资格	1.全国统招法律专业本科以上学历，持有国家司法资格证书，拥有执业律师资格证书者优先。 2.从事3年以上房地产、建筑及物业企业法务工作，熟悉相关政策法规，对企业运营中各类法律事务特别是劳动法、公司法、投资法以及诉讼法律事务有较强的处理能力及实操经验。

任职资格	3. 能够独立进行合同管理和审核工作，对公司运营中的各种潜在法律风险进行梳理、识别，并提出规避、化解方案。 4. 了解公司上市、投资以及并购等相关事宜，能够进行法律尽职调查者优先。 5. 法务观念及责任心强，文字功底好，有较强的沟通能力、工作责任心，适应接受能力强。

7.2.2　法务专员（诉讼岗）

岗位名称：法务专员（诉讼岗） 直属上级：法务经理 直接下级：无	
岗位职责	1. 诉讼纠纷案件证据材料的收集、分析、整理和取证等工作。 2. 及时有效地做好诉讼起诉、答辩等准备工作。 3. 根据公司授权参与诉讼的和解、调解、仲裁、开庭和执行等工作。 4. 与各部门建立日常工作联系，及时发现法律风险，主动发起诉讼，保障公司权益。 5. 处理回复行政机关的相关询问工作。 6. 根据公司发生的诉讼纠纷，针对性地提出规范建议，预防类似事件的再次发生。 7. 负责审核公司日常业务合同。 8. 接受各业务部门和分子公司的法务咨询。 9. 针对具体的法律事件出具法律意见书。 10. 协助各部门及分（子）公司处理其他与法律实务相关事宜。
任职资格	1. 法律相关专业毕业，全日制本科及以上学历，法律相关专业，男女不限，年龄 30 ～ 50 岁。 2. 具备职业资格证书，3 年以上法律领域相关工作经验。 3. 熟悉相关法律知识，例如公司法、知识产权法、劳动合同法等。 4. 具备很强的逻辑思维能力和应变能力、较强的语言和文字表达能力。 5. 优秀的职业操守，良好的抗压能力，有较强的事业心、责任心和创新精神，服从领导，坚持原则。 6. 熟练使用电脑和各种办公软件。

7.2.3 法务专员（非诉岗）

岗位名称：法务专员（非诉岗） 直属上级：法务经理 直接下级：无	
岗位职责	1. 协助起草、修改、审核公司各种业务合同涉及的法律条款的合规性。 2. 公司有关并购、投资的法律事务、合同纠纷和起诉等材料的整理、法律证据搜集。 3. 参与重大业务谈判、合同签订工作及重大决策的法律合规、风险评估。 4. 负责公司产品和管理公司在中基协的备案、日常更新、账户维护工作。 5. 协助参与处理公司纠纷的调解、仲裁、诉讼准备以及与外部律所的协调工作，为公司法律事务提供最多的信息和最大的支持。 6. 对潜在的商业合作伙伴和公司的贵宾客户进行评估和法律方面的分析，并提出可行性的法律意见。 7. 代表公司处理各类法律事务，维护公司合法权益。参与投资项目的论证、审查工作，为经营决策层提供法律及政策支持。 8. 完成领导交办的其他各项工作任务。
任职资格	1. 法学专业，本科以上学历，通过司法考试，有相关资格证。 2. 有两年以上非诉讼法务专员岗位工作经验，具有物业、金融行业从业背景优先，35 岁以下优先。 3. 熟悉公司法、合同法、担保法、物权法、信托法和合伙企业法等相关法律理论知识与实务操作。 4. 有较强的法律专业知识、较强的独立谈判及组织协调能力，能够协助起草合同书及解决公司所有法律纠纷。 5. 熟悉国家相关法律法规及政策，熟悉法律文书写作及合同的审核工作。 6. 熟悉房地产行业并购项目、项目买卖、项目投资等方面相关法律法规。 7. 形象佳，人品优，思路敏捷，条理清晰，性格沉稳、做事细心，有吃苦耐劳的精神。

7.2.4　法务专员（综合岗）

岗位名称：法务专员（综合岗） 直属上级：法务经理 直接下级：无	
岗位职责	1.负责公司合同的起草、审查和修改，以及其他法律文件的起草、审查和修改。 2.负责公司经营管理过程中相关法律咨询工作，并出具法律意见书。 3.参与公司采购准备工作，协助审核采购合同并对其进行归档管理。 4.负责招投标文件的审核与修改及其他招投标相关法律事务。 5.负责开展公司法律宣传与培训。 6.完成上级交代的其他事务。
任职资格	1.全日制本科及以上学历，法律相关专业。 2.具备两年以上法律相关工作经验。 3.良好的职业道德和敬业精神，能够承受较大的工作压力。 4.具有较强的人际交往能力、协调协作能力。 5.熟悉劳动合同法、民法等相关法律、法规，具备良好的法律事务判断分析能力，有良好的外部事务的公关能力、谈判能力和技巧。 6.工作认真负责、严谨细致。

7.3　相关法律事务管理

规范 1：合同审批流程规范

条　目	规　范　内　容
1	公司合同承办人根据项目情况和招投标结果，编制合同文本，填写合同审批表，网上提交资料，交给公司总经理。
2	公司总经理审核合同文本，签署意见，通过提交财务部，未通过返回合同承办人。
3	财务部主任审查合同，返回合同承办人，未通过修改合同后重新提交，通过提交公司主管副总经理审核。

续上表

条 目	规 范 内 容
4	公司主管副总经理进行审核，返回合同承办人，未通过修改合同后重新提交，通过提交公司总经理或公司法律顾问审核。
5	当合同达到一定额度上报公司法律顾问，公司法律顾问审核后，返回合同承办人，未通过修改合同后重新提交，通过提交公司总经理审批。
6	公司总经理审批，返回合同承办人，未通过则修改合同后重新提交，通过则由公司正式打印、复印、装订合同文本。
7	公司正式签订合同。

规范 2：物业接管验收规范

条 目	规 范 内 容
1	物业管理公司决策层要高度重视承接和验收工作，充分发挥公司的整体资源优势，保障新项目的承接和验收得以顺利进行。
2	注重现场考察，根据招投标文件及管理委托合同编制承接和验收工作计划，并强调计划的严肃性。
3	依据新项目的资料、国家和行业标准及现场考察情况编写接管验收方案。
4	人员培训并组织接管验收的实施。

规范 3：前期物业管理招投标规范

条 目	规 范 内 容
1	依法规范前期物业管理招投标法规体系。
2	统一规范前期物业管理的招投标文件。
3	严格规范前期物业管理的招投标行为。

制度 1：合同管理制度

合同管理制度

第一章　总则

第一条　为规范公司对外合同的签订和管理，预防合同纠纷，维护公司合法权益，促进公司健康发展，特制定本制度。

第二条　本管理办法主要适用于公司所辖各物业服务中心对外合同的签订、履行以及终止后的管理。

第三条　本管理办法所称对外合同主要是指《顾问咨询服务合同》《早期介入服务合同》《前期物业服务合同》《物业服务合同》《前期物业服务协议》及涉及较大金额的委托合同、采购合同、房屋租赁合同和其他会对公司有重大影响不能及时履行完毕的合同。不包括劳动合同及其他内部责任承包管理协议。

第二章　履行前的合同管理

第四条　公司签订对外合同应使用合同专用章。

合同专用章具体使用管理办法遵照公司《印章使用管理办法》执行。

第五条　结合公司特点，本管理办法将合同分为 A 和 B 两大类。

《顾问咨询服务合同》《早期介入服务合同》《前期物业服务合同》《物业服务合同》《前期物业服务协议》等属于公司 A 类合同。

A 类合同以外的其他对外合同属于公司 B 类合同。

第六条　《顾问咨询服务合同》《早期介入服务合同》《前期物业服务合同》《物业服务合同》《前期物业服务协议》等的范本由公司物业管理部制定。

第七条　公司各部门和公司各物业服务中心负责起草在公司授权项或职责范围内拟以公司名义对外签订的合同。

第八条　定稿后的合同须编码。

第九条　在合同签订前，签约人、经办人必须认真了解对方当事人的情况，包括：对方当事人的主体资格、经营范围、履约能力以及资信情况、对方签约人的签约权限等。对方资信不明、不好，又不能提供担保，不得与之签约。合同内容涉及公司几个部门的，拟签订合同部门应先行征求有关部门意见。

A 类合同及符合合同标的额超过第十二条规定的 B 类合同，合同起草人须将合同草案提交公司物业管理部，由公司物业管理部组织公司相关职能部门进行评审。如有必要，由物业管理部要求公司法律顾问提出修改意见或出具法律意见书。合同评审须在 3 个工作日内完成，3 个工作日内未将评审结果递交送审部门的，视为无意见。

《前期物业服务合同》《物业服务合同》起草完毕后，起草人应先送交公司物业管理部履行项目接管审批手续。审批同意后依前款规定进行合同评审。

第十条 各物业服务中心因不具备法人资格不能对外独立承担民事责任,故各物业服务中心只能在公司授权范围内以自己的名义签订对外合同。

第十一条 合同由公司法定代表人签订,也可以由公司法定代表人委托的代理人签订。签订合同,应由签约人签字并加盖合同专用章。

代理人签订合同的,代理人应持有公司法定代表人签署的书面授权文件并对合同的真实性、合法性负责。

第十二条 B 类合同均需公司审查同意后才能签订。

公司所辖各物业服务中心签订对外合同的,合同标的额最大不能超过人民币 2 万元。合同标的额超过上述规定的,须由拟签约人将合同草本交公司物业管理部组织公司相关职能部门进行评审。

公司所辖各物业服务中心以物业服务中心名义签订的所有对外合同,应先送交公司物业管理部审核,物业管理部应出具审核意见书。该对外合同经分管领导审核同意后由物业服务中心经理签订。分管领导对合同的真实性、合法性负责。

第三章 合同履行动态管理

第十三条 A 类合同和超过第十二条规定的标的额的 B 类合同均需将合同原件交公司综合管理部存档。综合管理部将合同复印件交公司财务部、物业管理部各一份备案。

其他合同由公司物业管理部和相关物业服务中心建档保存。

第十四条 公司应加强合同基础管理工作。

合同评审记录,正副文本及附件,合同文本的签收记录,分期履行的情况记录、变更,解除合同的协议(包括文书、函电)等,由第十八条规定的责任部门及时建档,妥善保管。

第十五条 合同保管部门(或专人)应对合同内容中涉及保密的条款承担保密责任,以免由于商业秘密泄露对公司造成经济损失。

第十六条 执行合同的物业服务中心负责人应关注合同的有效性。

合同约定的履行期限届满或因各种原因导致合同履行期限届满前解除,合同的实际执行人应当在履行期限届满前 3 个月或收到对方解除通知后及时以书面形式报告公司。

合同履行过程中发生争议或纠纷的,合同的实际执行人应及时将信息反馈至综合管理部,由综合管理部负责人组织相关部门进行处理。

第十七条 合同执行过程中需要变更时,由合同的实际执行人向公司书面报告拟变更的条款及变更原因,公司按本管理办法规定的程序变更合同并保存。

第十八条 公司综合管理部依照公司档案管理办法对合同及相关文件档案进行管理，指导、督促相关部门做好合同的保管工作。

第十九条 对履行期限已届满的合同原件，由本管理办法第十三条规定的保管部门按公司有关档案管理办法规定的期限妥善保管。

第二十条 公司综合管理部建立"某物业服务有限公司合同情况一览表"的电子版。内容应涉及合同名称、合同编号、合同起止期限、保管部门等，但不涉及合同具体内容，以便于查找。

公司各物业服务中心负责人应指定专人保管合同复印件，并承担将合同中的主要权利义务告知实际执行合同人员的责任。

第四章　附则

第二十一条 本管理办法第十二条中规定的合同标的额，随公司的发展可以变更。做出此项变更须经公司法人代表批准。

第二十二条 在签订、履行合同和合同管理中失职、渎职或以权谋私，损害公司利益的，公司将依据有关法律规定追究责任人的民事、行政责任。构成犯罪的，由司法机关依法追究刑事责任。

第二十三条 本管理制度由综合管理部负责解释和修订。

第二十四条 本管理制度自印发之日起施行。

指点迷津：

合同拟定流程

合同实际上是当事双方之间设立的一种协议，而这种协议一旦依法成立，则受法律保护。因此合同的拟定必须严格按照流程进行，以免造成相关法律问题。以下是某公司规定的合同拟定流程，可作为参考。

①报请领导是否重新拟定新合同。

②经领导同意后，联系相应部门了解新合同中所涉及的相应技术性规定和相关质量标准。

③多方面考虑合同中的相应条款，合同草拟完成后，与相关专业人员讨论与完善。

④报请相关部门领导审批，如无异议，该合同最终定稿，将拟定的合同留存一份备查。

制度2：企业内部咨询制度

企业内部咨询制度

范本

一、咨询目的

通过咨询和指导的方式，协调处理企业管理层或其他职能部门所涉及的法律事务，为企业的合法经营管理提供法律保障。

二、咨询方式

分为法律事务部接受咨询并"回复咨询"和主动指导并主动"提供法律意见"两种方式。

三、咨询形式

本部门可以采用书面及口头两种形式处理企业内部咨询。对各部门的书面询问，只能采取书面回复的形式。法律事务部仅对以书面形式做出的回复或法律意见承担责任。

四、回复时间

对企业管理层或企业各部门的咨询，法律事务部应当在合理期限内做出解答（一般不得超过7个工作日），特殊情况下可在最短的时间内提供口头法律意见，并在事后出具法律意见书。

五、各部门的书面法律咨询单应当一式两份，法律事务部及本部门各留一份。

六、法律事务部出具法律意见书应当一式两份，接收部门及法律事务部各留一份。

制度3：汇报制度

汇报制度

范本

一、定期报告

1. 法律事务部每季度应当向总经理递交书面报告备份。

2. 定期报告书中应当载明该季度内本公司所遇到的诉讼及相关法律问题，法律部的意见和建议，并附相关人员签名。

二、汇报

1. 汇报分为口头和书面两种，法律事务部可以法律意见书、案情简介、事务报告的形式向总经理汇报相关情况。

2. 重大案件及紧急情况应当及时向总经理汇报。

表格 1：合同审批表

填报单位：　　　　　　　　填报人：　　　　　　　电话：

填报日期：　　　　　　　　合同编号：

合同内容	合同名称				
	甲　　方			对方联系人及电话	
	乙　　方				
合同金额	（大写）：			（小写）：	
经办人意见			随合同提交的资料清单		
			预付款特别说明		
成本部意见					
财务部意见					
公司领导审批					
法务部意见					
董事长批示					
备注					

表格 2：合同登记表

序　　号	项目名称	合同份数	合同编号	签订日期	其　　他

表格 3：法律问题咨询单

咨询部门		日　　期	
经办人		联系电话	
问　　题 （咨询事项）			
咨询部门初步 意见或建议			
附随资料清单 （请提供复印 件和电子版）	1. 2. 3.		
法务部意见	经办人签名：　　　　　　负责人签名：		

说明：本表由业务部门填写并上报法律事务部处理。

表格 4：合同借阅表

编　号	合同名称(份数)	借出时间	签　字	归还日期	备　注

表格 5：合同档案销毁清单

序　号	合同编号	合同名称	销毁日期	页　数	销毁原因	审批人

表格 6：公司资质公章使用申请单

申请部门		申请人		申请日期	
申请证件					
申请说明					
部门主管		总经理		董事长	
财务经理		保管员		归还时间	

表格 7：××市物业服务合同备案申请表

物业服务企业情况	企业名称				
	企业类型			法定代表人	
	企业地址			电　话	
	准予从事物业管理活动时间				
	企业法人营业执照注册号				
	统一社会信用代码				
	注册资本			资质核定日期	
	资质等级			发证机关	
	证书编号				

物业项目基本情况	项目名称					
	项目负责人			项目负责人手机		
	项目服务电话					
	项目地址					
	物业服务类型					
	物业用途		占地面积（平方米）		建筑面积（平方米）	
	物业管理服务费用标准（元/月.平方米）	高层	住宅		非住宅	
		多层	有电梯	住宅　　　非住宅		
			无电梯	住宅　　　非住宅		
		其他	住宅		非住宅	

申明和承诺：

1. 本人已了解并遵守申办事项的相关规定。

2. 本人提交的申请材料真实、合法、有效。以上申明和承诺属实，本人愿承担由于虚假申报引起的一切法律责任。

项目负责人签字：　　或委托人签字：　　　　年　月　日

申请单位(加盖印章)　　　　　填报日期：　　年　　月　　日

联系人：　　　　　　　　　　联系人手机：

表格 8：物业资料移交备案表

<table>
<tr><td rowspan="8">物业项目情况</td><td>项目名称</td><td colspan="2"></td><td>物业类型</td><td></td></tr>
<tr><td>详细地址</td><td colspan="4">区（县）　　　　路　　　　号</td></tr>
<tr><td>行政区划</td><td colspan="4">乡镇（街道）　　　　社区（居委会）</td></tr>
<tr><td rowspan="2">四至</td><td colspan="4">东：　　　　　　　　南：</td></tr>
<tr><td colspan="4">西：　　　　　　　　北：</td></tr>
<tr><td>建设用地规划许可证</td><td></td><td>建设工程规划许可证</td><td></td><td></td></tr>
<tr><td>建设工程施工许可证</td><td></td><td colspan="2">项目竣工时间</td><td></td></tr>
<tr><td>占地面积</td><td>m²</td><td colspan="2">总建筑面积</td><td>m²</td></tr>
<tr><td rowspan="11">移交资料清单</td><td colspan="5">竣工总平面图，单体建筑、结构、设备竣工图，配套设施、地下管网工程竣工图等竣工验收资料</td></tr>
<tr><td colspan="5">设施设备的安装、使用和维护保养等技术资料</td></tr>
<tr><td colspan="5">物业质量保修文件和物业使用说明文件</td></tr>
<tr><td colspan="5">业主名册</td></tr>
<tr><td colspan="5">移交保管的物业档案、物业服务档案</td></tr>
<tr><td colspan="5">移交物业服务期间形成的有关房屋及设施设备改造、维修、运行、保养的有关资料</td></tr>
<tr><td colspan="5">移交物业服务用房</td></tr>
<tr><td colspan="5">分项清算预收、代收的有关费用</td></tr>
<tr><td colspan="5">专项维修资金使用情况资料</td></tr>
<tr><td colspan="5">物业管理必需的其他资料</td></tr>
</table>

续上表

申请备案人承诺	我们保证提交资料的真实、合法、有效，如申报不实，愿意承担由此产生的一切法律责任和经济责任。 移交单位（盖章）　　　　　　　　　接收单位（盖章） 法定代表人（签字）：　　　　　　　　法定代表人（签字）： 　年 月 日　　　　　　年 月 日
行政主管部门意见	（盖章） 年　月　日
领取人信息（姓名、手机、身份证号码）		领取时间	

注意事项：

1. 提交资料是复印件的，应标注"与原件相符"并加盖单位公章。

2. 提交资料附后并无钉胶装成册。

表格9：法律事务登记表

编号：

序号	受理时间	收案编号	办理结果	结案时间	审理法院或仲裁机构	归档卷宗号

7.4　相关法律案件管理

规范 1：非诉案件处理流程规范

条　目	规　范　内　容
1	做好调解前的准备工作。
2	参与纠纷调解，促成双方达成调解协议。
3	本着以事实为依据，以法律为准绳的原则，充分做好当事人的工作，维护公司的合法权益，提前将问题更快、更好地解决。
4	参与制作调解协议书。
5	将调解结果及时汇报给相关领导。

规范 2：诉讼流程规范

项　目	规　范　内　容
立案阶段	业务部门承办人要和法律事务部同去法院立案庭了解情况，并负责办理诉讼费用付款手续。
审理阶段	业务部门承办人和法律事务部协商是否出庭参与诉讼，对参与出庭的，应按时到庭，因特殊情况不能按时到庭的，应至少提前 3 天向法律事务部说明情况。
调解阶段	对可以进行调解的案件，应在授权范围内进行谈判，并尽量维护公司的合法权益，对于特殊情况应及时请示公司领导决定。业务部门承办人负责办理调解书的实际履行工作，对有问题的应及时报告法律事务部。
庭外和解	对可以进行庭外和解的应及时请示公司领导决定，由业务部门承办人协助法律事务部谈判，并在授权范围内决定是否接受，对于特殊情况应及时请示公司领导决定。
二审阶段	对确需要二审的案件，应由法律事务部做出法律意见，上报公司领导决定。

规范3：诉讼案件后期处理规范

条　目	规　范　内　容
1	法务部门应建立诉讼案件案卷管理制度。案卷管理应当客观、真实和完整，能够反映诉讼案件处理全貌。
2	诉讼案件结案后，案件承办人应当制作结案报告，入卷备查。对承办案件中反映的管理问题、经营风险，集团法务部、所属公司法务部或法律事务管理岗可提出法律意见或建议。
3	集团所属公司应对本单位案件的发生和处理情况每季度进行一次自查，并将自检查结果书面报告集团法务部。
4	集团法务部每半年对集团所属公司的案件处理情况进行检查，必要时随时进行抽查。

制度1：诉讼案件管理制度

诉讼案件管理制度

范本

第一章 总则

第一条 为加强公司规范管理，维护公司及股东合法权益，保障公司资产安全，有效处理各类纠纷、诉讼案件，根据相关法律法规的规定，制定本办法。

第二条 本办法所称诉讼案件是指公司及所属公司在经营、管理过程中发生的，以公司或所属公司为当事人的各类诉讼及仲裁案件，包括民事诉讼案件、劳动争议诉讼案件、行政诉讼案件、执行案件、申请复议案件以及各类仲裁案件等。

第三条 诉讼案件直接影响公司的合法权益、股东权益及公司声誉，因此公司及所属公司应本着诚实信用、平等自愿、等价有偿、互惠互利的原则开展经营、管理工作，尽量避免诉讼案件的发生。对发生的诉讼案件应充分重视，及时、妥善处理，有效规避、控制风险，避免造成不应有的损失。

第四条 企业管理部是公司诉讼案件的职能管理部门，具体负责：

1. 公司诉讼案件的管理工作。

2. 协调、协助各部门及所属公司妥善处理各类诉讼案件。

3. 对案件的办理情况进行指导、监督。

4. 对公司及所属公司的诉讼案件整理、汇总、分析、报告。

5. 公司领导交办的其他诉讼案件管理工作。

第五条 本办法适用于公司及公司所属的控股子公司、分公司（以下简称各所属

续上表

公司）。各所属公司可根据本办法的规定，结合实际情况，另行制定相应管理制度。

第二章　诉讼案件管理

第六条 业务经办部门对需要提起诉讼或仲裁的案件，应提前 10 个工作日（凡涉及诉讼时效的，应在诉讼时效到期两个月前提报）填写拟起诉案件审批表，连同相关证据资料、情况说明报企业管理部。

企业管理部对拟起诉案件审批表及证据资料进行审查，于 5 个工作日内提出法律意见或建议，报请公司领导审核、公司法定代表人审批处理意见及案件承办部门。公司法定代表人审批后，企业管理部应于 2 个工作日内将拟起诉案件审批表及相关文件转发案件的承办部门。

第七条 案件承办部门应于收到企业管理部转发的文件后 1 个工作日内确定案件承办人员，由案件承办人员具体负责诉讼案件的处理。

第八条 业务经办部门对需要提起诉讼或仲裁案件的时效负责，确保诉讼、仲裁案件在法定的诉讼时效内提起法律程序。

第九条 对于公司应诉案件，由企业管理部统一接收法院或仲裁委员会送达的起诉状、仲裁申请、应诉通知书等法律文件。

第十条 企业管理部于收到应诉案件的法律文件当日，通知案件所涉及的业务经办部门，提供诉状或仲裁申请书、应诉通知书等法律文件复印件，同时提出应诉指导意见。

第十一条 案件的诉讼、仲裁程序终结，取得裁判文书后，案件承办部门应于 2 个工作日内将案件的处理结果填写于拟起诉案件审批表、应诉案件情况登记表，并对案件的处理情况做出书面总结，连同裁判文书报企业管理部，由企业管理部出具法律意见并报请公司领导批示。

第十二条 案件承办部门认为需要提起上诉或申请再审的案件，应于裁判文书送达后 2 个工作日内填写拟上诉（再审）案件审批表，连同裁判文书、相关资料报企业管理部。

第十三条 公司决定不予上诉的案件，企业管理部应将公司领导批示的处理意见及相关裁判文书及时转发相关部门，由相关部门负责裁判文书的履行。

第十四条 公司申请执行或作为被执行人的案件的审批、办理程序，按照本办法第六条、第七条、第八条关于起诉案件，以及第九条、十条关于应诉案件的相关规定执行。

第十五条 诉讼案件的起诉、申请仲裁、应诉、上诉、申请再审、申请执行、诉讼和解、执行和解、撤诉等法律程序的启动和终止以及诉讼案件的具体处理方案，必须按照本办法规定履行审批程序、经公司法定代表人审批同意后，由诉讼案件承办部门按照审批意见办理。

第十六条 在案件办理过程中，需出具的起诉状、仲裁申请书、上诉状、再审申

续上表

请书、执行申请书、答辩状等法律性文件及相关合同类文件，分别按照公司《法律事务管理规程》《合同管理规程》的规定履行审批程序。

第十七条 关于诉讼案件委托代理人的选聘资格及聘用审批程序，按照公司《法律事务管理规程》的相关规定执行。

第十八条 诉讼案件承办部门及承办人员在案件办理过程中，应对案件的情况作详尽的了解，有权调查、收集相应的证据材料，公司各部门及所属公司应全力配合。

第十九条 诉讼案件办理过程中，案件承办部门、承办人员应随时跟踪了解、掌握案件办理的进展情况并及时通报企业管理部。

第二十条 案件承办部门、各所属公司对所承办的诉讼案件，应做好统计、报告工作。各所属公司负责本公司诉讼案件的统计、报告工作，按照公司《法律事务管理规程》的规定向企业管理部报送诉讼案件统计报表。

第二十一条 企业管理部负责公司诉讼案件办理的协调、监督工作，可随时向诉讼案件的承办部门、人员了解办理的进展情况。承办部门、人员应积极配合，及时按照企业管理部的要求反映情况、提供资料。

第二十二条 在诉讼案件处理过程中，公司各部门及各所属公司应密切配合、全力支持，任何部门、个人不得借故拖延、拒绝配合。

第三章 附则

第二十三条 本办法由企业管理部负责解释。

第二十四条 本办法自印发之日起施行。

指点迷津：

诉讼前应准备的材料及手续

在诉讼前准备材料及手续：

①授权委托书、营业执照、组织机构代码证和代理人身份证明。

②起诉状、上诉状和答辩状。

③阅卷笔录、会见当事人谈话笔录和调查材料（物证、书证和证人证言等）。

④诉讼保全申请书、调取证据申请书和先行给付申请书等。

⑤承办律师代理意见、集体讨论记录、代理词和出庭通知书。

⑥庭审笔录、判决书、调解书和裁定书等。

⑦办案小结。

制度 2：外聘律师管理办法

外聘律师管理办法

一、如需外部律师参与处理的诉讼，法律事务部负责配合律师收集和提供存放于公司内部的案件原始证据。

二、外聘律师应选择业务精湛、尽心尽力、在当地或专业上有一定影响力的律师事务所和主办律师。

三、选择时应取得律师事务所的简介、主办律师的简介、同行业服务经历、在业内的评价、服务方式与内容、服务报价。由公司相关部门共同考察、评选。

四、外聘律师法律服务合同一般为一次一签，受聘律师所应保证主办律师亲自处理我公司委托的事务。

五、外聘律师对重大法律事务、合同、诉讼等应事前提供法律思路，事后提供法律建议，对处理方案进行评析，提出防范改进措施。

六、律师能力优秀、责任心强、沟通及时的继续聘用；律师能力强，但责任心不足的，督促及时改进，否则另行聘请；律师工作能力差的，发现后及时解除合同，避免引起风险或损失。

表格 1：正在办理诉讼案件统计表

序 号	原 告	被 告	案 由	受理法院	代理律师	案件进展情况	代理费
1							
2							
3							
4							
5							
6							
7							
8							

表格2：诉讼案件审批表

编号：

部 门		日 期	
经办人		联系电话	
原告 （上诉人/被上诉人）			
被告 （上诉人/被上诉人）			
案 由		收案日期	
案情简介			
附案件材料清单	1. 2. 3.		
部门意见			
法务部意见			
主管领导意见			

注：本表由业务部门填写上报。

表格 3：诉讼案件汇总表

序号	项目名称	原告名称	案由	受理法庭	起诉时间	开庭时间	诉讼金额			判决（或调解）金额				判决（调解）时间	执行费	履行情况	备注
							主张金额	利息	违约金	判决金额	诉讼费	仲裁费	保全费				

表格 4：诉讼案件情况登记表

委托人： 联系电话：

原　　告		联系人地址 及电话	
被　　告		联系人地址 及电话	
案　　由		案号	
受理法院		法官姓名 地址及电话	
简要案情			
举证期限	30 日（或 15 日） 年 月 日到 年 月 日止		
开庭日期 和地点			
阅卷意见 和准备工作			
判决主文	宣判日期	年 月 日 时 分	
执行情况			
备　　注			

表格 5：财产保全申请书

申请人		电　话	
住所地		邮政编码	
被申请人		电　话	
住所地		邮政编码	
案件标的金额			
申请理由	为防止被告转移财产，确保生效法律文书能够得到执行		
申请保全的措施	□查封　□扣押　□冻结　□法律规定的其他方法		
申请保全的金额			
担　　保			
申请人责任声明	因申请错误造成被申请人或者案外人损失的，申请人愿意承担赔偿责任		
保全请求	1. 冻结被申请人银行： 2. 冻结被申请人股权： 3. 查封被申请人车辆： 4. 查封被申请人房产： 5. 其他：		

申请人签名盖章：

年　　月　　日

表格 6：诉讼案件登记台账

原告单位	起诉事项	是否经复议起诉	承办部门	承办人	应诉日期	诉讼情况	败诉原因	结案日期

表格7：诉讼案件证据提报单

编号：

案件名称			
交办部门	法律事务部	联系人	
交办日期		联系方式	
承办部门		承办部门负责人	
承办人		联系方式	
收集证据资料明细	序号	证据、资料名称	
	1		
	2		
	3		
	4		
	5		
	6		
完成时限			
完成情况			

说明：起诉（应诉）过程中需（补充）收集证据资料时，法律事务部填发此单。

表格 8：法律服务申请表

编号：　　　　　　　　　　　　　　　申请日期：　　年　月　日

部　　门		联系电话	
申请人		职　　位	
案件类型	□ 紧急案件 □ 一般案件 □ 原案件再申请	部门经理签字	
案件简述	（简述案件发生的时间、地点、人物和事物等）		
初审	□ 受理 □ 驳回	驳回理由 □ 未按规定申请及填表 □ 属于惩戒类别 □ 不属于管辖案件	初审盖章

7.5　相关法律合同文书

模板 1：物业管理服务合同

物业管理服务合同

委托方（以下简称甲方）：

受委托方（以下简称乙方）：

根据《物业管理条例》和相关法律、法规、政策，甲乙双方在自愿、平等、协商一致的基础上，就甲方选聘乙方对"　　　小区"提供物业管理服务事宜，订立本合同。

第一条　物业基本情况

坐落位置：

建筑面积：　　　　平方米。

物业类型：多层 / 高层。

第二条　委托管理事项

1. 房屋建筑本体共用部位(楼盖、屋顶、梁、柱、内外墙体和基础等承重结构部位、外墙墙面、楼梯间、走廊通道、门厅、设备机房)的维修、养护和管理。

2. 房屋建筑本体共用设施设备（共用的上下水管道、落水管、垃圾道、烟囱、共

续上表

用照明、天线、中央空调、暖气干线、供暖锅炉房、加压供水设备、配电系统、楼内消防设施设备、电梯、中水系统等）的维修、养护、管理和运行服务。

3. 本物业规划红线内属物业管理范围的市政公用设施（道路、室外上下水管道、化粪池、沟渠、池、井、绿化、室外泵房、路灯、自行车房棚、停车场）的维修、养护和管理。

…………

模板 2：物业管理装修协议

物业管理装修协议

范本

甲方：_____物业管理有限公司（以下简称甲方）

乙方：_____（以下简称乙方）

甲方系_____物业管理单位，乙方系小区住宅单元物业的购买者或使用者委托进行装修的单位或个人。现甲、乙双方就装修的有关事宜，经过平等协商，特签此协议。

一、装修申请与报批

第一条 乙方在装修前应以书面形式向甲方提出装修申请，并填写装修申请表；乙方向甲方提供下列材料：

1. 施工单位营业执照及资质证书复印件（加盖公章），如委托个人则需装修委托书。

2. 比例不小于1∶100的装修设计图（包括平面图、隐蔽工程图、机电项目施工图）或上述图纸的复印件。

3. 乙方向甲方提供现场施工人员的名单、身份证复印件及1寸近照2张。

4. 装修队电工、焊工等特种工种的上岗证及复印件。

…………

模板 3：业主手册

××小区业主手册

范本

致辞

物业管理公司服务承诺

服务电话一览表

第一章 物业管理和服务

第二章 物业管理服务费

续上表

第三章 住户行为道德公约
第四章 楼宇设备管理公约
第五章 楼宇保养与环境卫生管理公约
第六章 治安、消防及防灾害管理公约
第七章 家居日常生活注意事项
第八章 入住指引
第九章 花园（包括天台／阳台绿化）管理规定
第十章 装修管理规定（详见装修手册）
第十一章 交通与停车场管理规定

模板 4：物业临时管理规约

物业临时管理规约

范本

第一章　总　则

第一条　根据《中华人民共和国物权法》、国务院《物业管理条例》和《××省物业管理条例》等法律法规规定，建设单位在销售物业之前，制定本临时管理规约，对有关物业的使用、维护、管理，业主的共同利益，业主享有的权利及履行的义务，违反规约应当承担的责任等事项依法做出约定。

第二条　开发建设单位应当在物业销售前将本临时管理规约向物业买受人明示，并予以说明。物业买受人与开发建设单位签订商品房买卖合同时对本临时管理规约予以的书面承诺，表示对本临时管理规约内容的认可。

第三条　本临时管理规约对开发建设单位、业主和物业使用人均有约束力。

第四条　开发建设单位与物业服务企业签订的前期物业服务合同中涉及业主共同利益的约定，应与本临时管理规约一致。

第二章　物业基本情况

第五条　本物业管理区域内物业的基本情况

物业名称：

物业类型：

…………

第三章　物业的使用

第八条　业主对物业的专有部分享有占有、使用、收益和处分的权利，但不得妨碍其他业主正常使用物业。

…………

模板5：《临时管理规约》承诺书

《临时管理规约》承诺书

本人为小区___幢___单元__室的买受人，为维护本物业管理区域内全体业主的共同利益，本人声明如下：

一、确认已详细阅读_____置业有限公司制定的"临时管理规约"（以下称"本临时规约"）。

二、本人同意遵守并倡导其他业主及物业使用人遵守本临时规约，严格遵守本临时管理规约内的禁止行为。

三、本人同意承担违反本临时规约的相应责任，并同意对该物业的使用人违反本临时规约的行为承担连带责任。

四、本人同意转让该物业时取得物业继受人签署的本临时规约承诺书并送交建设单位或物业服务企业，建设单位或物业服务企业收到物业继受人签署的承诺书前，本承诺继续有效。

承诺人（签章）

_____年____月____日

模板6：业主公约

业主公约

为加强_____（以下行称"本物业"）的物业管理，维护全体业主的合法权益，保障物业的安全与合理使用，维护公共秩序，创造优良环境，同意签订本公约，并共同遵守。

第一条 目的与依据

为保障本物业的依法与合理使用、维护、管理，建立良好的公共秩序，营造安全、文明的生活、工作环境，维护业主的共同利益与合法权益，根据《物业管理条例》等相关法规和政策规定，制定本物业管理区域内的业主公约（以下简称本公约）。

第二条 公约效力

本公约对物业的使用、维护、管理，业主的共同利益，业主应当履行的义务，违反公约应当承担的责任等事项依法做出约定，对物业管理区域内全体业主和物业使用人均有约束力。

············

_____（物业名称）物业管理业主大会

_____年_____月_____日

模板 7：前期物业服务合同

范本

前期物业服务合同

甲方：_____

法定代表人：_____

住所地：_____

乙方：_____

法定代表人：_____

住所地：_____

资质等级：_____

证书编号：_____

根据《物业管理条例》和相关法律、法规、政策，甲乙双方在自愿、平等、协商一致的基础上，就甲方选聘乙方对_____（物业名称）提供前期物业管理服务事宜，订立本合同。

第一章　物业基本情况

…………

第二章　服务内容与质量

…………

第四十三条　本合同一式___份，甲、乙双方各执___份。

甲方（签章）　　　　　　乙方（签章）

法定代表人　　　　　　　法定代表人

_____年_____月_____日

模板 8：劳动合同书

范本

劳动合同书

第一条 合同期限及试用期

第二条 工作岗位和要求

第三条 工作时间和休息休假

第四条 劳动报酬

第五条 劳动保护和劳动条件

第六条 劳动纪律和规章制度
第七条 劳动合同的变更、解除、终止、续订
第八条 法律责任
第九条 劳动争议的处理
第十条 附则

模板9：物业保洁合同

物业保洁合同

范本

甲方：

乙方：

第一条 合同宗旨及原则为了更好地创造商业服务环境，进一步提高服务质量，共创服务品牌，经双方友好协商，本着平等互利等价有偿的原则，现就乙方为甲方公共区域提供清洁服务签订本合同，供双方共同遵守。

第二条 合同的范围、作业内容与清洁标准按乙方在清洁托管方案中承诺的清洁标准执行。

第三条 合同履行期限。

本合同自____年____月____日至____年____月____日。

第四条

合同双方的责任一、甲方责任和义务

1. 按合同约定向乙方支付清洁服务费。

2. 无偿为乙方提供作业用水、电；无偿为乙方提供存放清洁工具、用品及员工更衣之房间。

3. 对乙方保洁质量及时监督，发现质量问题及时和乙方沟通解决。

4. 教育乙方有关人员遵守甲方管理制度，共同维护甲方内部环境，爱护相关设施。

二、乙方责任和义务

1. 工作人员在业务上受乙方的领导，同时受甲方的监督。

2. 认真完成甲方规定的作业内容并达到乙方方案中承诺的清洁标准。

3. 负责派遣服务员工核定人数为__人，乙方人员上岗时要统一着装，遵守甲方内部各项规章制度。

4. 负责对派遣员工的安全生产教育，对派遣员工在清洁服务中的安全生产责任负责（如甲方要求乙方帮助非乙方服务范围内的工作时或因甲方提供的设施、设备出现安全责任造成乙方的事故和相关责任，应由甲方负责承担全部责任）。

…………

模板 10：物业转让协议

物业转让协议

范本

甲方：_____

乙方：_____

甲、乙双方经协商，就 _____ 的处理达成如下协议：

一、甲方同意乙方对其所购物业（_____ 写字楼，面积_____

_____ 平方米）进行转让，由乙方自行寻找买家及自行设定售价，甲方协助乙方根据规定办理退房并出售的相关手续。

二、甲方在协助乙方办理退房并出售的相关手续中所产生的费用由乙方承担。

三、甲方为乙方办理退房手续，乙方已支付甲方的房款甲方不予退还，但乙方应将发票和收据等相关手续退还甲方。

四、在乙方已确定买家的情况下，由甲方与乙方确定的买家签约，但签约价格按照 _____ 元 / 平方米确定，并由甲方按该价格向乙方确定的买家出具票据，价款由买家直接支付给乙方。乙方与买家所确定的售价增值的部分，由乙方与买家另行签约，自行处理。

五、甲方承诺 _____ 楼 _____ 外风机经过交房验收后按照甲、乙双方确定的方案整改，并加以绿化装饰，以达到最小影响视觉的效果。

六、乙方承诺甲方在按照上述方案处理后，乙方不再对甲方提出任何要求。

七、不可抗力

因为国家政策的原因导致双方不能履约，双方互不承担责任。

八、违约责任

任何一方违反协议约定，应赔偿给守约方造成的损失。

九、本协议一式两份，甲、乙双方各执一份。

甲方：_____　　　　　乙方：_____

_____ 年 _____ 月 ____ 日

模板 11：物业维修协议

物业维修协议

范本

委托方：_____ 业主大会（以下简称甲方）

受托方：_____（以下简称乙方）

续上表

按照《中华人民共和国合同法》，经甲乙双方协商，本着平等自愿原则，订立本合同。

第一条 工程概况

1. 工程名称

2. 物业管理企业

3. 施工单位

4. 监理单位

5. 其他：

第二条 合同内容（取消的条款，在其编号前括号内标"×"）

…………

合同订立日期：　　年　　月　　日

模板 12：地下车位、库房物业服务协议

地下车位、库房物业服务协议

范本

编号：＿＿＿＿＿＿＿＿

本合同当事人

甲方：＿＿＿＿＿＿＿＿＿＿物业服务有限公司

乙方：＿＿＿＿＿＿＿＿＿业主

姓名：＿＿＿＿＿＿＿＿　房号：＿＿＿栋＿＿＿号

车位编号：＿＿＿＿＿＿　库房编号：＿＿＿＿＿＿

联系电话：＿＿＿＿＿＿＿

根据有关法律、法规，在自愿、平等、协商一致的基础上订立本合同，甲乙双方达成如下相同条款：

第一条 物业基本情况

物业类型：地下车位、库房

坐落位置：＿＿＿＿＿＿＿

…………

七、本合同一式两份，甲乙双方各执一份，自甲乙双方签字之日起生效，附件及补充协议与本合同具有同等的法律效力。

甲方（签章）：＿＿＿物业服务有限公司　　乙方（签章）：

＿＿＿年＿月＿日　　　　　　　　　　　＿＿＿年＿月＿日

模板 13：广告位租赁合同

范本

广告位租赁合同

甲方（出租方）：

乙方（承租方）：

根据《中华人民共和国合同法》及相关法律规定，甲、乙双方就____小区广告位事宜，经协商自愿签订如下协议。

一、甲方租赁给乙方的广告位的位置

二、租赁期限

___年__月__日起至___年__月__日止。合同期满后，若甲方继续对外租赁，乙方在同等条件下享有优先租赁权。

三、租金数额及缴纳方式

租金按块计算，每块租金为___元。共租赁广告位___块，总金额为_____元整。合同签订时，交清租金，如需续约，按双方约定，合同签订时交清租金。

…………

模板 14：物业服务分包协议

范本

物业服务分包协议

甲方：_____

乙方：_____

为规范小区物业管理，更好地服务业主，甲方在与_____公司签订的物业服务合同的基础上，根据物业管理条例和××市物业服务实施细则及相关法律法规要求，现将_____小区的部分物业服务内容承包给乙方进行管理服务，双方经协商达成如下协议。

一、甲方外包物业项目

1. 物业共用部位和相关场地的清洁卫生，垃圾的收集、清运及雨污水管道的疏通。

2. 车辆停放管理。

3. 公共秩序维护、安全防范等事项的协助管理。

4. 装饰装修管理服务。

5. 物业档案资料管理。

6. 物业费用的收取。

…………

模板 15：物业管理顾问服务合同

范本

物业管理顾问服务合同

甲方：_____

乙方：_____

_____（以下简称 ×××××）与 _____（以下简称 ×××××××），经友好协商，在平等互利的原则下，就为 _____ 项目提供物业顾问服务事宜达成一致意见，并签订本合同共同遵守。

第一章　名词注释

1. 除合同内容或文义需要另外解释外，下列用语将具有如下意义：

1.1 "本物业"指名称为 _____ 的物业整体，总建筑面积约 _____ 万平方米，地址位于 _____。

1.2 "顾问服务"指甲方聘用乙方为物业顾问，依据甲乙双方议定之内容，乙方向甲方提供物业顾问服务。

1.3 "本合同"指本物业顾问服务合同及其附件。

…………

模板 16：小区物业商铺房屋租赁合同

范本

小区物业商铺房屋租赁合同

甲方（出租方）：某物业公司

乙方（承租方）：_____

乙方租用甲方房屋做营业商铺，双方经充分协商，订立本房屋租赁合同，共同遵守。

1. 房屋位置：_____

2. 坐落位置：_____

3. 面积：_____

乙方对甲方所要出租的房屋做了充分了解，愿意承租该房屋。

4. 甲、乙双方议定的上述房屋的年租金为人民币（大写）_____元正，计 _____元，租金每半年结算 1 次。本着先付款后使用的原则，由乙方在每半年第 1 个月的前 15 日内交付给甲方。物业管理费按每月每平方米建筑面积__元计算，由乙方与租金一同交付给甲方。

5. 甲方保证上述房屋地产权属清楚，若发生与甲方有关的产权纠纷或债权债务，概由甲方负责赔偿。乙方保证承租上述房屋仅作为营业用房使用。

…………

模板 17：物业民事起诉状

物业民事起诉状

范本

原告：_____

所住地：_____

法定代表人：_____

被告：_____，性别：____，____年__月__日出生，住址_____

联系电话：_____

诉讼请求：

1. 请求判令被告支付物业管理服务费_____元（截止_____年__月___日止），滞纳金_____元，住房公共专项维修金_____元，生活垃圾费____元，四项合计_____元。

2. 本案的诉讼费用由被告承担。

事实与理由：原告于_____年__月__日与小区业主委员会签订了《小区物业管理合同》，并从____年___月___日起至___年__月__日服务小区业主，被告是坐落于_____小区_____栋_____房业主。在原告为_____小区物业提供物业管理服务期间，原告与被告都应该切实履行《小区物业管理合同》，但被告从_____年_____月_____日起无故拖延缴纳物业管理服务费及相关费用构成违约。

············

模板 18：收楼入住协议书

收楼入住协议书

范本

甲方：_____ 物业管理有限公司

乙方：_____（业主）

为了维护大厦各业主的权益，促进大厦的管理，现业主与物业管理公司达成以下协议：

一、业主已于_____年_____月_____日收到_____物业管理有限公司签订的《×× 住户手册》。

二、同意将来若将该物业产权转移（包括但不限于出售、转让、馈赠、遗赠或互易）时，需取得承让人在公证处签署此相同的承诺书，并在产权转移后一个月内将该份合约交管理公司，以确保该承让人遵守该管理公约及业主守则的规定，此外亦同意以书面通知发展商及管理者关于单元拥有人的变更及承让人的姓名，联络地址及其他有关资料。

续上表

三、本业主 / 本公司完全同意和严格遵守本手册所载之各项内容并愿意与小区管理处通力合作,共同维护住宅小区的建设风貌及优美、整洁、宁静、安全的居住环境。如有违反愿按《××住户手册》中的要求,接受经济和行政处罚。 四、本合同一式两份,业主和管理处各执一份,自签字之日起具有法律效力。 业主房屋地址: _____ 业主 (委托人) 签名: _____ 联系电话: _____ 管理单位盖章: _____ 负责人签名: _____ 联系电话: _____ _____ 年 ___ 月 ___ 日

模板 19:物业电梯广告合作协议

物业电梯广告合作协议

甲方: _____

乙方: _____

为美化甲方楼宇的电梯轿厢和楼梯形象而进行靓丽装饰工程及完善配套服务设施,同时为乙方开拓市场,创造效益。经甲、乙双方友好协商,本着互惠互利的原则,就乙方在甲方的场所安装框架广告牌的事宜达成以下内容。

一、安装内容

甲方将其管理的 _____ 电梯的广告经营权委托给乙方经营广告业务。

安装位置:电梯内左、中、右三面,电梯轿厢门口。

二、合同期限

___ 年 ___ 月 ___ 日至 ___ 年 ___ 月 ___ 日,共计 ___ 年。

三、合同内容

1. 在电梯内保护板拆除之后,乙方应设计定制框架,设计精美、大小适宜,符合人们的视角欣赏,安装在电梯轿厢内不使用电源和不破坏原结构。投放内容健康的信息,让电梯轿厢生机盎然,美化轿厢环境。

2. 乙方提供统一标准的 60 cm × 45 cm 框架广告牌,甲方应对日常维护工作提供方便,甲方不能擅自将框架拆除或者转移位置,否则,甲方将赔偿乙方相关损失。

3. 乙方可通过框架广告牌投放商业广告、公众信息或公益广告等。

四、甲方的权利和义务

1. 甲方将配合乙方的安装工程工作,为乙方的信息更换工作提供必要的协助,

续上表

并且负责协调业主委员会的关系。 　2. 框架广告牌维护由乙方负责，框架广告牌的日常外观保洁由甲方负责，甲方一旦发现框架牌被盗或被损坏，应及时通知乙方，由乙方负责更换。 　3. 在合作期间，甲方不能同第三方再合作该项目，甲方不得允许第三方安装与乙方同类的框架平面静态广告牌。安装位置经双方确认后，不得移位。否则，甲方需赔偿乙方相关损失。甲方必须对管理费用保密，保证不得向乙方客户及乙方同行透露。 　4. 甲方的收款方式：银行转账。 　5. 乙方支付给甲方框架管理费用是每部电梯每年人民币 ____ 元，租赁费用每年支付一次。 　…………

模板 20：防火责任书

防火责任书

甲方：_____物业有限公司

乙方：_____

为加强消防管理，预防和减少火灾危害，保障公共财产和广大业主生命财产的安全，根据《中华人民共和国消防法》，结合本物业的实际情况，特订立本协议。

一、认真贯彻"预防为主，防消结合"的方针，客户服务中心总经理／副总经理为本物业公共区域防火责任人，业主为各自单元防火责任人。

二、防火责任人要经常检查消防器材设备的完好情况，确保器材和装置处于良好状态，检查防火通道，时刻保持畅通，检查防火安全公约的履行情况。及时纠正消防违章，及时消除火险隐患。出现报警信号，立即检查信号真假，如属事实立即报警，并按防灭火预案处理，如属误报应消除信号并做记录。

三、严禁下列妨碍消防安全工作的行为。

1. 严禁占用消防信道或在消防信道停放车辆。

2. 严禁占用、封堵楼梯走道和出口。

3. 严禁损坏，挪用消防设备和器材。

4. 严禁小孩玩火。

5. 严禁乱拉、乱接临时用电线路，未经审批不得进行烧焊等行为。

6. 严禁超负荷用电。

四、根据消防管理暂行规定，有下列情形之一，由有关单位处相关责任人罚款，直至行政拘留。

1. 封堵楼梯、走道或安全疏散出口的。

2. 关闭或损坏安全疏散指示，偷盗照明设施或标志的。

3. 乱拉、乱接电器线路的。

4. 擅自挪用灭火工具、器材或消防备用水源的。

5. 未办理申报审批手续即进行动火作业的。

6. 烧焊、用水、用电作业，防火安全保障措施不落实的。

五、各业主必须服从消防机关和客户服务中心消防工作人员有关防火方面的管理。刁难、辱骂或暴力、威胁等手段妨碍消防监督工作人员依法执行职务的，由有关部门分别处以相关责任人罚款，情节严重的，直至依法追究刑事责任。

六、如遇到火警时，必须迅速拨打电话 119 及报告客户服务中心，并积极协助消防员进行灭火工作，所有业主、住户都有救火的义务。

七、业主及用户进行室内装修时必须按规定每 50 平方米配 1 个 4 公斤 ABC 型干粉灭火器。

八、本责任书对业主及其同住人产生相同约束力，业主对其同住人的行为负连带责任。

九、本协议书一式两份，甲乙双方各一份。

十、协议书经双方代表盖章／签字后生效。

甲方：_____物业有限公司　　　乙方：_____

日期：_____　　　日期：_____

模板 21：法定代表人身份证明书

法定代表人身份证明书

×××（写明法定代表人的姓名等基本信息）在我单位担任 ××× 职务，系我单位法定代表人（或负责人），特此证明。

单位（盖章）

第 8 章

大型商场物业管理

（招标 + 安全 + 工程 + 车辆 + 租赁）

　　商场是一个商品集中经营的开放性场所，且人流量非常庞大，这就使得商场物业管理与一般物业管理存在许多不同之处。商场物业管理存在客流量大、时间性强、功能齐全、结构复杂、服务繁多以及设备设施较为高档等特点，因此也对商场物业管理的要求更高。

8.1 商场招标管理

规范1：招标工作管理规范

条　目	规　范　内　容
1	招标系统以外的任何人员不得干预招标工作。任何部门及个人不得推荐投标单位，不得打探招标工作情况，不得泄露所配合招标工作的信息，不得有任何干预招标工作的行为。
2	参与招标的各部门独立运作，禁止相互串通、干预。
3	所有参与招标工作的人员不得接受投标单位的任何宴请、馈赠，不得与投标单位发生任何经济往来。
4	评标小组成员须严格保守机密，应对有关招标资料承担保密责任，在定标前不得泄密、公开。
5	招标人员必须注意保存并慎重地使用在履行工作职责时所获取的资料，严禁以此谋求任何个人利益，严禁以有损于公司利益的方式滥用上述资料。

规范2：招标文件编制规范

条　目	规　范　内　容
1	编制各招标文件时（如招标公告、投标邀请书和投标人须知等），应明确文件编号、项目名称以及项目性质。
2	招标文件中应明确提出投标人资格要求。
3	说明发售文件时间。
4	说明提交投标文件方式。招标文件应明确投标文件所提交方式，能否邮寄、能否电传。
5	说明提交投标文件地点和截止时间。即投标文件应在什么时间提交到什么地点。

规范 3：废标规范

条　目	规　范　内　容
1	投标文件送达时间已超过规定投标截止时间。
2	投标文件未按要求装订、密封。
3	未加盖投标人公章及法人代表、授权代表的印章，未提供法人代表授权书。
4	未提交投标保证金或金额不足，投标保证金形式不符合招标文件要求及保证金、汇出行与投标人开户行不一致的。
5	投标有效期不足的、资格证明文件不全的或超出经营范围投标的。
6	投标货物不是投标人自己生产的且未提供制造厂家的授权和证明文件的。
7	采用联合投标时，未提供联合各方的责任和义务证明文件的。
8	不满足技术规格中主要参数和超出偏差范围的发布招标公告的。
9	属于上述任意情形的投标一律作废标处理。

制度 1：商场招投标管理制度

商场招投标管理制度

范本

一、目的

为了规范公司本部及各项目分公司各类委托管理（维护）商务合同的签署，实施高效、规范、有序管理，提高工作效率，有力地保障项目营运，对一定授权范围内的经济合同按招投标管理程序实施合同签署。

二、适用范围

适用于商场内部合同总额大于 10 000 元经济合同，包括采购类、工程管理类和策划管理等经济合同。

说明：本办法对招投标管理流程、管理机构职责和投标方案评审做出规定，是招投标牵头部门实施依据，各相关部门、项目分公司必须遵照执行。

三、招投标管理机构及职责

招投标组织：由负责各专业总监（经理）组织实施招投标。

评标组织：由公司各专业部门总监、公司财务经理、公司行政人事总监、分公司经理、分公司部门经理或分管负责人以及物业分管工程负责人组成评审小组。

工作职责：

1. 负责公司、项目年度招投标计划的拟定，分解到月度实施招投标。

2. 招（投）标书的拟定、讨论和招投标信息发布。

3. 负责承包商资格预审，确定投标单位。

4. 分公司工程部或分管负责人负责承包商现场勘查和答疑。

5. 审核、评定投标文件并记录在案。

6. 与初评定出的承包商进行议标、合同谈判，确定中标价格和中标单位。

7. 监督、指导招投标全过程，公正、公平、公开执行。

四、招投标工作要求

1. 每个招投标项目必须获取 3 家以上标书才可开标，重大招标项目（合同总额超过 15 万元），要求有 4 家以上施工单位 / 供应商参与。

2. 公司各专业部门总监作为评标小组的负责人，开标时，要求评标 6 人小组所有人员必须到位方可。

五、招投标档案管理

1. 招投标文件包括招标书、邀请函、投标书、评标记录、议标记录和委托施工（管理）合同。

2. 公司行政部根据公司文件、档案管理制度，对招投标文档进行归类和标示以便查阅、妥善保管相关文档。

六、附则

1. 本制度由营运部负责起草和修订，经公司总经理签字后实施。

2. 本制度自发布之日实施。

3. 本制度由公司营运部负责解释。

指点迷津：

投标文件评审及定标流程

开标后，需要根据招标文件对各投标文件进行系统的评审和比较，以最终定标选出中标者，并进行公示。以下是对投标文件进行评审及定标的具体流程。

1. 由专家和招标人代表组成评标委员会，一般由招标人代表担任委员会主任，专家在开标前由招标人在专家库抽取，且专家信息需保密。

2. 初步评审。

①投标文件有效性、完整性和一致性的鉴定。

②对投标文件的质疑，以书面方式要求投标人给予解释、澄清。

③废标的有关情况需与招标文件和国家有关规定相符合。

3. 详细评审。从技术方面和商务方面对投标文件进行评审，并约见投标人对其投标文件进行澄清（以口头或书面形式提出问题，要求投标人回答，随后在规定的时间内投标人以书面形式正式答复，澄清和确认的问题必须由授权代表正式签字，并作为投标文件的组成部分）。

4. 编写书面评估报告对投标文件的评估结果进行详细说明，并由评标委员会成员签字。

5. 由评标委员会推荐 1 ~ 3 位中标候选者，并注明排序。

6. 根据招标文件和评估报告等选出中标者，并进行公示。

制度 2：招投标档案管理制度

招投标档案管理制度

范本

工程招投标档案是工程交易全过程的原始资料，必须妥善保存，严格管理。为进一步加强档案管理，为工程中标后的跟踪管理和咨询服务创造条件，结合实际情况，特制定本制度。

一、设立专用档案室，存放招投标档案。由档案管理人员具体负责登记、接收招投标档案。

二、招投标档案应统一整理编号、装订入卷，分类存放，并做好防火、防盗和防潮等工作。

三、做好安全保密工作，未经允许，任何单位或个人不得进入档案室，与招标档案资料无关的物品不得存放于档案室。

四、工程项目在开标结束后，经办人按照招投标资料形成的时间顺序整理齐全后，移交给档案管理人员存放于档案室统一保管。

五、招投标档案，主要包括以下内容：

1. 招投标档案材料目录。

2. 招标情况报告。

3. 招标项目的前期资料，包括企业章程（邀请招标）、计划批文、投资证明、土地使用权证、规划许可证以及工作联系单等。

4. 招标代理委托合同（代理协议）。

5. 招标公告或邀请招标备案表。

6. 投标报名表和汇总登记表。

7. 招标文件以及对招标文件的澄清、修改文件。

8. 工程量清单。

9. 预算控制价或投标限价。

10. 中标人标书，包括技术标、商务标等。

11. 中标通知书。

12. 招标项目合同副本。

13. 需要存档的其他资料。

六、定期、按时移交档案资料。凡列入招投标台账的工程项目，必须在规定时间内将招投标档案移交至档案室。移交时间为每季度第一个月移交上季度的招投标档案，逾期未交档案的，由经办人承担相关责任。未列入招投标台账的档案资料，档案室不予接收。

七、档案移交时，交接双方应对照档案目录逐一核实，并签字确认，做好交接登记，确保档案资料完整齐全，保持档案卷内文件材料的系统联系。档案资料不完整的，档案室暂不接收，由经办人负责保存至资料齐全后再移交归档。

八、招投标档案应该真实准确、图形清晰、字迹工整，书写时必须统一使用碳素墨水，不得使用圆珠笔、铅笔等易褪色的材料书写。

九、查、借阅档案，必须履行领导审批、登记手续，填写招投标档案查阅审批单。查、借阅档案人员要注意爱护档案，妥善使用，确保完整无损，不准私自转借、复印、抄录、圈注、涂改、拆卷、抽页或销毁，并做好安全保密工作，阅后立即归档。

十、工程处、交易中心工作人员需借阅档案的，应填写档案借阅登记表，借阅的档案必须当日归还。外单位因工作需要查、借阅档案的，必须持单位介绍信，经过建管局办公室批准，方可查阅。

十一、本制度自印发日起执行。

表格1：招投标档案查询、借阅审批单

查阅单位		查阅人	
查（借）阅内容：			
查阅时间	年　月　日	归还时间	年　月　日
领导意见： 　　　　　　　　　　　　　　签字：			

表格 2：新增供应商入库资格审批表

供应商全称（中文／英文）					供应商代码	
主供物资					注册地（城市）	
注册地址			网址		E-mail	
经营地址					邮政编码	
法人代表		电话		传真	手机	
业务联系人		电话		传真	手机	
业务联系人		电话		传真	手机	
注册资金（万元）		币种		管理证书（证书名称及证书号）		
开户银行			账号			
税务登记证号			营业执照			
成立时间		类别	□生产 □贸易	性质	□股份有限　□有限 □合资　□独资　□外资	
人员总数			管理人员数		其他人员数	
质量保证能力	质量检验		□专职检验机构 □专职检验员 □兼职检验员			
	检验范围		□生产过程检验 □出厂检验 □其他			
	质量控制点报表		□有记录 □无记录 □有控制			
	供货质量记录		□质保书 □合格证 □说明书			
供应其他单位情况（不够时可以另页说明）						
单位名称		产品（可列多种产品）			年供货量（万元）	

表格3：招标项目立项审批表

项目名称		立项金额		经办部门	
经办工程师 意见				经办人：	
部门负责人 意见				部门负责人：	
分管领导 意见				负责人：	
会签部门				负责人：	
总裁意见				总裁：	

表格4：投标邀请单位汇总表

序号	单位名称	联系人	电 话	营业执照	资质	安全许可证	项目经理	备 注
1								
2								
3								
4								
5								
6								
7								

表格 5：供应商推荐审批表

序号	供应商名称	住　　址	注册资本	资　　质
1				
2				
3				
4				
5				
6				
7				
8				
9				
10				
经办工程师意见	经办人：			
部门负责人意见	负责人：			
总裁意见	总裁：			

表格 6：招投标评审表

项目名称	
业主信息	单位名称：
	联系人姓名：　　　　　　　　　　　联系电话：
招标要求	

续上表

商务文件 负责人 （签字）	日期：	技术文件 负责人 （签字）	日期：	投标项目 组组长 （签字）	日期：
投标条件 意见			市场开发部：		年　月　日
是否投标 意见			分管院领导：		年　月　日
商务文件 审核意见			商务文件审核：		年　月　日
技术文件 审核意见			技术文件审核：		年　月　日

表格 7：工程开标情况记录表

工程名称				开标日期	
工程情况说明	建筑面积： 立项价格： 标底价： 工期要求： 其他说明：				
投标单位	报　价	工　期	质量情况	项目经理	得　分
1					
2					
3					
4					
5					
推荐第一中标人					
开标人员					

8.2　商场安全管理

规范 1：商场电气防火规范

条　目	规　范　内　容
1	禁止违章搭设电路，安装时必须使用符合国标标准的材料。
2	禁止超负荷，强行运作电气设备。
3	禁止违章使用切割机、电焊、风焊和打磨机械。
4	禁止过量存放动力燃料，在该处吸烟和进行其他不安全的电气作业。
5	禁止闲人进入配电房。
6	禁止使用除保险丝外任何材料代替保险丝。
7	保证电气线路正常，接头牢固，完全包扎。
8	禁止移动、遮挡、伪装消防设施。

规范 2：人员安全控制规范

条　目	规　范　内　容
1	未经物业公司有关领导同意，无关人员决不允许私自进入商场各电房、库房、水泵房、办公室和微机室等隐私场所。
2	在无大人监管下，不得随意让儿童在商场内玩耍，尤其是楼梯和电梯口处；不得让儿童单独攀爬楼梯、电梯，以免造成人员安全事故，现场工作人员发现有类似情况要及时制止和引导。
3	禁止在商场内追逐、打闹以及溜滑，以免在发生碰撞或跌倒时对身体造成伤害。
4	严禁在商场内制造假恐慌事件，出现类似突发事件立即利用应急广播对群众进行安抚和解释，并立即通知公安机关进行处理，以免造成群体慌张导致踩压事件。

制度1: 商场消防安全制度

商场消防安全制度

一、门店实行逐级防火责任制,做到层层有专人负责。

二、实行各部门岗位防火责任制,做到所有部门的消防工作,明确有人负责管理,各部门均要签订《防火责任书》。

三、安全部设立防火档案、紧急灭火计划、消防培训、消防演习报告、各种消防宣传教育的资料备案,全面负责超市的消防预防、培训工作。各营运部门则须具备完整的防火检查报告和电器设备使用报告等资料。

四、商场内要张贴各种消防标志,设置消防门、消防通道和报警系统,组建义务消防队,配备完备的消防器材与设施,做到有能力迅速扑灭初起火灾和有效地进行人员财产的疏散转移。

五、设立和健全各项消防安全制度,包括门卫、巡逻、逐级防火检查,用火、用电管理,易燃、易爆物品安全管理,消防器材维护保养,以及火灾事故报告、调查、处理等制度。

六、对新老员工进行消防知识的普及,对消防器材使用的培训,特别是消防的重点部门,要进行专门的消防训练和考核,做到经常化、制度化。

七、超市商场内所有区域,包括销售区域、仓库、办公区域和洗手间全部禁止吸烟、动用明火,存放大量物资的场地、仓库,须设置明显的禁止烟火标志。

八、卖场内消防器材、消防栓必须按消防管理部门指定的明显位置放置。

九、禁止私接电源插座、乱拉临时电线、私自拆修开关和更换灯管、灯泡、保险丝等。如需要,必须由工程人员、电工进行操作,所有临时电线都必须在现场有明确记录,并在限期内改装。

十、商场内所有开关必须统一管理,每日的照明开关、电梯统一由安全员关开,其他电力系统的控制由工程部负责。如因工作需要而改由部门负责,则部门的管理人员和实际操作人员,必须对开关的正确使用接受培训并能识别插座和开关的编号,以便发现问题及时落实责任人。

十一、营业及工作结束后,要进行电源关闭检查,保证各种电器不带电过夜,各种该关闭的开关处于关闭状态。

十二、各种电器设备、专用设备的运行和操作,必须按规定实行,实行上岗证作业。

十三、柜台、陈列柜的射灯、广告灯,工作结束后必须关闭,以防温度过高引起火灾。

十四、货架商品存放要与照明灯、整流器、射灯、装饰灯、火警报警器、消防喷淋头和监视头保持一定间隔(消防规定垂直距离不少于50 cm)。

续上表

十五、销售易燃品，如高度白酒、果酒、发胶和赛璐珞等，只能适量存放，便于通风，发现泄漏、挥发或溢出的现象要立即采取措施。 　十六、商场内所有仓库的消防必须符合要求，包括照明、喷淋系统、消防器材的设施、通风和通道等设置。

制度 2：商场安全管理制度

商场安全管理制度

　一、商场内任何部位均不得使用电热器具（电炉、电熨斗、热水器和微波炉等），特殊情况须经保安经理同意后方可使用。商场外走廊处设置的电热水器、微波炉应有专人保管。

　二、商场内严禁吸烟，对在商场内吸烟的顾客，商场保安人员和服务员应及时上前礼貌地制止。

　三、商场电梯在运行时，如发现老人和小孩单独乘坐电梯，保安人员和服务员要及时上前提醒或劝阻。如确要乘坐电梯，保安人员或服务员要主动扶持。商场电梯要有明显的提醒标识。

　四、商场内的消防通道和进出口要保持畅通，不准有任何障碍物。

　五、商场经理为商场安全工作第一责任人，在抓好商场业务工作的同时，要主动履行安全工作职责，认真抓好安全工作，坚持每天巡查一次并做好巡查记录。

制度 3：人员安全疏散设施管理制度

人员安全疏散设施管理制度

　一、严禁在电房、机房门口摆放或堆放货物，以免在发生意外情况时影响工作人员的工作，延误抢险的最佳时机。

　二、不得在消防通道内或门前摆放、堆积货物，以免在火灾事故中造成逃生路线堵塞，危害生命安全。

　三、非消防专业人士，任何人不得私自使用购物中心内的消防设施、设备，或改变原摆放位置，保证设施、设备周围 1 m 范围无遮蔽物阻挡。

制度4：商场商户钥匙管理规定

商场商户钥匙管理规定

一、目的

规范商户存备钥匙管理工作，确保钥匙封存、使用、更换、失效的台账和记录清晰、完整。

二、适用范围

商户备用钥匙及第三方托管钥匙的管理及日常管理阶段。

三、工作程序

1. 钥匙封存

商户委托我司长期代为保管其商铺钥匙以备应急之用，应由运营部楼层主管协同安全部主管至商铺内仔细核对确认后，当场填写商铺钥匙封存单。三方签字确认后，由安全部主管现场封存带回。物业部应设立专门地点存放商户委托安全部保管的钥匙（钥匙柜应加锁、专人管理），同时填写商户备用钥匙提交登记表。商户备用钥匙由安全部负责人亲自管理或指定专人管理。

2. 备用钥匙启用

如果由于特殊原因（如火灾、水浸或燃气泄漏等紧急避险）需动用商户备用钥匙，需要经安全部负责人批准，并通知运营部及时与商户取得联系，说明情况。在商户备用钥匙启用记录表上登记电话通知时间（准确到分钟）、使用原因（紧急情况下可后补手续）。

使用商户备用钥匙进入商铺时必须3人（含）以上同时进入，使用完毕后及时收回安全部存放。

商户封存钥匙的管理原则是"谁管理、谁负责"，钥匙保管人必须跟踪整个钥匙使用过程并负责钥匙回收，同时必须将商户备用钥匙借出的情况详细、完整填写在商户备用钥匙启用记录表上。

非商户本人领取业户钥匙时，运营部必须核实钥匙领取人的身份，如员工、小时工需凭工作证领取钥匙，商户家属或代理人需凭身份证或商户委托书领取钥匙，然后与商户取得联系，说明情况经其同意后，方可办理相关手续，（安全部需保留领取人身份证复印件或委托书原件）并在商户备用钥匙启用记录表上登记电话问询时间（准确到分钟）。

3. 钥匙更换

商户因某种原因需更换门锁，应及时将新更换的门锁钥匙送安全部封存，原钥匙由商户收回。由于未及时交送备用钥匙而引起的一切责任由各商户自行承担，但安全部必须催促商户及时交送备用钥匙。

当接到丢失或损坏钥匙报告时，管理人员应马上请示安全部负责人，然后与商户联系，征得同意后，采取补配钥匙或换锁措施，并在解决过程中做好有效防护

续上表

措施，确保遗失钥匙商户房屋的安全。丢失或损坏钥匙的处理必须在当天下班前
解决，并将经过清楚地记录在商户备用钥匙启用记录表上。

表格 1：备用钥匙使用申请单

申请使用钥匙名称		使用时间	
钥匙储存编号		预计返还时间	
申请部门		申请人签字	
使用事由			
申请部门经理签字		日　　期	
物业部经理审核		日　　期	
物业副总批准		日　　期	

表格 2：封存钥匙使用记录表

日　期	钥匙编号	启用原因	使用人签字	启用时间	收回时间	批准人	经办人	备　注

部门主管：　　　　　　　　　　　　　　　　部门经理：

表格 3：商场安全隐患排查表

序号	排查项目	排查部位	排查内容及标准	隐患等级	排查频次／责任人		
					公司级／公司经理	楼层级／楼层组长	班组级／班长

表格 4：商场消防安全管理项目检查表

项目	检查内容	情况评价	负责人签字
紧急出口	1. 所有紧急出口是否畅通		
	2. 紧急出口是否上锁？遇状况时可否立即打开		
	3. 紧急出口灯是否明亮		
	4. 报警器是否性能良好		
	5. 紧急照明灯插头是否插入电源？性能是否良好		
灭火器	1. 数量是否正确		
	2. 灭火器是否定位		
	3. 灭火器指示牌有无挂好		
	4. 外表是否干净		
	5. 灭火器性能是否良好		
	6. 灭火器有无过期		
消防栓	1. 是否容易接近		
	2. 水源开关是否良好		
	3. 是否可立即操作		
急救箱	1. 有无急救箱的设置		
	2. 箱内的药物是否安全		
电器设备检查	1. 机房是否通风良好？里面有无堆放杂物		
	2. 电器插座是否牢固？有无损坏		
	3. 电线是否依规定装置		
	4. 电器物品是否性能良好？可否正确操作		
	5. 冷冻（藏）库温度是否正确？有无杂乱现象		
消防安全注意事项	1. 有无应变处理小组编制		
	2. 是否张贴防火器材位置图及防火疏散图		
	3. 员工是否知道如何正确使用灭火器材		
	4. 火警电话是否附在电话机上		
	5. 是否定期举办防火演习		

表格5：商场夜间清场巡查记录表

检查项	仓库	卫生间	场内试衣间	电房	扶梯	防火门	天台	消防通道	办公区域
一楼									
二楼									
三楼									
四楼									
五楼									
巡查人员签名：									
备注：									

表格6：商场安全疏散设施检查记录表

检查内容	情况记录
防火门	1. 检查部位 2. 状态：□完好封闭严密　□损坏　□未向疏散方向开启　□其他问题 3. 功能：□能正常工作　□不能自动关闭　□关闭不严
防火卷帘	1. 检查部位 2. 状态：□完好封闭严密　□损坏　□防火卷帘周围封闭不严 　　　　□其他问题 3. 功能：□手动按钮被封闭　□手动机械装置损坏 　　　　□手动升、降、停功能正常　□其他问题
应急照明	1. 检查部位 2. 功能：□完好　□损坏　□缺少　□遮挡　□布线未采取保护措施 　　　　□位置不正常 3. 电源情况：□符合要求　□不符合要求
备注	

检查人员签字：　　　　　　　　　　　　　检查时间：

填表说明：检查时发现问题在对应□内打√，并在备注栏中注明处理情况。

8.3 商场工程管理

规范 1: 玻璃工程施工规范

条 目	规 范 内 容
1	为确保人身安全，门厅及出入口应采用安全玻璃。无框架玻璃应采用厚度不小于 10 mm 的钢化玻璃，有框架玻璃小于 0.5 m² 且玻璃两面有保护设施或玻璃厚度不大于 10 mm 的可用钢化玻璃。
2	玻璃安装必须平整、牢固、不松动、无裂痕和缺角等现象。
3	压条和裁口边缘紧贴齐平，割角整齐光滑，连接紧密，不露钉帽，密封条与玻璃、槽口接触紧密，粘贴牢固。
4	玻璃就位后，应将玻璃摆在杂槽中央，内外间隙不得大于 2 mm，以免受挤压时，由于间隙太大造成移位而使玻璃损坏，玻璃用螺栓或挂钩固定时，应用橡皮或软物衬垫，以免玻璃孔部位受损断裂。

规范 2: 吊顶工程施工规范

条 目	规 范 内 容
1	所有吊顶绝对禁止固定在商场葡萄架及原有各种管路、设备上。
2	所有吊顶必须采用轻钢龙骨加石膏板面层等不燃材料。
3	轻钢龙骨安装应采用自攻螺丝或吊挂件等柔性连接，不得采用电焊等刚性连接。
4	必须使用金属吊杆支撑，绝对禁止使用钢丝、木棒等作支撑物，且金属吊杆要做防腐处理，吊杆及节点有足够承载能力。
5	吊杆严禁使用朝天钉或朝天射钉固定，吊杆间距应控制在 1 m 左右。在风口孔、上人孔和嵌入式灯具等罩面，开孔周围应用附加龙骨加固，以免洞口破损、塌陷。
6	全封闭吊顶必须预留检修孔，且尺寸不小于 60 mm×60 mm，同时按照消防要求，必须将消防喷淋头和烟感温感探头移至吊顶下。

规范 3：设备验收工作规范

条　目	规 范 内 容
1	设备到站后，由商场储运部提货，并与工程部协商卸货地点。提货人如发现包装破损，于当日内通知工程部现场检查，确定责任，属运输部门责任，按规定申报索赔；属内部责任，上报商场主管领导处理或由部室之间协商解决。
2	工程部与提货方开箱清点，当场验收。首先检查包装箱及设备外观，确认设备无损完好后，再按照装箱单核对技术资料、说明书、合格证、检验记录、随机附件、专用工具、备件等，交接双方办理手续。
3	安装设备过程中，根据厂方的技术参数、指标逐项验收，陆续进行试车运转，磨合期满后，加负荷运行并尝试操纵电气及传动等机械部分，如发生故障，于当日内找供货方交涉。

规范 4：设备设施维护工作规范

条　目	规 范 内 容
1	设备操作者要做好日常保养工作，具体标准是整洁、润滑、安全和高效，并保持完好率。
2	配置设备的各部室要根据不同需要，设专职设备管理员，明确负责周期定检，及时排除故障。
3	商场工程部要根据原始资料和设备实际状况提出各种预修计划，并组织实施。条件不具备时，与厂家联系维修。

制度 1：商户装修补充协议

范本

商户装修补充协议

为了加强商区的装修管理，为商户提供更好的服务，建立商区及商家铺位的良好形象，特此制定本协议。

一、商户进场装修起止时间必须按照厂商装修申报单上所拟定的起止时间执行，否则厂商装修申报单将视为过期无效。商户装修申报单需延期的，必须经过物业管理部门审批。

二、商户装修严格按照商场相关管理规定进行装修申请，必须服从职能部门对厂商整个装修过程中施工人员及工程质量的管理。

三、商户装修效果须与商场整体装修效果相协调，装修效果、装修档次符合商场整体经营定位。

四、现场施工临时用电严格按照商场临时用电管理规范流程进行。

五、装修工程施工严格按照商区装修工程施工规范进行。

六、商户装修电工进场须知：

1. 电气施工人员必须持有效电工证上岗操作。

2. 各类电器线路敷设应安全、规范、整齐、美观。

3. 厂商装修常用电线、线管、空气开关等电气材料必须符合商场的规范要求，所有灯具必须为国家认可的合格产品。

4. 厂商装修各类灯具（变压器）与可燃物间必须做好防火、隔热措施。

5. 其他未写规定按商场《装修工程施工规范》执行，由本商场电工监督实施。

七、安全须知：

1. 装修材料必须使用国家认可的防火、环保型材料。

2. 施工现场严禁使用未经批准的用电器具，一经发现将予以没收。

3. 装修人员严禁在场地内吸烟，一经发现罚款 50 ～ 100 元，并对情节严重者驱逐出场，禁止当事人再参与装修。

八、装修注意事项：

1. 靠墙的展厅垂直门面不能超过过道。

2. 装修场地地面应保持清洁，装修垃圾应及时清理，不得乱抛乱倒。

3. 任何施工人员不能留宿商场。

4. 装修过程中避免损坏商场的公共设施及设备，如电梯、消防器材、地砖和天花等，如有损坏照价赔偿或使用同等材料负责修复。

5. 装修中应注意商区的消防设施：留下不小于 10 厘米的卷帘门启闭空间；各类灯具与消防喷淋头设施距离不小于 60 厘米（灯具厂商除外）；不能覆盖遮挡空调新风进口处；更不能损坏任何有关消防设施，由此造成的损失由施工方负责，并追究其法律责任。

装修完毕后，经商场综合验收合格，装修保证金在七天内退还。

九、本协议书一式两份，一份张贴在装修现场入口位置，一份商场物业部备案存档。

商户装修负责人签字：　　　　　　　物业部签字：

　　年　月　日　　　　　　　　　年　月　日

制度 2：中央空调及辅助设备机房管理制度

中央空调及辅助设备机房管理制度

一、中央空调操作人员必须持证上岗，工作应认真负责，服从领导安排，严格遵守中央空调运行管理规程，确保机组及辅助设备的正常运行。

二、操作人员开机前应严格按照中央空调运行管理规程对相关设备进行全面检查，做好开机前的准备工作。

三、通过对主机、冷热媒水泵、冷却水泵、冷却塔、燃料供应系统、新风机、变风量机组、风机盘管等的检查、维保，确认设备正常后，方可按正常程序开机。

四、按时查看各设备运行参数，填写设备运行记录，记好工作日记。

五、如果设备运行参数出现异常，应及时采取相应措施，重大问题及时向相关领导汇报，并及时通知维保单位来人处理。

六、做好设备管理台账，如实记录设备使用状况。

七、新风机、变风量空调机组的机房要求通风良好、卫生清洁，确保机组的正常运行。

八、机房内禁止吸烟，禁止堆放杂物及易燃易爆物品，禁止动用明火。

九、机房内按规定配置各类消防灭火器材，并放置于明显处。

十、设备运行期间每周清洁设备；设备停用期间每月清洁设备。保持设备表面无油垢、无灰尘。

十一、机房钥匙由专人保管，无关人员不得随意进入机房。

十二、设备运行期间每周组织一次机房及设备的卫生、安全检查。停机期间每月组织一次机房及设备的卫生、安全检查。

制度 3：电梯设备机房管理制度

电梯设备机房管理制度

一、电梯工作人员必须有高度责任感，工作认真负责，忠于职守，服从领导指挥、安排，严格遵守电梯运行管理规程，确保电梯正常、安全使用及运行。

二、开机前应按电梯运行管理规程对电梯设备进行检查，做好开机前的准备工作。

三、通过专业人员及仪器对电梯进行检测、调试，由权威机构确认正常并发证后方可使电梯投入运行。

四、电梯维保、检修、检测时应设置明显的维修标识，以示提醒。

五、按规定填写设备运行记录。

六、电梯出现异常应及时采取相应措施，重大问题及时向领导汇报，并及时通知维保单位来人处理。

七、做好电梯设备管理台账，如实记录电梯使用状况。

八、机房设备每周清洁一次，保持设备表面无油垢、灰尘。轿箱、层站门和扶梯做好每日清洁，保持光亮、洁净。

九、电梯机房应通风良好、卫生洁净、温度适宜，保证电梯的正常运行。

十、机房及轿厢内禁止吸烟，禁止堆放杂物及易燃易爆物品，禁止动用明火。

十一、机房内按规定配置各类消防灭火器材，并放置于明显处。

十二、电梯各处应做到标识齐全、明显，应急报警系统完好无损。

十三、机房钥匙由专人保管，无关人员不得进入机房。

十四、每周组织一次机房、设备、轿箱和扶梯的卫生、安全检查。

表格1：装修验收单

厂商名称			验收时间		
验收项目		验收具体情况		结论	验收人签名
隐蔽工程	消防				消防主管： 安全部经理：
	电气				楼层电工： 电工主管：
非隐蔽工程	装修效果				楼层主管：
	消防				消防主管： 安全部经理：
	电气				楼层电工： 电工主管：
	企划				企划负责人：
整改项目					验收人签名：
总经理意见					签名： 年 月 日

表格 2：装修单

厂商名称		负责人		电话	
摊位号码		装修面积		申请电容量	
施工负责人		施工时间		施工人数	
装潢图纸审批签名			电气图纸审批签名		
主要装修材料验收记录					
序号	材料名称	品牌	型号	数量	验收结果	验收日期及签名

电气材料						
装潢材料						

资格认证	电工姓名		认证人签名	
	操作证号	（复印件附表后）		
安全教育	参加人员		培训时间	
	培训教员		培训内容	
商场经理意见	签名：　　　　　　　　　　年　　月　　日			

注：1. 本表后附装潢设计图、电气线路图各一份。

　　2. 动火证必须每天申领。

　　3. 施工材料必须严格按照商场各项装修有关规定执行，各类材料的标签、合格证附
　　　表后。

表格 3：空调机组运行记录表

时间	机组	室温	冷却水				系统冷水			值班人员	备注
			冷却风机	循环泵	进水温度	出水温度	循环泵	进水温度	出水温度		

8.4 商场车辆管理

规范 1：车辆被盗、被损坏处理规范

条 目	规 范 内 容
1	当车管员发现停车场里的车辆被盗或被损坏时，车管员应立即通知车主，并报告物业部。
2	属撞车事故的，车管员不得放行造成事故的车辆，应保护好现场。上报物业部领导处理。
3	属抛物砸车事故的，车管员应立即制止，并通知肇事者对造成的事故进行确认。
4	车管员认真填写"交接班记录"，如实写明车辆进场时间、停放地点、发生事故的时间以及发现后报告有关人员的情况。
5	车辆在停车场被盗后，由管理处确认后协同车主向当地公安机关报案。
6	发生事故后，被保险人（车主、停车场）双方应立即通知保险公司。
7	车管员、管理处、车主应配合公安机关和保险公司做好调查处理。

规范 2：道口岗车辆进岗工作规范

条　目	规　范　内　容
1	当发现有车辆进入商场区域，驶近道口挡车器前时，应立即走近车辆，向顾客示意取卡进入。
2	待顾客取卡完毕后，应立即将道闸开启放行，并提示行驶路线，若后面有紧跟车辆排队时，应示意其停留，并致歉"对不起，久等了"，然后发卡。
3	车辆安全进入道口后，方可放下道闸，确保道闸不损坏车辆。
4	当遇到公安、警察、政府部门执行公务的车辆要进入时，查证后放行，应做好《交接班记录》登记车牌号。

制度 1：地下车库交通管理制度

地下车库交通管理制度

为维护商场秩序，保持商场区域的安静、整洁，保持消防通道和人行道的畅通，特制定本制度。

一、所有进入商场区域的车辆，必须服从商场管理人员和保安人员的管理指挥，不得以任何借口阻止管理指挥，对违反者、管理人员有权移交相关部门处理。

二、所有外来车辆未经物业部许可，不得进入商场区域。

三、禁止 2.5 吨以上货车或大客车进入商场区域，特殊情况须经物业部同意方可进入。

四、车辆进出商场区域，必须按照本区域交通管理电脑控制系统服从操作或交通管理员指挥。

五、禁止车辆在商场区域内乱停乱放，必须停放在车场车位上或临时规定停车的地方。

六、顾客要求长期停放的车辆，应向物业部申请，办理进出相关手续，凡允许进入商场区域的一切车辆必须按照商场管理规定停车。

七、进入商场区域的车辆应严格做到：一慢、二看、三通过，速度不得超过 5 公里／小时，禁止在商场区域内鸣号。

八、凡进入商场区域的车辆，要爱护商场的道路、公用设施，禁止所有车辆停放在人行道和草坪，如损坏者，照价赔偿。

九、除消防车、警车和救护车外，其他车辆一律按本规定执行。

制度2：停车场管理制度

停车场管理制度

商场区域的交通秩序、车辆管理，由本商场物业部负责，接受交通管理部门指导。如有发生重大交通事故、车辆盗窃等案件交由交通理部门处理，物业部要积极给予配合。

一、车辆管理员职责：

1. 本商场入口停车场设立门岗、电动道闸，派专人24小时值班。

2. 熟记车辆车主、车牌号码和车辆固定停车位，熟悉商场区域道路和停车场环境。

3. 一切进入商场的机动车辆，一律发给顾客IC卡进入本停车场；出门时凭IC卡放行。

4. 当班巡逻员要经常巡查车辆停放情况，发现可疑情况，要及时采取有效措施，通知车主，同时报告物业部处理。

5. 负责车辆的停放次序，指挥进出车辆行驶。

6. 举止端正，仪容整洁，对顾客进入停车场，要热情有礼貌。

7. 值班时间，必须坚守岗位，不得擅自离开，不得在岗位上聊天、做私活、会客。

二、各类车辆在本商场区域内行驶停放，必须遵守下列规定：

1. 遵守交通管理规定，爱护商场区域内的道路、公用设施，不能随意停放。

2. 停放车辆服从管理人员指挥，注意前后左右车辆安全，在规定位置停放。

3. 车辆停放后，必须锁好车门，调好防盗系统，车内贵重物品须随身带走，否则后果自负。

4. 机动车辆在本区行驶，时速不得超过5公里，严禁超车。

5. 机动车辆在商场区内行驶禁止鸣号。

6. 严禁机动车辆在商场停车区内任何场所试车、修车、练车。

7. 不准碾压绿化草坪，损坏路牌等其他标志，不准损坏路面及公共设施。

8. 不准在行车道、消防通道口停放车辆（非机动车辆只能在非机动车库停放）。

9. 除消防车、警车、救护车外，其他车辆一律按本规定执行。

三、停车场管理规定：

1. 大货柜车、集装箱车、拖拉机、工程车不得驶入商场停车区。

2. 车辆入场，凭IC卡刷入入场。车辆出场，凭IC卡刷卡出场，采用电脑控制系统管理。

3. 不得在停车场试刹车、练习驾车；有滴漏机油等必须清洗干净，不得损坏停车场设施。

4. 严禁运载有毒有害、易燃易爆物品，枪支火药和其他不安全物资的车辆进场。

制度 3：商场外广场车辆停放管理制度

商场外广场车辆停放管理制度

范本

一、车辆停放

（一）商场外广场车辆的进出、停放的调度、管理由物业管理部保安处负责。

（二）任何人在停车场驾驶或停泊车位时，必须服从停车场保安人员的统一指挥、调度。

（三）保安人员要认真指挥、调度车辆的停泊。保证最大限度地利用停车场地和车辆进、出的安全、方便。

（四）任何车辆必须从规定的入口驶入、出口驶出。不得从出口进入停车场或从入口驶出。

（五）进入停车场的车辆必须停泊在规定位置，不得乱停放。任何车辆不得停泊于入口处、出口处、行车道或其他非停泊车位置，避免造成堵塞。

（六）禁止在停车场内停泊或携带可能构成其他车辆或人员危险的车辆及物品。

（七）严禁在停车场内洗车、加油、动用明火及维修车辆。特殊情况需经停车场保安人员同意，并在保安人员监督下进行。

…………

制度 4：商场电动车管理制度

商场电动车管理制度

范本

一、目的

为加强、规范广场电动车停放；预防电动车充电而引起火灾事故发生。

二、范围

全体员工。

三、电动车停放管理

1. 各广场按照体量规划非机动车停放点或指定区域。

2. 车辆按指定区域停放，不得占用机动车车辆停放处，严禁乱停乱放。

3. 车辆停放在停车区域以内，车身垂直依次停放，不得随意摆放，避免占用空间。

4. 停车区域保持清洁，不得乱丢杂物，保洁人员定时清扫。

5. 严禁非机动车进入运营及停车场区域。

6. 对广场区域内违规停放现象，涉及员工及商户车辆由运营进行处罚，__ 元/次。

四、电动车充电管理

…………

制度5：停车场收费管理制度

停车场收费管理制度

范本

一、目的

为保障物业管理费用正常收缴，维护公司利益，提高服务品质，规范停车场停车费用收缴程序，使其更加科学化、制度化，防范各类风险，依据其职能特制定本管理制度。

二、范围

本制度适用于××集团各地物业管理范围内的停车场。

三、停车场收费标准

1.根据广场所在地政府停车管理主管部门及当地物价部门审核批准的收费标准执行。

2.促销政策根据广场整体经营以及销售活动需要，经广场评审后提报集团总经办审核后执行。

3.各地广场应当根据实际情况制定租户停车销售办法，报集团总经办批准后执行。

4.各地广场应当根据实际情况制定广场员工以及租户员工停车销售管理办法报集团总经办批准后执行。

5.广场垃圾清运车由收费员登记进出时间、车牌号，免收停车费。

6.军车、警车、救护车及抢险车辆等特种车辆进入停车场执行任务，收费员通知车场班长到场确认后方可免费，并在收费员记录本上填写进入事由、车牌号、停放时间签字确认。

7.军车、警车非执行任务进入停车场，只减免1小时停车费，同时收费员应通知车场班长到场确认并在收费员记录本上填写车牌号、停放时间签字确认。

8.救护车、抢险车等特种车辆非执行任务进入停车场，正常收费。

9.各地广场员工个人车辆因工作需要，可申请办理免费卡。集团及百货集团内部员工因工作需要至停车场时，可通过工作证给予免费停放。

10.对于各地广场相关职能部门需要入场停车的，由各地广场与对接部门向行政人事部提出申请办理免费停车卡（每半年充一次卡），免收押金。其他临时特殊车辆由主管副总或总经理签字可临时单次免收停车费。

四、收费监管

1.现金与票据管理

（1）按规定标准收取停车费。

（2）负责当值期间现金、代金券、发票的保管与核对工作。每班下班前清点本班的现金、代金券、临时停车卡、人工收费单，填写停车场收费班报表，经当值领班确认、签字后，交统计员核对、签收。

续上表

（3）夜间下班的（中班），需将拟上交的现金、代金券、发票根、报表，按规定要求封好，投放至中控室专用保险柜中，翌日由统计员取出，检视封包完整，与财务人员一起开封核对、登记。

（4）每个收款员对本人领用的发票、收回票款、代金券等自行保管，并与统计员每日清缴，不得与他人流转。

（5）各班发票数量不足时，由收费员到统计员处领取。统计由财务部领取停车发票，并在发票上盖章，填写停车场发票收发台账。

2. 档案管理

（1）每月整理、装订并按规定定期归档。

（2）档案资料包括（不限于）：车场巡检登记表、车场夜间滞留车辆检查表、停车场收费班报表、停车场收费日报表、月租卡办理协议、附件及定期备份的系统数据等。

五、附则

1. 本制度解释权属各广场物业管理部，未尽事宜由各广场物业管理部补充、修改。

2. 本制度自公布之日起实施。

表格 1：车场巡检登记表

班次：白班□　中班□　夜班□　　　　　　　　日期：　　年　月　日

序　号	时　间	区　位	异常事项记录	值班员	备　注
1					
2					
3					
4					
5					
6					

备注：1. 该表用于车场巡视时使用，检查内容包括：车辆异常记录、设施设备异常记录和卫生状况等异常记录。

2. 车辆异常记录需要包括车牌号、车型、车辆颜色和停车位号等信息。

表格 2：车场夜间滞留车辆检查表

序号	巡视时间	区域/位置	车位号	车牌号	车门是否锁闭	车后备厢是否锁闭	车辆/外观有无损坏	备注
1								
2								
3								
4								
5								
6								
7								
8								

表格 3：停车场收费班报表

统计时间：　年　月　日　时　分至　月　日　时　分　　　　班次：

岗位	实际收费金额	优惠金额				收费员签字
		优惠1	优惠2	免收	优惠小计	
1# 岗						
2# 岗						
3# 岗						
中间收费岗						
其他						
合计						

领班：　　　　　　　　　　　统计员（双向确认）：

注：本表由收费员填写。

8.5　商场租赁管理

规范 1：广告位出租管理规范

条　目	规 范 内 容
1	每一块出租的广告位都必须对应一份合同，必须真正做到一年一签约、一年一收款，坚持杜绝口头协议和无偿使用。
2	必须坚决禁止以广告位资源换促销和特价资源或赞助费的现象。
3	分部财务部门务必协助设立广告位出租收入专项科目，分部和总部都将以该科目的实际到账金额作为统计和考核的唯一依据。
4	不能仅关注户外广告的签约，店内的广告位出租必须同步跟进。

规范 2：商场摊位转让、转租流程规范

条　目	规 范 内 容
1	由原商家提出书面申请，主动要求退摊位。
2	至商场管理处签转让协议。
3	原商家交清上月及当月水电费、税、工商管理费及欠款。
4	按剩余租金及物管费合计的 5% 交纳转让过户费，原商家广告费不予退还。
5	原商家保证金按到期退场处理。
6	新进商家按合同金额交纳租金、物管费、广告费、保证金和隔断押金。
7	商家办理上述项目后，商场财务部可退还原商家剩余租金、物管费和隔断押金。
8	若属于商家私下交易转让摊位，则上述流程第 1 条为原商家提供新进商家产品目录及宣传资料，由商场认可后方可。同时流程第 6 条为新商家重新交保证金，若不交则必须向商场承诺承担原商家全部质量纠纷费用。

制度1：商铺租赁管理办法

商铺租赁管理办法

范本

为规范各商场商铺租赁相关工作，促进商铺租赁工作的规范化、流程化及标准化，特制定本管理办法：

一、本管理办法所称商铺租赁是指各商场所有商铺租赁工作。

二、公司待租商铺的前期策划、商铺定位、广告宣传和租赁价格等工作由经营计划部负责，各商场应根据经营计划部的指导性方案签订合同，并做好后期的现场管理工作。

三、商场应设置专职或兼职招商人员负责现有商铺的招租工作，并及时把洽谈信息上报商场主任经营计划部。

四、当招商人员和承租人达成租赁意向后，由商场主任介入并确定商铺租赁价格及优惠幅度，同时填写《商铺租赁合同》。

五、《商铺租赁合同》待商场及承租人对所有条款阅读并认可后，由承租人签字盖章。然后由商场每周一下午统一把拟盖章的《商铺租赁合同》报送经营计划部，由经营计划部进行价格审核。经审核无误后交办公室盖章。

六、经营计划部按照公司合同盖章流程进行盖章，正常情况下3日内完成盖章手续，并及时通知商场来取合同。

七、各商场应按照财务部及经营计划部相关要求在每周四18:00点前上报签订合同实收款明细表和本周实收款汇总表，便于职能部门进行汇总分析。

八、本管理办法自领导审批并下发之日起执行，解释权归经营计划部所有。

制度2：商场公共区域场地出租管理制度

商场公共区域场地出租管理制度

范本

第一条 为规范商场出租行为，保证服务质量，保护出（承）租人和消费者的合法权益，制定本规定。

第二条 本规定适用于商贸城（以下简称商场）所属公共区域，公共区域是指商场正常营业面积中的非商户租用区域。

第三条 本规定所称场地租赁，是指出租方向进入商场进行商品交易或宣传的单位、个人或从事经营活动的个体工商户出租公共区域内一定的场地，并提供一定的摊位设施、工具设施以及服务等并收取费用。

第四条 租赁区域仅作为宣传品牌活动之用，承租方不得有任何的商业经营行为，如擅自发生经营行为，出租方将对其追究责任，由此引发的一切责任由承租方全

续上表

部承担。

　　第五条　出租场地，应当事先对承租方的经营资质进行必要的审核，包括经营主体资格、资金状况、经营规模、管理能力、服务水准、是否因违法受到查处的情况等。

　　第六条　出租方与承租方签订租赁协议。协议中除租赁条款外，还应设定安全、卫生、服务、环境、人员培训、消费者权益保护等涉及公共利益及守法经营方面的条款，明确双方的权利和职责。

　　第七条　出租房与承租方应当按照国家有关规定，单独签订消防、治安、食品卫生安全责任书，明确双方的责任，落实安全责任制。

　　第八条　出租方有责任对承租方的遵纪守法、环境卫生、服务管理、人员素质及安全责任制落实情况等各项工作进行日常检查和必要的指导。有权利上报并临时加以制止以免造成不良后果。

　　第九条　承租方应当严格遵守国家、本市有关法规、规章以及政府有关部门的规定，合法经营，接受政府有关部门的监督检查。严禁损害国家利益和黄、赌、毒等违法行为。

　　第十条　承租方如需要装修场地须报请相关部门进行核查。

　　第十一条　承租方如需使用电力须报请工程部进行协调，按用电量另行收取电费。

　　第十二条　承租方应当自觉维护消费者的合法权益。出现投诉后，承租方有责任与投诉者积极协商解决。

　　第十三条　商场应对租赁实行备案制度，提交以下备案文件的复印件：

　　1. 承租方基本情况，包括企业名称、有无法人资格、法定代表人（负责人）、人员构成、持证上岗情况等。

　　2. 双方签订的租赁协议。

　　3. 双方签订的消防、治安、食品卫生安全责任书。

　　第十四条　如遇租赁当期冲突，又无法协调可进入竞价阶段，具体办法为承租方分别给出预计租赁报价金额，隔日统一公布，但不公布具体报价金额。

指点迷津：

商场广告位出租原则

　　商场的广告位是商场收益来源的重要部分，为实现商场收益最大化，同时应优先满足场内商家需求，可参考以下广告位出租原则。

　　1. 场内商家优先。公司的广告位主要服务于场内商家的经营需要，优先出租给场内商家使用，原则上室内广告位不向场外商家开放。

2.价高者优先。户外广告位招商采取既责任到部门又公开竞争的原则，当广告位置承租意向发生冲突时，在品牌条件同等情况下，优先出租给承租价格高的商家。

表格1：应收费用通知单

序号	商户名称	应收费用类型	应缴费用	应缴租期
1				
2				
3				
4				
5				
6				
7				
8				
9				
10				
11				
12				

注：1.应收费用类型为"房租金""广告费""其他"。

2."房租金"由招商部填写并签字，财务部核对确认后交运营部。

3."广告费""其他"类由运营部填写，财务部核对确认。

填写人签字：　　　　　　　　　　财务部签字：

　　　　　　　　　　　　　　　　　　　　年　　月　　日

表格 2：租赁合同台账

单位：元

序号	签约时间	合同备案号	合同编号	合同名称	签约合同单位（个人）出租／承租单位（个人）	合同金额	租赁期限	违约责任	履行情况	经办人	备注

编制人：　　　　　　批准人：　　　　　　时间：　　年　　月　　日

表格3：撤场申请单

年　月　日　　　　编号：

商户名称/品牌	租赁场地	单价（m²/月）	合同面积	合同期限	缴款方式

退场原因							
				申请人签章：　　　　　年　月　日			

费用缴纳情况	项目	租金	物业费	财产保险	合同保证金	营业员保证金	其他	合计
	应缴							
	已缴							
	欠缴							

物业部意见	年　月　日
市场部意见	年　月　日
财务部审核意见	年　月　日
总经理意见	年　月　日

表格 4：场地合同变更审批表

年　月　日　　　　编号：

商户名称 / 品牌	租赁场地	单价（m²/ 月）	合同面积	合同期限	合同号

变更项目	变更前合同内容	变更后合同内容	变更原因
招商部意见			年　月　日
市场部意见			年　月　日
财务部 审核意见			年　月　日
总经理意见			年　月　日
董事长意见			年　月　日

表格5：场地费用缴纳通知单

年　月　日　　　　编号：

商户名称／品牌	租赁位置	单价（m²/月）	合同面积	合同期限	缴款方式
合同保证金	营业员保证金	财产保险费	物业费	租金	其他
合计大写					¥
备注					
商场负责人			财务部		
收款情况说明					

第9章

商务写字楼物业管理

（物业接管＋工程＋安全＋环境＋财务）

写字楼往往档次较高，且业主和非业主使用人经营范围广泛，社会关系复杂。另外，写字楼主要为日常办公场所，机电设备设施多，技术含量高，且人流量庞大。这些因素很大程度上提升了写字楼物业管理的要求，从而对写字楼物业工作人员的经验、素质等都有较高要求。通过本章介绍的写字楼物业管理相关工作规范、制度和表格，可以更好地掌握写字楼物业管理工作。

物业管理

9.1 写字楼的接管和入伙管理

规范1：写字楼物业验收规范

项 目	规 范 内 容
物业验收前提条件	1. 提供的验收资料齐全并且没有造假。 2. 提供必要的专业技术介绍和培训。 3. 提供所有的测试、检验和分析报告。 4. 被验收的场地、设备和机房清洁干净。
拒绝验收	对于以下情况，物业企业有权拒绝验收接管物业： 1. 严重违反国家有关法规。 2. 未能通过有关政府职能部门的验收。 3. 工地与交付物业不能有效隔离。 4. 机房不能完全独立封闭。 5. 其他可能危及设备正常运行和进驻人安全的物业。
缺陷整改	对在验收中发现的各种问题，包括工程未完事项、工程缺陷及由于成品未能有效保护一起受损等情况，物业企业将会做详细的缺陷记录，以供开发商督促承包商（或者供应商）进行整改，对不能进行整改的缺陷进行赔偿交涉。若问题比较严重，则向开发商建议暂缓验收，待整改完成后重新验收。
试运行	若部分设备或整个系统尚未通过最终的验收，但由于业主（或租户）进驻的需要必须开启运行某些设备或系统，物业企业一般仅作实物验收，并严格按开发商的书面指令进行管理和操作。在此期间，技术上仍由承包商（供应商）把关，若发生任何问题或意外，除物业企业人为原因外，责任由开发商及其承包商负责。对于重要设备或者机房有必要签订临时试运行协议，清楚列明有关各方的责任。
验收通过	被验收物业完好，设备及系统运行情况正常，所有指标均达到合同约定的要求，场地、设备和机房均清洁干净，经有关各方书面确认验收通过，开发商应督促承包商（或供应商）移交所有的钥匙、备品条件和专用工具，物业正式交由物业企业接收管理。

规范 2：写字楼接管验收准备工作

条　目	规　范　内　容
1	成立物业管理公司或设置管理处，设立各级管理机构及各岗位，草拟各级管理员工岗位职责，招聘所需员工并进行岗前培训，建立一支优良的专业物业管理队伍。
2	草拟各种规章制度。
3	组成写字楼验收小组。
4	筹集物业管理维修基金；制定财务预算方案，提交开发单位审批；建立完善的财务制度，有效控制管理费及基金收支；制定第一年的管理收支预算，拟定收费标准，包括管理佣金及其他管理款项的建议。
5	验收小组依据开发单位、承建单位提供的竣工图、设备清单等文件，按设计及施工要求编制验收计划。验收计划应包括项目概况、接管原则、验收标准、职责分工、日期安排、工作内容及验收要求等。

制度 1：物业接管验收制度

物业接管验收制度

为了规范物业公司物业接管验收工作，明确相关部门的职责，确保物业接管工作的正常进行，特制定本制度。

第一章　总则

第一条　客户服务部是物业接管验收工作的主要责任部门，具体负责组织工程维护部、物业部等部门对待接管物业的主体结构及业主自用部分的工程质量和使用功能进行验收。工程部负责对待接管物业所有公共设施、设备及配套公共场地的工程质量和使用功能进行验收。环卫部负责待接管物业项目的环境绿化及环卫设施的验收。保安部负责待接管物业项目的前期安全保卫工作，并配合公司其他部门做好接管验收工作。

第二条　督导中心负责监督、检查本制度的执行情况，并对相关部门进行考核。

第三条　本制度所称物业接管验收是指物业在通过竣工验收并取得合格证之后，物业公司从管理和业主的角度对待接管物业项目的质量和使用功能进行的再检验。

第二章　接管验收的组织与实施

第四条　客户服务部负责人负责在待接管物业交楼前两个月，组织召开有公司相关部门参加的待接管物业项目的接管验收专题会议，明确待接管物业项目的接管验收负责人（以下简称"项目负责人"），组建接管验收工作小组（以下简称"验收组"）。

第五条 项目负责人必须自受命之日起一周内组织完成接管验收工作实施方案，并报公司领导批准执行。

第六条 项目负责人必须在受命 5 个工作日内，带队并组织验收组的相关人员与集团工程部召开接管验收联席会议，确定接管验收进场时间及双方注意事项，并在会议完成后 3 个工作日内形成会议纪要，并在 1 个工作日内将其呈报集团分管领导、集团客户服务中心和公司领导。

第七条 项目负责人必须在接管验收工作实施方案审批后 3 天内，与人事部组织进行接管验收培训，培训课时不得少于 20 个学时（含考试），并且必须于交楼前一个月完成培训工作。项目负责人与人事部负责培训考勤及培训考试工作。

第八条 项目负责人在联席会议 3 天内，必须安排物业助理或工程人员进驻待接管物业，开展前期摸底工作。

第九条 项目负责人必须安排专人于正式接管验收一周前备齐接管验收所需的各种表格和资料。

第十条 验收组成员的工作由项目负责人安排，以接管验收工作优先，相应部门的负责人必须予以支持。

第十一条 客户服务部负责人负责验收组的各项工作，每周至少检查一次，并负责组织处理接管验收疑难问题。

第十二条 项目负责人必须在正式开展接管验收工作 3 天前完成接管验收具体工作方案的编制、呈报和批复工作。

第十三条 在正式进行接管验收时，项目负责人必须每天召开由物业公司、集团工程部和施工单位组成的接管验收工作联席会议，通报当天的接管验收情况，确定验收不合格项的整改期限，并形成书面记录。

第十四条 项目负责人每天必须按照计划检查接管验收工作。

第十五条 验收人员必须在每份验楼单上签名确认，并在当天交小组负责人及项目负责人签名。

第十六条 接管验收工作必须在交楼一周前全部完成。

第十七条 接管验收完成后，项目负责人必须于次日向公司领导提交书面的工作汇报，并具体负责与集团工程部办理移交手续。

第三章 接管验收的质量控制

第十八条 接管验收覆盖率必须达到 100%。

第十九条 项目负责人必须对每天呈报合格的接管验收项目进行抽检，抽检率至少达到 20%。如果发现有不合格项目，须加抽 30%。再有不合格项，须全部进行复检。

第二十条 工程维护部负责人必须组织工程师或专业人员对接管验收的关键项目进行专项验收。

第二十一条 凡是存在不合格项的分户验收项目，整改完毕后必须重新组织验收，不得只对整改项进行验收。

第二十二条 验收过程中发现的不合格项，验收组必须在 12 小时内书面通知集团工程部组织整改，并且有相关工程师的签收记录。整改完毕 12 小时内部门负责人必须组织复验。

第二十三条 验收过程当中发现重大质量问题的，项目负责人必须立即上报公司领导，并在 12 小时以内书面上报集团公司领导。

第二十四条 验收组必须每天跟进不合格项目的整改情况。超过 3 天未整改完的，书面加催一次，并在 12 小时内书面上报公司领导。超过一周内还未完成的，必须在 12 小时内书面报公司领导、集团工程部领导和集团公司领导。

第二十五条 接管验收工作中发现的不合格项目，经整改验收 3 次还未合格的，验收组必须在 12 小时内上报公司领导。

第二十六条 接管验收工作必须严格按照《××物业管理有限公司接管验收项目评定标准》的相关内容进行，累计验收差错率不得超过 3%。

第四章　接管物业交楼前的管理

第二十七条 对验收合格的物业单元，钥匙经验收人员检验后必须于当日交接，由项目负责人负责签收，并指定专人进行复核、编号和封存。

第二十八条 已接管物业的钥匙交楼前只允许在检查、清洁、维修的情况下借用。借用时必须遵守《客户服务部钥匙管理规定》，经过项目负责人同意并于当日归还。

第二十九条 验收人员完成验楼后，必须关闭门窗水电。

第三十条 对于已验收合格后的房屋，验收组必须在入户门上张贴封条。服务中心和保安部负责日常的巡查。

第三十一条 工程部须对已接管的公共设施设备安排专人进行巡查或值班。发现故障的，应立即报集团工程部进行维修。3 天内未完成的，应上报公司领导。

第三十二条 物业公司任何人员进入房屋，均不得使用室内洁具和其他用品。

第三十三条 对于验收中无法整改的项目，验收组必须在一个工作日内以书面形式上报集团公司领导。

第三十四条 保安部负责对已接管的房屋和设备房中的物品进行看管。

第三十五条 验收组每周必须将本周的接管验收情况报表报督导室。督导中心每周必须至少两次对接管验收情况进行抽查。

第五章　附则

第三十六条 本制度由××物业管理有限公司服务中心负责解释。

第三十七条 本制度自下发之日起开始实施。

制度2：写字楼入住业户管理规定

写字楼入住业户管理规定

为方便各位业主办公，同时创造一个整洁、舒适的工作环境，本公司特对写字楼入住事项进行以下规定。

一、凡租赁我公司写字楼办公间的个人或单位，须在签订租赁合同时附个人身份证复印件一份或单位营业执照复印件一份，同时留有效联系方式、有效通信地址、常用联系人有效联系方式及有效通信地址。

二、为保证工作环境空气清新及消防安全，请勿在公共区域吸烟。

三、为保持楼内整洁，请不要随意丢弃垃圾、废弃物或烟头，不要随地吐痰，不要将剩饭菜倒入下水道，如果发现因乱倒饭菜致使下水道堵塞，将收费疏通。

四、楼内为各位业主提供有制冷、制热空调及生活用水，请节约使用。

五、请爱护楼内的一切公共设施，如有破坏照价赔偿。

六、车辆停放听从保安人员指挥安排，不随意停放。

七、入住时如需对房屋进行二次装修，应先给物业管理处提交装修方案，审核通过后方可进行装修。

八、楼内严禁各种违法、乱纪活动，一经发现报当地公安机关处理。

九、禁止在楼体外墙宣挂广告牌或其他宣传牌。

十、各位业主自行做好本租赁区内的防火、防盗工作。

十一、以上规定请各位业主自觉遵守。

表格1：接管验收遗留整改问题汇总表

检查日期	设备、设施名称	位置	遗留问题简述及可能产生的后果	整改单位	整改期限
施工单位代表签字：	开发商代表签字（盖章）：		监理公司代表签字：		物业公司代表签字：
年　月　日	年　月　日		年　月　日		年　月　日

表格 2：设施、设备接管验收清单

项目名称：

序号	交接项目	型号规格	数量	容量	设计要求	接收意见	备注
施工单位代表签字：	开发商代表签字（盖章）：		监理公司代表签字：		物业公司代表签字：		
年　月　日	年　月　日		年　月　日		年　月　日		

表格 3：业主收楼登记表

年　月　日

业主名称			用户房号	
确认项目	业主手册	共　　　份		
	钥匙	共　　　把，其中：		
	电表读数			
	水表读数			
业主签名盖章： 　　年　月　日			公司签名盖章： 　　年　月　日	

表格 4：公共区域消防、通风系统接管验收检查表

项目：　　　　　　位置：　　　　　　检查人：　　　　年　月　日

项　　目	位　　置	数　　量	是否正常	情况说明	备　　注
模块箱					
模块					
正压送风口					
送风阀					
排烟风口					
排烟阀					
手报					
广播					
烟感／温感					
报警电话					
警铃					
卷帘门					
喷淋立管					
消火栓立管					
其他					

备注：

施工单位代表签字：	开发商代表人签字：	监理公司代表签字：	物业公司代表签字：
年　月　日	年　月　日	年　月　日	年　月　日

表格 5：楼层接管验收检查表

项目：　　　　　　位置：　　　　　　检查人：　　　　　年　月　日

项　　目	位　　置	数　　量	是否正常	情况说明	备　　注
厅门／外呼					
层标					
楼地面					
墙面					
护栏					
天棚					
踢脚线					
步行梯					
扶手					
楼梯平台					
门及五金件					
窗及五金件					
灯具					
开关					
插座					
安指灯					
疏散指示灯					
其他					

备注：

施工单位代表签字：	开发商代表人签字：	监理公司代表签字：	物业公司代表签字：
年　月　日	年　月　日	年　月　日	年　月　日

表格 6：户内接管验收检查表

项目：　　　　　　位置：　　　　　　检查人：　　　　年　月　日

位置	专业	验收项目	检查结果	情况说明
写字楼	土建	户门外观完好 / 开启灵活 / 金具齐全 / 门锁开启无卡阻 / 安装平直		
		窗扇外观完好 / 开启灵活 / 金具齐全 / 安装平直 / 硅胶平顺、无渗漏		
		玻璃 / 窗纱 / 窗磁 / 内护栏完好		
		窗台内高外低，高差 ≤ 10 mm		
		地面 / 墙面 / 天花平整、无裂纹、无空鼓、爆皮		
		地面管线区标识清晰		
		空调系统外观完好、固定牢靠		
	阳台	阳台门外观完好 / 开启灵活 / 金具齐全 / 门锁开启无卡阻 / 安装平直		
		窗扇外观完好 / 开启灵活 / 金具齐全 / 安装平直 / 硅胶平顺、无渗漏		
		玻璃 / 窗纱 / 窗磁 / 护栏完好		
		窗台内高外低，高差 ≤ 10 mm		
		地面 / 墙面 / 天花平整、无裂纹、无空鼓、爆皮		
		地面 1% 坡度坡向地漏 / 完成面低于相邻房间 2cm		
		48 小时闭水试验无渗漏 / 防水卷边高度及外伸符合设计要求		
		照明灯具 / 开关完好、固定牢靠		
	水电	空调系统外观完好、固定牢靠		
		弱电配电箱外观完好 / 内部配件齐全有效		
		可视对讲外观完好 / 使用正常		
		照明及开关完好 / 固定牢靠		

续上表

位置	专业	验收项目	检查结果	情况说明
写字楼	水电	墙插座完好 / 固定牢靠		
		电视插座完好 / 固定牢靠		
		电话插座完好 / 固定牢靠		
		报警按钮完好有效		
		散热器、阀门外观完好 / 固定牢靠		
施工单位代表签字： 　年　月　日	开发商代表人签字： 　年　月　日	监理公司代表签字： 　年　月　日	物业公司代表签字： 　年　月　日	

表格 7：写字楼业户入住登记表

楼　　座	
单位名称	
负责人姓名 / 身份证号	
联系人姓名 / 联系电话	
常驻办公人数	
办公时间	
正式入住时间	
备　　注	

注：若业主在当日 18:00 ～次日 8:00 之间仍需办公，请在办公时间予以说明。若业主有其他的特殊要求，请在备注栏中说明。

表格 8：入伙资料签收表

地址：	路 栋	号 室		
序 号	项 目	单 位	数 量	备 注
1	业户手册	本	1	
2	装修管理协议	份	1	
已收到上述入伙资料 签收人： 年 月 日				

表格 9：钥匙领取登记表

序号	日期	房间号	领取(把)	领取时间	留存(把)	发放人签字	业主签字	备注
1								
2								

9.2 写字楼的工程管理

规范 1：变、配电间管理规范

条 目	规 范 内 容
1	进出变、配电间，应随手关门，以防小动物窜入，造成电气设备事故。
2	变、配电间必须建立完备的出入登记制度，并在进门处准备出入登记簿，对非工作人员的出入进行登记（包括公司内人员）。
3	非工作人员或外来人员进入变、配电间，必须经主管批准，且办理登记后，方可进入；离开时同样必须登记。
4	变、配电间内悬挂安全管理制度、电气设备维修保养制度以及应急处理方案，并将责任落实到人。
5	非工作人员严禁接触变、配电间内一切设备。
6	变、配电间内禁止吃饭、喝酒，严禁将食物带入值班室，严禁各类娱乐活动。

续上表

条　目	规　范　内　容
7	在非特殊情况下，严禁带电操作，带电操作必须有人监护。
8	变、配电间内严禁堆放物品，保持整洁，并在门上挂标记警告牌。
9	严格按操作制度进行倒闸操作，严禁带负荷拉刀闸，确保电气设备与人身安全。
10	值班人员必须熟悉高、低压配电室内所有设备的性能和作用。
11	加强巡视，发现有异常情况，应及时处理，并做好记录。
12	绝缘手套、绝缘靴、验电棒、绝缘垫等电工安全用具齐全，并有检验记录。
13	保持工作场所和各类变、配电设备的清洁。

规范 2：中央空调正常停机操作规范

条　目	规　范　内　容
1	先关掉压缩机的电源，保留总电源使主机处于预热状态，但若长时间的停机则应关闭总电源。
2	关闭冷冻泵出口的蝶阀后，再逐台关闭冷冻水泵，以免引起管道的剧烈震动。停泵后再将蝶阀开启到正常位置。
3	逐台关闭冷却泵。
4	关闭盘管风机的总开关，保留分层控制开关。
5	完成上述操作以后，对整个系统巡视一遍，确认系统停止运行。

规范 3：中央空调故障停机处理规范

项　目	规　范　内　容
主机故障	这种情况应先关掉压缩机开关，保留主机的总开关，然后检查并排除主机故障，短时间不能排除的需按正常停机操作程序停机。

续上表

项　目	规　范　内　容
副机故障	这种情况应关掉故障副机的控制开关进行停机检修，同时启动备用副机，投入系统运行。
管路故障	检修或其他原因导致冷却水或冷冻水大量外泄时，应立即按正常停机程序停止系统运行。排除故障后，再补水投入运行。
停电	这种情况应按正常停机操作程序关闭主、副机开关，保留电源指示，待恢复供电后重新启动运行，同时做好记录。

规范4：维修档案管理规范

条　目	规　范　内　容
1	维修档案属工程档案的一部分，由工程部文员统一管理。
2	设备维修档案按强电、弱电、机管、电梯、空调、装修、用户单元内设施分类。
3	用户单元维修档案用标签按不同档案分开，其他档案按类别存放，在相应的档案盒上贴上标签。
4	文员根据返回工程部的维修单每天填写维修档案记录表，并录入电脑中已设置密码的"维修管理"项目。
5	文员每天核对发出和返回的维修单，将有关内容如实录入维修档案记录表，如发现不符马上追查原因。
6	文员每月对维修档案记录、维修单等进行整理，并分类归档。
7	维修档案为评估大厦设备运行情况和用户室内设备状况的根据，应妥善保存。保存期限一般为一年，重大维修项目保存期至少为两年。过期档案由工程部经理、系统工程师组成的鉴定小组统一审定后销毁。

制度1：电梯机房管理制度

电梯机房管理制度

一、机房内必须保持清洁、无尘。配电屏及控制柜内应经常进行通风、吸尘工作，

续上表

机房及通道内不得住人或堆放杂物。

　　二、非相关人员不得无故进入机房，确需进入，必须事先征得维护中心负责人同意，由相关人员陪同，并在机房办理登记手续。

　　三、工作人员离开机房要随手轻声关门，机房内严禁吸烟。

　　四、非专业人员严禁拨弄机房内所有按钮和部件。

　　五、保持机房内设备处于良好运行状态，机房室内温度保持在 25℃左右。

　　六、保证机房通风良好，机房内悬挂温度计，机房温度不得超过 41℃。

　　七、保证机房照明良好，应急照明配备齐全，充电良好，并配备灭火器和盘车工具挂于显眼处。

　　八、机房门窗应关好并上锁，未经项目经理、部门主管同意禁止任何人入内。

　　九、按规定定时对机房内设施进行维修保养。

　　十、各种警示牌应清晰并挂于显眼处。

　　十一、按规定由电梯定点维修保养单位对机房内设施和设备进行维修保养。

　　十二、每天巡视机房，发现达不到规定要求的进行及时处理。

指点迷津：

电梯的维护保养

　　一、定期进行清洁

　　为了让电梯使用更长久，我们首先需要每个月对其进行保养、清洁，另外在清洁过程中，还要检查电梯的各个零部件，以及它的系统，检查有无故障或者异常情况。

　　二、有异常做好记录

　　通常电梯的检查和维护都要遵循一定的管理制度，因此电梯的检查设置日检、月检和年检，通过定期的检查，发现异常的情况，做好记录并保存，以方便我们下次进行翻查。

　　三、按照顺序检查

　　检查电梯要有一定的顺序，比如检查相关机房当中的系统和设备是否运行等，另外我们还需要"望闻问切"，查看电梯是否有异常，以及各个楼层的按钮是否灵活等。

　　四、清洁电梯内部

　　电梯需要有专门的清洁人员对里面的部件进行检查，另外电梯的内部需要采用取补油的方式进行抽样检查，防止后期出现不灵活的情况。

五、添加润滑油

一般对于刚刚安装的电梯，使用半年之后，我们就需要检查内部减速器中的润滑油是否含有杂质，如有杂质，要及时更换润滑油。

制度2：工程部交接班管理制度

工程部交接班管理制度

范本

一、总则

为了规范交接班双方人员的交接班工作，公司特制定本制度。

二、交接班

1.值班人员应按统一安排的班次值班，不得迟到、早退、无故缺勤，不能私自调班、顶班。因故不能值班者，必须提前征得主管同意，按规定办理请假手续。

2.交接班双方人员必须做好交接班的准备工作，准时进行交接班。交接班的准备工作包括：查看运行记录；介绍运行状况和方式以及设备检修、变更等情况；清点仪表、工具；检查设备状况等。交班时，双方在值班日志上签字。

三、不得交接班的情况

1.在事故未处理完或重大设备启动、停机时。

2.交接班准备工作未完成时。

3.接班人数未达到规定人数的最低限度时。

4.班长或由主管指定替代领班的人未到时。

5.接班人员有酒醉现象或其他神志不清情况而未找到顶班人时。

四、附则

1.本制度由工程管理部负责制定和解释。

2.本制度自颁布之日起施行。

制度3：写字楼装修管理制度

写字楼装修管理制度

范本

一、总则

1.为增强投资写字楼租赁后的装修管理，保证大楼修建主体构造的稳定，保证租赁单方的权益，参照国家相关法规，制定本管理规则。

2. 本规则为写字楼租赁契约之附加商定文件，签署契约即视为认同本规则一切条款；租户对租赁的写字楼进行装饰装修必须无条件恪守本规则。

3. 本规则由投资广场物业管理处担任解释，其中内容与国家或中央同类规章有异同之处以国家或中央法规为准。

4. 租赁单方另有商定条款不在本规则的商定范围之内。

二、内容

1. 租户对承租区域的装饰装修进程中，制止下列行为。

（1）未经大楼物业管理处同意或者具有相应资质等级的设计单位提出设计方案，改变大楼修建主体和承重构造。

（2）扩展承重墙上原有的门窗尺寸，减少承重主柱、支撑墙体、衔接等的尺寸，撤除衔接墙的砖、混凝土墙体。

（3）对楼层上、下楼板大面积打孔。

（4）将无防水要求的房间改为卫生间、厨房间。

（5）损坏大楼原有节能设备，降低节能效果，损坏挪动采光通风与固定标识物等。

（6）改动电力主配线路、给排水主水管及分支管路、消防设备和监控设备。

（7）在公共区域内悬挂较大体积物体，建隔墙等，侵占公用空间，损害公共局部及设备。

（8）改动租赁区域或楼外立面构造，颜色、开门、开窗等有损大楼修建外观的行为。

2. 租赁方对承租区域的室内装饰装修，未经物业管理处赞同，不得有下列行为：

（1）对地板的装饰，对吊顶的拆换装饰。

（2）搭建修建物、构筑物。

（3）拆改供冷、供暖管道和设备。

（4）拆改电照用具、电照开关、风机开关、电源插座及有线电话网络插座等。

（5）室内墙壁装饰、改色。

（6）在公用通道及走廊、电梯口改动颜色，粘贴、设置广告物或其他相似行为。

（7）楼顶悬挂小型物体需借助管道的支撑点时。

3. 租赁方对承租区域的室内装饰装修，有下列行为，必须向物业管理处报送有关施工方案及图纸，并由物业管理处同意，方可施工。

（1）装修超越大楼设计规范或规则，添加楼面载荷的，应经大楼原设计单位或者是有相应资质等级的设计单位提出的设计方案。

续上表

> （2）改动卫生间、厨房间防水层的以及改动房间卫生间、厨房的应依照防水规范制定施工方案，并做漏水实验。
>
> （3）对本区域内的用电容量添加，应对照原大楼设计容量制定增容方案，对空开、维护安装的调整应有调整方案。
>
> （4）对房间的隔离，水、电、暖、消防、监控和通信设备的装修整顿，都须有完好、详细的方案及立体图。
>
> （5）装修施工安全措施，动用明火和停止焊接作业。

制度4：工程部安全管理制度

工程部安全管理制度

一、工程部各级管理人员和员工应认真贯彻执行"预防为主"的方针，以严谨负责的工作态度，全力做好写字楼和工程部的各项安全工作，杜绝各类安全事故的发生。

二、各机房和要害部位、各工种必须按其专业性质、技术要求制定相应的防火安全管理制度和生产安全管理制度，并不断加以完善与修订，保证写字楼设施、设备使用安全，保证写字楼的运营安全，避免人身伤害事故。

三、工程部人员必须牢记并做到防火安全制度规定要求，懂得防火常识和灭火方法。发生火情时会按写字楼程序报警，会使用灭火器材，会自救逃生，能够指导他人正确使用器械设备，确保人员安全。

四、各级管理人员和当值者发现危及或可能危及人员、设备和设施安全的一切违规操作行为须及时制止，发现各类隐患，应迅速报告，立即整改。

五、工程部须制订安全事故应急处理预案，不断总结问题原因，堵塞漏洞，反复对内部人员进行实际训练，确保紧急事故出现时能够妥善控制和迅速处理。

六、每年定期对写字楼消防报警系统、锅炉、电梯、受压容器和避雷接地等重要设备进行检测，确保其安全使用，出现故障问题立即整改。

七、施工单位施工和工程部维修中的临时动火、动用电气焊等危险作业时，须提前到安保部办理动火手续，现场配有看火人员和临时灭火器材，将周围易燃物品清除出场，并对动火区域防火采取隔离措施。

八、写字楼应在建筑安全部位建造或设置易燃品库房，并有防火、防爆措施和严格管理制度。工程部及施工单位使用的易燃、易爆物品必须存放在写字楼易燃品库房内，严禁存放或保管在机房、工作间、值班室以及施工现场内。

制度 5：写字楼施工现场管理细则

写字楼施工现场管理细则

为规范写字楼正常运营秩序及安全、卫生管控，防止施工人员进入办公区域，拟对施工人员做如下规定：

一、施工须知

1. 施工人员进出凭施工出入证通行。

2. 出入证办理流程：施工方提供身份证复印件两张——甲方项目部审批——交物业安防部办理——物业财务处缴费（押金 50 元、工本费 10 元，施工结束后凭物业开具的收据退押金）。

3. 公共区域装修押金：500 ~ 3 000 元，根据施工区域而定，费用交至财务处。

4. 施工人员凭出入证在指定区域施工，禁止施工人员进入办公区域、六层以上洗手间及乘坐客梯，一经发现处以 1 000 元罚款。

5. 禁止在施工现场吸烟、大小便，一经发现处以 500 元处罚，卫生间设置在商场 2 层、写字楼 5 层。

二、货梯管理

1. 轿厢内严禁吸烟、嬉笑打闹，严禁运送易燃易爆危险品。

2. 上下物品时，严禁用木棍顶启轿厢门，不得在轿厢内拖拉、物品不得超重超长、货物摆放平衡、不得碰击挤靠、不得划伤轿厢。任何损坏之修复费用均由申请使用方负责赔付。

3. 货梯运行过程中出现故障时，应使用轿厢内五方通话对讲及时与监控室取得联系，严禁自行采取措施。

4. 严禁脏水、油污等污染电梯轿厢。

5. 严禁超高、超载货物强行运输，严禁建筑垃圾无包扎、散状运输。

6. 对违规者，有权记下工号牌、厂家名称等报相关部门处罚。

制度 6：配电室安全管理制度

配电室安全管理制度

一、配电室内不得会客、吸烟，不得动用明火，不得储存杂物和堆码商品，不得存放易燃易爆物品。

二、各种电器、照明设备及线路的安装、使用以及配电室的清洁维护要严格按照有关标准执行。

三、当班上岗时须穿绝缘鞋，带电作业时须安排两名以上监护人，作业时挂牌操作，并有专人守卫电闸箱，高空作业时系好安全带，凡安装电气设备、线路必须经工程主管同意后，由电工操作安装。

续上表

四、配电室要配备适量的消防器材和设施，所有人员必须经过训练，提高抢险自救能力。

五、值班人员值班时，要严格遵守岗位安全制度和安全运行规程，禁止在岗位内喝酒、吸烟、娱乐和睡觉等，严禁擅离职守，认真履行职责。

六、当值值班人员不准擅自离开配电室。上班时间不准做与工作无关的事，不准将无关人员带入配电室。

七、工作人员应每天坚持巡回检查制度，做好设备运行登记和工作记录，发现异常现象要及时处理，并做好记录，任何缺陷均应记录在缺陷记录簿内，对于在操作、检修和试验等工作中发现的缺陷而未处理的均应登记。对重大异常、现象要及时报告相关部门。

八、交班人员在交班前 15 分钟到场并填好交接班记录，进行一些设备交班前的检查，清点好安全工具仪表及备用工具器材，交接班前打扫好室内卫生。

九、工程部、配电室人员和安全部每月对店铺所属地区进行电气安全检查，并且认真做好记录。

表格 1：中央空调运行巡检表

巡检人：　　　　　　　　　　　　巡检时间：　　年　　月　　日

序号	巡检项目	巡检结果		备注
		正常	异常	
一	中央空调主机			
1	压缩机运转平稳，无异常响声。			
2	各水管接头和阀门不漏水。			
3	各阀门开度位置合适。			
4	各管道无异常振动。			
5	减震装置减震效果良好。			
6	检查主电源有否缺相，电压是否符合机组要求。			
7	检查各种安全保护装置是否安全可靠。			
8	检测油加热器是否正常工作，油温是否正常。			
9	检查润滑系统油压、油量、油压差是否正常。			
10	检查冷却水进出水的温度是否正常。			

续上表

序号	巡检项目	巡检结果		备 注
		正常	异常	
11	检查冷冻水进出水的温度是否正常。			
12	检查蒸发压力、冷凝压力是否正常。			
13	检查油压、油压差的压力是否正常。			
二	冷却塔			
1	进风百叶、保护罩上无杂物。			
2	管接头和阀门不漏水。			
3	浮球阀动作灵活，出水正常。			
4	风机皮带松紧合适，无明显磨损，风机运转平稳，无异响和振动。			
5	填料层无杂物，布水器孔眼无堵塞现象。			
6	检查积水盘（槽）是否漏水。			
7	检查风机叶片，转动是否灵活。			
8	检查冷却塔有无明显的漂水现象。			
9	电机电流是否正确。			
三	水泵			
1	机座是否牢固，无振动，电机运转是否正常，无异响。			
2	电机电流是否正常。			
3	检查压力表指示，无剧烈抖动。			
4	检查水泵轴封是否漏水、符合要求。			
5	检查管接头、阀门是否漏水。			
6	检查进出水软接头减振效果。			
7	检查电机温升，无异味。			
四	风柜			
1	检查电机运转是否正常、无异响。			

续上表

序号	巡检项目	巡检结果		备 注
		正常	异常	
2	检查送风口温度、湿度是否正常。			
3	检查进、回风柜冷冻水的温度是否符合要求。			
4	检查排水管是否畅通。			
5	检查管接头、阀门漏水及时处理。			
6	检查风管软接头是否完好不漏风。			
五	风机盘管（周查）			
1	电机运转是否正常，无异响。			
2	温控器控制是否正常。			
3	出风口温度、湿度是否正常。			
4	出风口风速是否正常。			
5	排水管是否畅通。			
6	风管、冷冻水管保温棉是否完好。			
六	新风机（周查）			
1	检查电机运转是否正常，无异响。			
2	检查送风口温度是否正常。			
3	电机电流是否正常。			
4	检查排水管是否畅通，无杂物。			
5	检查各风阀的开度，设定位置无偏移。			
6	检查管接头、阀门漏水及时处理。			
七	膨胀水箱			
1	浮球阀动作灵活，出水正常。			
2	管接头和阀门不漏水。			
3	检查水箱水位是否适中。			
4	检查进水过滤网是否畅通、无杂物。			

表格 2：电梯安全检查表

序号	项　目	内　容	合　格	不合格	整改情况
1	电梯使用	1. 要有安全检验合格证，固定在电梯的醒目位置。			
		2. 在有效使用期内（电梯检验周期，每年一次）。			
		3. 载货电梯严禁载人。			
2	安全设施	1. 保证正常供电。			
		2. 防火，电梯机房必须设置灭火器。			
		3. 通风良好。			
		4. 报警系统，电梯间内设置电话报警且联系通畅。			
		5. 楼层显示器准确。			
		6. 电梯门未闭好，电梯不能启动。			
3	持证上岗	1. 生产系统电梯应有专人负责或持证上岗。			
		2. 从事安装、维护保养、电梯改造的单位，必须取得省级质量技术监督局发给的资格证，方可承担认可项目的业务工作。			
4	管理制度	电梯使用单位必须严格执行以责任制为核心的安全管理制度和安全操作规程，并固定在电梯间内。			
5	乘坐电梯要求	1. 应当遵守电梯使用管理规定，按标志操作。			
		2. 严禁损坏电梯部件。			
		3. 学龄前儿童应有成年人陪护。			
检查人员					

检查的意见和建议：

负责人签字：

表格3：机电设备维修记录表

设备名称型号		档案登记号		检修原因	备　　注

检修项目	测量数据		检修记录
	检修前	检修后	
检修前设备状况			
检修后试机情况			
使用材料及配件数量			
检修人员签名			
复查试机人员签名			
检修日期	年　月　日	检修负责人		主管	

表格 4：空调系统定期维护保养计划表

设备名称		空调系统	设备供应商		设备编号											使用单位				责任人
项次	周期		保养内容		保养日期															
					1 月	2 月	3 月	4 月	5 月	6 月	7 月	8 月	9 月	10 月	11 月	12 月				
1	1 年		全面清洁冷冻机组与除垢																	
2	1 年		检查是否需要添加制冷剂																	
3	1 年		检查冷水机组电气部分，冷却风机，拧紧全部电线接头																	
4	1 年		对冷却水系统进行加药清洗，更换冷却、冷冻水																	
5	1 年		清洁所有管道过滤器																	
6	1 年		检查压缩机滚轴轴承和滚珠轴承是否需更换																	
7	半年		每半年对空调柜机皮带检查一次，并调节张力																	
8	半年		每半年或根据实际情况更换中效过滤袋																	
9	1 年		每年检查一次风柜电气系统，并对风柜进行彻底清洁																	
10	1 年		清洁热交换器管路污垢																	
备注			实施日期可根据生产情况延后 3 天																	

表格 5：变配电室日常安全检查表

部　门		检查人员		检查日期	
检查内容	检查标准			符合性	
电气安全	配电设备必须接地、接零，照明使用安全灯具、电气线路应穿管规范，不留明线，人走断电			符合□	不符合□
安全标识	禁止烟火、高压危险等，标志要求醒目			符合□	不符合□
消防器材	消防器材完好有效，定期检查			符合□	不符合□
设备设施	配电用电设备有配电线路单线系统图，配电室内有配电系统操作模拟图			符合□	不符合□
	配电房内应急照明完好，高压、低压进线指示灯正常			符合□	不符合□
	未放置易燃易爆物品			符合□	不符合□
	配电器各开关是否可以正常使用，温度是否保持在规定范围内			符合□	不符合□
	配电房门口配有挡鼠板			符合□	不符合□
	安全用具和防护用品完好有效			符合□	不符合□
	配电房不能设置床铺，值班室与其是否分开设置			符合□	不符合□
	配电房屋顶未存在渗漏现象、地面应无积水和杂物			符合□	不符合□
	变配电室窗户的防护网、密封条是否完好无损			符合□	不符合□
人员行为	值班电工上岗操作证是否在有效期内			符合□	不符合□
	电工熟悉安全操作规程、供电系统和配电房各种设备性能及操作方法，在异常的情况下有采取措施的能力			符合□	不符合□
	值班电工严格执行值班巡视制度、倒闸操作票制度、工作票制度、安全用具及消防设备管理制度等各项制度的规定			符合□	不符合□
	配备符合国家标准的劳动防护用品，并按要求使用和佩戴			符合□	不符合□
检查结论					
整改措施					
负责人					

表格 6：水泵检修记录表

项目名称：　　　　　　　　　　　　　　　　　　编号：

设备名称			编　号			安装地点		
日常检修			故障检修			意外事故		
检修项目	状　态	处理方式	检修项目	状　态	处理方式			
1. 噪声			2. 震动					
3. 前轴承温度			4. 后轴承温度					
5. 轴向间隙			6. 泵座减震					
7. 手动盘车			8. 加润滑油					
9. 各部位密封			10. 减震垫					
11. 各部位螺栓			12. 单流门					
13. 进水阀门			14. 出水阀门					
15. 除污器			16. 进口压力					
17. 出口压力								

试运转：

更换零件：

主操作人员：　　　　　年　月　日	协操作人员：　　　　　年　月　日

备注：

制表：　　　　　　　　审核：　　　　　　　　　年　月　日

表格7：空调机房新风机组巡检记录表

编制单位：

报表编号：

巡检编号		系统名称	
检查日期		巡检周期	
环境湿度（%）		检查人	
环境温度（℃）		记录人	

空调机房新风机组巡检结果

机组名称	新风采集口	初效过滤器	中效过滤器	亚高效过滤器	风机盘管	机组电机	电机皮带	水流热行器	加湿器	冷凝水排放	电控柜

巡检结果：正常：NM　维护：MT　清洁：CL　调试：DB　更换：RP　有故障：BD

9.3　写字楼的安全管理

规范 1：消防栓管理规范

条　目	规 范 内 容
1	消火栓内配备的水枪水带及其阀门、启泵按钮等，必须保持完好，不准锈死、损坏、缺少，不因灭火需要严禁动用。
2	装修或摆放物品时，不准遮挡、阻碍。
3	发现故障或破损时，应及时报告消防设备维修人员立即修复。

规范 2：防火门管理规范

条　目	规 范 内 容
1	通道和出口不得摆放物品，堵塞通行。
2	不准在防火卷帘下堆放物品，妨碍降落。
3	不准遮挡、人为破损。
4	上述设施发现破损或丢失，应立即报安全保卫部门及时修复、更新。

规范 3：写字楼火灾处理规范

条　目	规 范 内 容
1	火灾如能及时扑灭，应先扑灭后通报公司领导，如火势较大，应及时通报公司有关领导，必要时，由现场最高领导拨打火警电话 119。
2	队员到达现场后，要听从保安部部长或公司现场负责人的指挥，严禁蛮干，以免使事态扩大，造成不必要的损失。
3	救火时要注意人身安全，以免造成不必要的人身伤亡。
4	火灾扑灭后派专人保护现场，严禁无关人员进入，待保安部消防控制中心检查处理后方可离去。

规范 4：明火作业管理规范

条　目	规　范　内　容
1	凡进行焊接、切割、烘烤、熬炼和喷灯等明火作业，由动火部门提出申请，保卫部在进行现场勘查后，负责办理《明火作业许可证》。《明火作业许可证》应注明动火级别、申请部门和动火部位、动（用）火人及监护人、明火作业理由、现场实施安全措施状况、动火时间和地点等内容，并经主管领导、保卫部共同审核签字后，组织实施。
2	明火作业必须在《明火作业许可证》批准的有效时间内作业，凡提前、延期或变更明火作业时间地点的，必须重新办理相应手续。
3	明火作业前，在作业现场必须配备足量的相应消防器材，明火作业负责人对全体作业人员详细讲明动火方案和动火过程中可能发生的异常情况、预防措施和处理办法，做好作业现场的安全检查及清理工作，保卫部派人对现场进行监督。
4	明火作业人员必须穿戴合格的防护用品，动火设备、工具应安全完好，相应的附属设备、工具应安全、灵敏、有效，发生异常情况动火人必须立即停止动火作业，实施救助措施。
5	每天动火作业完毕，作业人员应清理作业现场，熄灭余火和飞溅的火星，并及时切断电源，消除各种不安全因素，确认安全无误后，方可离开作业现场。
6	动火作业完毕，保卫部应对动火现场进行检查，监督作业现场的清理，确保安全。
7	大风天（4 级风以上）室外禁止明火作业。
8	未经批准私自动用明火的，保卫部责令其停止动火作业，并按有关规定进行处罚。
9	外来施工单位进行明火作业时，必须履行明火作业管理制度以及其他有关规定。
10	进行电焊、气焊等具有火灾危险作业的特殊工种操作人员，必须持证上岗，并严格遵守消防安全操作规程。

规范 5：盗窃事件处理规范

条　目	规　范　内　容
1	盗窃分子能及时制服时，可先制服后通报；如不能制服时要及时上报保安部经理、物业管理办公室主任，必要时，可由现场最高指挥人员拨打报警电话110进行处理。发现有盗窃情况报告时，要说明盗窃分子的大概人数及有无携带凶器。
2	抓住盗窃分子要首先检查犯罪分子身上是否携带凶器，以免盗窃分子用凶器伤人或逃脱，随后交公司处理。
3	盗窃分子、凶器及盗窃财物一律交保安部处理，不得私藏。
4	盗窃现场要派专人保护，直到保安部处理完毕。同时，要加强警力和警戒。

制度 1：消防控制室值班制度

消防控制室值班制度

一、消防控制室是重点要害部位，实行二十四小时值班。

二、值班人员要提前十分钟接岗，认真按照交接班制度的要求与上个班的值班人员进行工作交接，并在值班记录上签字确认，做好上岗前的准备工作。

三、值班人员接班后，要利用设备自检功能对室内的消防设备进行巡检，并将巡检结果认真填写在巡检记录上，对巡检中发现的设备故障，要及时填写故障通知单交设备维修部门签字维修。

四、值班期间发生各种报警，值班人员要按照相应的报警处置程序进行灵活有效的处理，要严格执行火警报警制度。

五、值班人员要遵守值班纪律，不得私自串班，不得擅离职守，不准长时间占用值班电话，接收和发出报警要及时进行电话录音，不准随意删除报警电话录音。

六、严禁在监控室内睡觉、打瞌睡，严禁在监控室内喝酒、吸烟、会客和进行各种娱乐活动，严禁酒后上岗。

七、值班期间要保持头脑清醒，对各种报警提示音要迅速做出反应，及时进行确认。做到"耳细听、眼勤看、头脑清、反应快"，处置得当。不漏报、不误报，报警准确率达100%。

八、值班人员严禁擅自关闭消防设施、改变室内消防设备的工作状态，对外来人员要认真登记，厂家的工作人员维修设备必须经主管领导批准，并由维修部门的人员陪同方可进入室内工作。

制度2：办公楼日常巡查制度

办公楼日常巡查制度

范本

　　为加强集团机关办公楼的日常管理，保证办公楼日常采光、用水、供电等基础设施的安全使用，确保对故障设备的及时发现及维修，建立文明、舒适、宁静的工作环境，实现优质、高效、低碳、规范和安全的工作要求，特制定本制度。

　　第一条 由办公室具体负责办公楼的统一管理，并安排专人负责办公楼日常的巡查工作。

　　第二条 办公楼日常巡查工作至少每周一次，重点是检查办公楼照明、供水、防火、通行、采暖、空调设施是否完好，办公室及会议室门窗、桌椅有无损坏，并编写日常巡查记录，发现问题须告知办公室主管领导，并及时予以维修或更换。

　　第三条 每逢节假日及出现异常天气时，需对办公大楼进行巡查，必须检查大楼内楼道是否锁好门窗，关闭照明、切断电源，及时排除安全隐患。

　　第四条 每季度应组织一次针对办公室用电、消防、防盗安全的全面安全检查，对发现的安全隐患要及时整治，发现问题及时检修，重大事件要及时报告。

制度3：写字楼出入管理制度

写字楼出入管理制度

范本

　　为了加强写字楼规范化管理，切实维护办公区域正常秩序，营造和谐、稳定、文明的工作环境，特制定本制度。

　　第一条 门卫人员要严格遵守执行单位相关规章制度，恪尽职守、文明执勤、礼貌待客，认真把好门卫关。

　　第二条 凡人员和物品出入写字楼均应遵守本制度，由门卫人员负责管理。

　　第三条 门卫人员要做好全天候执勤。发现违纪、偷窃等行为，要及时制止并向上级汇报，作好记录。

　　第四条 门卫要维持大厅良好的工作环境，对于无关人员在写字楼中嬉笑、打闹，门卫应予以文明劝阻。

　　第五条 本单位工作人员在非工作时间进入综合写字楼，需经门卫办理登记手续后方可进入；非本单位工作人员在非工作时间谢绝入内，如确因工作需要，必须由本单位相关人员陪同进入。

　　第六条 发现形迹可疑人员进入写字楼，门卫应及时上前盘问，了解情况，根据实际决定对其引导或劝离写字楼。

续上表

第七条　公有财产、贵重物品等带出办公大楼，需出示单位领导的签字，并配合门卫检查核实后方可通行。严防违禁、危险或易燃易爆物品进入综合写字楼，保护办公大楼及办公人员的安全。

第八条　车辆进入驾校附近，应停放在指定位置，不得任意停靠。

第九条　本制度的解释权属综合办公室。

第十条　本制度自公布之日起执行。

制度 4：写字楼安全管理规定

写字楼安全管理规定

一、办公楼的安全工作由保安部门负责，公司办公室要切实加强对保安的管理，确保保安人员履行好安保职责，严格落实各项安保措施，确保办公楼安全。

二、严格执行来访登记制度。凡到公司的办事人员先由门卫告知相关部门，并在来访登记表上登记，注明事由，再由相关部门进行接待。杜绝外来人员在公司内部乱窜乱闯现象发生。

三、各部门要认真做好部门自身的安全保卫工作。在下班前要检查门窗、用电、空调等使用情况，离开办公室必须关好窗，锁好门，关掉空调、电脑等用电设施，确保部门自身安全。

四、有重要设备、仪器仪表的部门要设专人负责，严格管理，避免发生财物丢失等责任事故。

五、财务室、档案室、配电室、设备机房、食堂、仓库等重点区域，相关部门要严格落实各项防火、防盗等安全措施，做到人防和技防相结合，加强管理，杜绝隐患。

六、各部门（人员）发现重大问题和带有苗头性的隐患要及时汇报，及时排除。

七、保安部门要认真检查维护电视监控系统，确保 24 小时开通，运转良好。非相关人员禁止进入电视监控室，如需要调看监控录像，必须征得办公室相关负责人同意。

八、节假日期间，值班人员必须坚守岗位，认真履行职责，做好交接班记录。对需要加班人员须在值班处登记。对突发事件和重要情况要及时报告，及时处理。

九、实行每日清楼制度，清楼时间为 21 时。

制度5：写字楼消防安全管理规定

写字楼消防安全管理规定

一、财务室、配电室、设备机房、档案库、厨房餐厅、实验室、仓库等重点防火部位，要按公安消防部门的规定配备消防器材，设立禁止烟火标记。禁止在办公楼内乱扔烟蒂，禁止在办公楼非吸烟区（电梯）内吸烟。

二、各部门员工要遵守消防管理规定，严禁擅自移动或破坏办公楼内消防设施，严禁擅自占用、堵塞、封闭消防通道。

三、各部门员工要积极参加公司组织的消防培训，熟悉楼内安全通道，掌握消防器材的基本使用方法，自觉遵守办公楼各项消防安全制度。

四、妥善保管纸张等可燃性物品。严禁在办公室和公共区域堆放易燃、易爆、有毒等危险物品。严禁私接、更改电器线路和设备。

五、严禁各部门随意动火作业，特殊情况需要临时用火用电作业的，在操作前必须向办公室提出申请，由办公室安排专业人员操作，并配备相应的灭火器具。对违章操作造成事故的，要追究当事人的责任。

六、严禁在楼道、办公室、卫生间及办公楼周围焚烧废纸、树叶等物品。

七、严禁在消防通道停放机动车与非机动车。

八、公司安全负责人要组织相关人员经常巡视办公楼防火情况，对重点部位加强检查，对存在的火灾隐患，及时下发整改通知单进行整改，杜绝隐患。

指点迷津：

写字楼日常防火措施

火灾是写字楼中比较容易发生且危害非常严重的灾害，写字楼管理人员及使用人员都必须做好日常防火措施，谨防火灾发生。

1. 离开办公室时，检查所有电源开关是否关闭。

2. 确认办公室没有遗下未熄灭的烟蒂及其他火种。

3. 不得将易燃、易爆等危险品带进大厦。

4. 不得在楼内，特别是楼梯或走廊处堆放垃圾杂物，确保消防通道畅通。

5. 客户室内范围的任何电器插座或电线如有损坏，通知写字楼工程部。

6. 为了整个写字楼的人身财产安全，务必认真执行写字楼消防安全管理规定，客户不得在室内随意加接电源及使用电加热器。

表格 1：巡楼记录表

年　月　日

楼　层	时　　间	异常状况记录	处理措施	备　注

主管：　　　　　　　　　　　　　　　　　　　　　　　巡楼员：

表格 2：消防栓检查表

年　月　日

消防栓编号	安装位置	检查时间	门	锁	铭牌	警铃	玻璃	闸阀	水枪	水带	面具	漏水	备注

主管：　　　　　　　　　　　　　　　　　　　　　　　检查人：

表格3：消防器材月检查表

放置区域	器材类型	检查结果	下次维修期	维修责任人

检查人：   检查日期：

此表每月5日前统计上报

表格4：灭火器配置统计表

年   月   日

配置区域				防火责任人	
序 号	灭火器类型	规 格	数 量	备 注	

审核：   制表：

表格 5：客户遗失物品登记表

日　期	遗失物品区域	物品详细资料	拾到人签名	经理签名	客人签领	签领时间	承办人	奖励结果	备　注

9.4　写字楼的环境管理

规范 1：写字楼外围绿化养护规范

条　目	规　范　内　容
1	绿地内无明显死树，树木修剪合理，能较好地解决树木与广场电线、建筑物、交通、Logo 等之间的矛盾。
2	绿化生产垃圾主要地区和路段做到日产日清，重大活动前突击检查并清理绿地内的废弃物。
3	栏杆、园路和井盖等园林设施比较完整，能进行维护和修饰。
4	对人为破坏能及时进行处理。绿地内无堆物堆料、搭棚侵占等，行道树树干上钉栓刻画现象较少，树下无堆放石灰等对树木有烧伤、毒害的物质，无搭棚设摊、围墙圈占树等。
5	根据不同的季节、气候，以及草皮生长期、植物品种决定浇水时间（上、中、晚）和浇水量。
6	根据土质、植物生长期、植物品种和培植需要，决定施肥种类及用量大小。

条　目	规　范　内　容
7	根据季节、草坪生长状况对所辖草坪内的杂草进行清除并对土地进行相应的松土以利草皮的生长和规范。
8	根据植物的形状，以利观赏为目的，依植物品种及生长情况等因素进行修剪整形，但此项目通常在冬季进行。
9	根据病虫害发生规律，实施综合治理，通常在病虫率高时，施以药剂杀死病虫，以确保植物良好生长。

规范2：写字楼室内绿化养护规范

条　目	规　范　内　容
1	植株丰满健壮，株型自然匀称。叶面干净光亮，无灰尘赃物，无明显病斑，无明显虫害，无残留害虫。
2	植株无残枝、黄叶。观花类植物，花朵开放饱满，无萎蔫。
3	植物的套盆、底碟干净整洁，无破损、无脏污，盆内无杂物、垃圾。
4	绿植公司养护人员每次养护工作完毕必须接受绿化监督人员检查，相关内容填写《绿化养护管理工作记录》。
5	如同种植物摆放时间较长或客户提出更换植物品种，应安排租摆公司定期更换调整。

规范3：写字楼绿化工作检查规范

项　目	规　范　内　容
摆设	注意绿化花草、盆景、盆栽摆设和陈列是否妥当，并及时进行养护、更换。
剪裁	1. 室内外盆栽、乔灌木是否及时剪裁处理，使其造型整齐美观，枯黄枝叶是否及时剪除，保持青绿和生机，修剪下的枯叶要即刻清除。 2. 草坪有无杂草、杂花，若有要及时拔除，注意草坪、草地是否整齐。

续上表

项　目	规　范　内　容
浇水	有无适时或定时浇水，绿化植物是否干枯，对流到地面或设施上的水要及时抹干，保持周围环境整洁、干净，并防止造成设施的腐蚀和霉坏。
施肥	施放有异味的肥料是否在非办公时间内进行，并以花泥覆盖，不得裸露，以免影响周围环境。
杀虫	对室内公共场所绿化喷杀虫药，是否在非办公时间内进行，使用高效低毒农药时是否做好防护工作。在室外喷药后 4 小时内下雨是否天晴后重喷。
去尘	检查花池、花基、花盆、绿化带是否有烟头、纸屑等杂物，有无定期用湿软布、巾对植物茎叶进行除尘。
补缺	如有枯死现象，要及时进行更换，如所更换的品种不同，是否有书面报告物业部审批。

规范 4：擦窗机使用规范

条　目	规　范　内　容
1	检查擦窗机性能是否良好，现场环境是否适合作业，并准备好清洁工具。
2	先用水枪喷射墙面，除去浮尘。
3	将毛滚浸入桶中，待充分吸入清洁剂后均匀地涂抹于墙面或玻璃面。稍后，即用刮片上下和左右刮玻璃、窗框表面及边角位子，交叉对拉，不漏涂，再用毛巾擦拭干净，注意不要划伤玻璃。
4	一个位置结束后将吊篮放至下部同一位置进行清洁，当纵向从上到下一个位置清洁完毕后，在横向左或右移动至相邻一个位置从上到下清洁。
5	全部作业完成后，收拾整理机器设备和工具，撤去地面拦护绳和告示牌，将地面水迹擦净。
6	进行设备的清洁保养，清除灰尘、滴漏的液体以及可能打滑的其他物质。
7	对其故障待修的设备，挂上标志牌，在恢复正常状态前禁止使用。

规范5：写字楼绿化植物放置规范

条 目	规 范 内 容
1	大堂（前厅）的绿化：包括入口、休息区、楼梯和公共卫生间等。大堂以大盆或中型的观叶植物为主，如棕竹、龟背竹、苏铁、巴西铁、橡皮树和凤尾葵等，在春秋季节可放茶花、杜鹃和菊花类品种。
2	走廊、过道的绿化，以普通型的大盆或中盆的观叶植物为主，如散尾葵、发财树、针葵和棕竹等。
3	会议厅的绿化、布置应力求高贵、典雅、美观、大方，四周可放置大型和中型的观叶植物，如万年青、变叶木和巴西铁等，桌上可放瓶插花加以点缀。
4	办公室的绿化、布置要突出舒适、清静、高雅，窗台上选用小兰草、君子兰、文竹、富贵竹和垂盆草等植物。

制度1：写字楼绿化养护管理制度

写字楼绿化养护管理制度

范本

一、目的

落实绿化管理制度，确保公司各物业服务中心绿化服务质量，为顾客提供一个幽雅、舒适的环境。

二、适用范围

适用于公司各物业服务中心的绿化管理。

三、职责

1. 物业服务中心物业部负责对绿化组实施日常巡查与监控。

2. 绿化组绿化员负责对绿化具体实施。

四、工作程序

1. 绿化工作制度的建立

（1）由物业服务中心各物业部绿化主管建立各服务中心苗木清单。

（2）公司根据所管理物业特点建立《绿化管理手册》。

2. 绿化管理

（1）物业绿化项目由物业部对绿化组各员工进行职责区域划分，如绿化项目外包，物业部绿化主管应审核外包方责任区域划分，并对绿化工进行礼节、礼貌、技能方面的培训。

（2）绿化组组长填写绿化工作周计划表交物业绿化主管审核后，绿化组保质

续上表

保量完成计划任务，如绿化项目外包，物业部绿化主管应审核外包方绿化养护周计划表。

（3）绿化员必须严格按操作规程使用各类绿化设备。绿化设备实行专人负责，统一入库管理。绿化员每次使用绿化设备后，必须清洗干净后再入库。每月由绿化班长组织对绿化设备进行检查保养，发现问题，及时解决，如项目外包工具由分包方负责管理。

3. 工作检查

物业绿化组组长依据绿化管理规定对本物业服务中心绿化工作进行日常巡查、监督和管理，并把检查结果填写在绿化工作检查表（绿化面积 5 000 平方米以上日检，绿化面积 5 000 平方米以下周检），情节严重的把工作整改通知发给责任人，限期返工，并跟踪验证，并把处理结果填在上绿化工作检查表。

4. 物业部绿化主管应注重绿化组的环保意识培训，重点关注化肥、化学试剂的使用，详见《化学危险品控制程序》等。

5. 物业部绿化主管应注重绿化组的职业安全意识培训，重点关注高空作业、化学试剂的使用等，详见《化学危险品控制程序》及《危险作业控制程序》。

6. 绿化分包控制参见《分包方管理及施加影响管理程序》。

指点迷津：

外围园林绿化管理过程中的注意事项

冬季围挡：对于北方冬季风力较大地区，所有非常绿乔灌木均需要在冬季搭设围挡，同时处于风口的常绿乔木也必须搭设围挡。

浇灌：园林公司对绿植浇水必须避开早午晚 3 个高峰期。早：8:00 ~ 9:30；午：12:00 ~ 14:00；晚：17:00 ~ 19:00。

草坪：定期修剪将草种高度保持在 6 cm ~ 7 cm。

树木：对树形不符合要求的树木进行修剪或移除。

工作计划：每月月底提交下月工作计划，绿化监督人员根据工作计划完成进度。

养护人员：a. 每日工作前需到指定地点签到；b. 所有园林员工在工作时必须穿统一的制服。

绿化监督人员每周至少两次对广场的绿植养护情况进行检查，并填写巡视记录表。

制度2：办公楼卫生管理制度

办公楼卫生管理制度

范本

第一章 总则

第一条 为了加强本公司办公环境的卫生管理，创建文明、整洁、优美的工作和生活环境，制定本制度。

第二条 本制度适用于本办公楼办公环境的卫生设施的设置、管理、维护和环境卫生的清扫保洁管理。

第三条 凡在本公司工作的员工和外来人员，均应遵守本制度。

第四条 公司办为公司办公楼环境卫生管理的职能部门，负责办公楼的环境卫生管理工作；办公楼的各部门都应当按照各自的职责，协同做好环境卫生的管理工作。

第五条 专职环境卫生清扫保洁人员应当认真履行职责，文明作业。任何人都应当尊重环境卫生工作人员的劳动。

第六条 卫生清理的标准：门窗（玻璃、窗台、窗帘）上无浮尘；地面无污物、污水、浮土；四周墙壁及其附属物、装饰物无蜘蛛网、浮尘；照明灯、空调上无浮尘；书橱、镜子上无浮尘、污迹，书橱、档案橱内各类书籍资料排列整齐、无灰尘；办公桌上无浮尘，物品摆放整齐，水具无茶锈、水垢；桌椅摆放端正，各类座套干净整洁；电脑、打印机等设备保养良好，无灰尘、浮土；厕所墙面、地面和便池清洁干净，无杂物、无异味。

第二章 公共区域的清扫与保洁

第七条 公司公共区域（包括楼道走廊、厕所及洗漱间等）的清扫与保洁，由公司办负责安排人员进行。

第八条 公司会议室的日常卫生由公司办负责安排清扫和保洁。

第九条 禁止在公司内部公共场地倾倒、堆放垃圾，禁止将卫生责任区内的垃圾扫入通道或公共场地，禁止在办公楼内随地吐痰和乱扔果皮、纸屑、烟头及各种废弃物。

第十条 公共走道及阶梯，至少每日清扫一次，并须采用适当方法减少灰尘的飞扬。

第十一条 厕所、洗漱间及其他公共卫生设施，必须特别保持清洁，尽可能做到无异味、无污秽。

第三章 室内卫生的管理

第十二条 各部室都要建立每日轮流清扫卫生的制度。

第十三条 室内应保持整洁，做到地面无污垢、痰迹、烟蒂和纸屑；桌面、柜上、窗台上无灰尘、污迹，清洁、整齐、窗明几净；室内无蜘蛛网、无杂物。

第十四条 室内不准许随便存放垃圾，应及时把垃圾倒入垃圾筐内。

第十五条 办公室内办公用品、报纸等摆放整齐有序，不得存放与工作无关的物

续上表

品，个人生活用品应放在固定的抽屉和柜内。

第四章　环境卫生设施的设置与管理

第十六条 环境卫生设施（垃圾箱、公共厕所等）的设置与管理，应当符合公司《卫生管理制度》的相关规定。

第十七条 任何部门和个人不得擅自在通道旁或门前放置各类垃圾容器。

第十八条 公司办负责办公楼内垃圾堆放容器、垃圾箱、等卫生设施的保洁、维护统一性，由公司办管理，任何部门和个人不得更改。

第十九条 设置在各部门、办公室的垃圾桶等，部门和个人有责任和义务协助做好保洁工作，不丢失、不人为损坏。

第五章　附则

第二十条 本制度自颁布之日起执行。

第二十一条 本制度由公司办负责解释。

制度 3：办公楼保洁管理制度

办公楼保洁管理制度

范本

为创造写字楼优美、整洁和文明的工作环境，结合公司实际情况，特制定本制度。

一、办公楼保洁管理

1. 后勤服务中心是办公楼保洁管理的直接责任部门，负责保洁人员的日常管理、值班安排、工作检查及绩效考核等工作。

2. 根据办公楼保洁工作实际，后勤服务中心要根据管理需求，及时提出保洁人员编制、工资薪酬及工作范围调整变动等需求。

二、保洁员岗位职责

1. 保洁员为办公楼保洁的第一责任人，保洁员负责办公楼的卫生区域，主要包括上下楼梯楼道、走廊、电梯、洗手间、卫生间及领导办公室、会议室、客房和营业大厅清洁卫生。

2. 保洁员要对办公楼楼梯、楼道、电梯、走廊和营业大厅地面卫生，每天至少要清扫一次，保持地面清洁，做到干净明亮、无污迹、无杂物等；对办公楼窗台及楼道墙壁每周应检查不少于一次，做到窗台、墙壁无污染；对卫生间便池、纸篓、小便器、垃圾桶要及时清理，洗手盆、地面要每天进行拖洗，做到干净无污物、室内无异味、地面无积水，自来水用完后及时关闭，杜绝长流水现象。

3. 保洁员要对领导办公室和会议室每日清理一次，对接待室、视频会议室每周清理不少于两次，对多功能会议室根据公司相关部门及会议安排要即时清理。

4. 保洁员要做好公司客房管理工作，客人离房后，要对床上物品定期清洗更换，对房间卫生及时进行清扫。

5. 各部门办公室卫生由该部门人员自行打扫，各部门必须做好每日办公室的清洁工作，并做到办公用具摆放整齐，创造整洁、舒适的工作环境。

三、责任与考核

1. 机关工作人员要爱护公共设施，不得随地吐痰、乱扔果皮纸屑和烟头，自觉维护楼内环境卫生。

2. 保洁员要热爱本职工作，严于律己、吃苦耐劳，要与机关部门及员工密切配合，共同创造办公楼良好的工作和生活环境。

3. 保洁员服从管理，尽职尽责，认真做好本职工作。

4. 综合管理部后勤服务中心对办公楼保洁工作按月进行检查考核，考核结果与当月工资相挂钩。

四、本制度自下发之日起执行，本制度由市分公司综合管理部后勤服务中心解释

表格1：楼层清洁每日检查表

年　月　日

序　号	检查项目	检查记录	检查时间	被检查人确认	备　注
1	楼梯				
2	垃圾周转箱				
3	墙面				
4	走廊				
5	茶水间				
6	男卫生间				
7	女卫生间				
8					

主管：　　　　　　　　　　　　　　　　　检查人：

表格 2：地面清洁每日检查表

年　月　日

序　号	检查区域	检查记录	检查时间	被检查人确认	备　注
1	地下停车场				
2	地面停车场				
3	公共区域				
4					

主管：　　　　　　　　　　　　　　　　　检查人：

表格 3：盆景清单

编制日期：

序　号	盆景编号	树　种	造　型	尺　寸	盆　型	摆放日期	养护人

审核：　　　　　　　　　　　　　　　　　制表：

表格 4：撤出花木处理记录表

撤出日期	撤出花木名称	花木位置	数 量	撤出原因	处理方法	批准人	操作人

9.5 写字楼物业财务管理

规范 1：写字楼物业管理费使用原则

条　目	规　范　内　容
1	取之于民、用之于民的原则。在保证物业管理企业合法利润后，均应全部用之于民。
2	为业主和非业主使用人服务的原则。为业主和非业主使用人服务是物业管理的根本目的。
3	实行分类储存、专款专用的原则。各项不同的物业管理费在筹集以后，还需要妥善管理，实行分类储存、专款专用制度。房屋本体维修基金、公用设施专用基金的使用还须与业主委员会或建设单位商量，并且得到他们的同意方可。
4	坚持合理、节约使用原则。物业管理企业要本着对业主和非业主使用人负责的精神，合理、节俭使用各项资金，使每一分钱都发挥效益。
5	坚持高度透明化原则。物业管理费的使用账目应高度透明化，坚持定期张榜公布各项资金的使用情况及盈亏状况。

规范 2：物业财务公开监督规范

项　目	规　范　内　容
收费标准 公开化	1. 物业公司所有收费标准均应公开，且在执行过程中严格按照公开的收费标准进行收费。 2. 管理费收费标准须经业主委员会审批，并报市物价局备案。收费标准的明细项目表张贴在服务中心。 3. 物业管理公司对用户有偿服务收费标准，在执行前应先咨询业主委员会或行文通知用户，且收费标准结构只能为标准费与适当耗工费，即合理的工料费。
费用支出 公开化	物业各项费用支出务必坚持专款专用，不可挪作他用。重大工程需对外承办的，应通过招标方式公平竞争，最后报业主委员会审批。
财务报表 公开化	定期公布财务报表，如管理费收支表等。
管理费押金 公开化	管理费押金是所有业主在大厦入伙时缴交的相当于 N 个月管理费押金，所有权属于业主，物业公司动用时须经业主委员会审批。

制度 1：财务预算管理制度

财务预算管理制度

一、财务预算管理的基本原则

建立健全公司财务预算管理制度，做好财务预算管理基础工作，认真编制财务预算，分析预算与实际的差异，保证公司经济活动按计划进行。

二、财务预算管理的基本任务

做好财务预算、分析和检查工作，根据财务预算依法筹建、使用资金，有效利用公司各项资产，努力提高经济效益。

三、财务预算的编制

1. 财务预算是以货币等形式展示未来某一特定期间内企业全部经营流动的各项目标及其资源配置的定量说明。即在预测与决策的基础上，按照规定的目标和内容以计划的形式具体、系统地反映企业未来的销售、生产、成本、现金流入与流出，便于有效地组织与协调企业的全部生产经营活动，完成企业的既定目标。

2. 财务预算内容：

（1）销售预算。销售预算是编制利润预算的基础。根据企业经营目标，遵循

续上表

以销定产的原则，通过量本利分析，确定最佳销售量和销售价格。

（2）生产预算。以销售预算为基础，结合公司的生产能力，预计生产量和存货需求量，编制生产计划表或工程进度计划表。

（3）成本预算。为规划利润和成本，控制企业的现金流量，依据生产量预算直接材料、直接人工、制造费用编制生产成本预算表。

（4）费用预算。销售产品及管理企业过程中所发生的经营费用，应编制销售费用预算表、管理费用预算表、研发费用预算表、财务费用预算表、折旧预算表和税金预算表。

（5）现金预算。列示预算期内的现金流入和现金流出情况，以保持现金收支平衡，并合理地调配现金资源，应编制现金预算表、固定资产购置计划表、其他收入预算表、其他支出预算表、现金预算表和融资计划表。

（6）利润预算。利润预算是以货币形式综合反映预算期内企业经营活动成果的利润计划性。

（7）资产负债预算。为反映企业预算期内期末财务状况的全貌，编制资产负债预算表。

（8）财务状况预算。根据各种形式的收入和费用的预测，综合预算企业未来经营实现状况并检验预算期内经营预算结果，编制财务比率分析表，适时向决策者提供有效控制经营活动的信息分析资料。

四、财务预算编制方法

采用滚动预算法，以一个会计年度为一个预算期，按季、月度编制预算计划。

五、财务预算编制程序

1. 公司财务部编制单位的财务预算，形成财务预算初稿。

2. 将财务预算初稿报公司总经理审核，经公司董事会批准后执行。

六、编撰财务预算时间

各单位年度预算应于每年元月 25 日前完毕。

指点迷津：

物业管理费预算注意事项

根据各物业的情况不同，物业管理费的预算也有所差别。另外，在进行物业管理费预算时，还需要注意以下事项。

①尽量详细。只有把具体消耗或支出费用分解得越具体详细，预算结果才

越真实。

②尽量全面，不能漏项。比如测算大型固定资产更新储备金时，往往容易忽视外墙面更新和电缆更新项目；在消耗材料测算时，往往容易忽视水泵连接管道的法兰盘和软接头等隐蔽性强的项目。

③测算依据尽量准确。比如固定资产和大型设备的折旧年限，有些项目费用的市场单价标准等尽量准确，不用或少用估计值。对于有些无法或不易确定具体数据的，需运用模糊数学原理确定时，其随机采集资料的点、面布局要合理，要有充分代表性。

制度 2：物业费用催缴管理办法

物业费用催缴管理办法

一、目的

保证物业服务费用收缴工作顺利完成，确保收支平衡，能够更好地为业主提供优质服务。

二、范围

适用于分公司所属物业服务中心客户服务部。

三、职责

1. 客户服务部主管负责组织缴费方案的拟定、组织实施、监督工作，审核客服助理制定的各项费用应收表。

2. 客户服务部客服助理负责依据相关应收表制作并发放费用催费通知单，进行催缴等相关工作。

3. 财务出纳负责与客户服务部核对各项费用应收表，并依据费用催费通知单收费。

四、操作规程

1. 应收费用。

（1）客户服务部主管每月初与财务出纳核对当期应收费用，制作业主缴费综合信息台账。

（2）客服助理依据客户服务部主管及财务出纳已经签字确认的业主缴费综合信息台账制作费用缴费通知单。

（3）客服助理按期将费用缴费通知单发至业主签字确认。

（4）客服助理应告知业主所收费用的明细、总额、缴费期限和地点。

（5）业主对费用有疑义的，客服助理需向业主进行解释。

（6）业主当时缴费的，客服助理应按费用缴费通知单收取，交到财务出纳，后为业主送回发票或收据。

（7）财务出纳每月底将缴费情况进行统计，于下月初与客户服务部进行核对。

2. 欠费。

（1）客户服务部每月根据财务出纳统计的已缴费用清单，及上期业主欠费情况统计表制作本期业主欠费情况统计表。

（2）本期业主欠费情况统计表经客户服务部主管签字确认后，制作费用催缴通知书，并发至业主签字确认。

（3）对于初次欠费的，客服助理应及时与业主沟通，了解欠费原因。

（4）业主自身原因未缴费的，客服助理应要求其及时缴纳费用。

（5）由于物业服务不到位的，由客服助理督促跟进及时改进，并与业主沟通要求其业主按时缴纳费用。

（6）由于第三方原因造成业主未缴费的，客服助理应做好解释协调工作，并要求其缴费。

（7）一个月内未缴纳费用的业主，客服助理在第2个月将费用催缴通知书发至业主，并及时追缴。

（8）对于连续3个月仍未缴费的业主，客服助理在第4个月再次将费用催缴通知书发至业主，并及时追缴。

（9）对于连续6个月依然拖欠费用的业主，客服助理在第7个月将费用催缴通知书发至业主，要求业主按限期缴清，并向物业服务中心经理进行汇报。

3. 在费用催缴过程中，如下问题应向物业服务中心经理汇报。

（1）如果业主长期恶意拖欠费用，时间超过一年的，物业服务中心经理向公司汇报，公司以法律手段解决。

（2）对于经济实在有困难的业主，由物业服务中心经理向分公司汇报，由公司研究解决方案。

表格 1：人员薪资福利预算表

单位：元

项　目	单　位	预算工资 每人×	福利费 每月	节日加班 每月	人事代理 每月	服装	午餐	年度预算（按12个月计算）	实际月度预算	其中（月度） 办公楼	公共区域	车库
物业经理												
物业助理经理												
保洁／绿化督导兼仓库												
会计												
出纳												
文员／行政												
客服主任												
住宅客服助理												
办公楼／商场客服助理												
工程主管												
工程领班												
强电工												
弱电工												

续上表

项目	单位	预算工资	福利费	节日加班	人事代理	服装	午餐	年度预算	实际月度预算	其中（月度）		车库
		每人×每月	每月		每月			（按12个月计算）		办公楼	公共区域	
空调管道工（给排水）												
万能工												
住宅水电工												
保安主管												
保安助理												
消防安全员												
保安领班												
保安副领班												
监控保安												
住宅保安												
商场保安												
办公楼保安												

表格 2：物业费用支出预算表

项　目		月预算额（元）	年预算额（元）	月度分项预算额（元）			备　注
				办公楼	车库	公共区域	
支出	管理费支出	人员薪资福利						
		管理费用						
		消防保安物料耗费						
		保洁（外判）						
		虫害控制费						
		环卫费用						
		幕墙玻璃清洗费						
		绿化（外判）						
		小区活动费						
		公共责任险						
		财产险						
		营业税及附加税						
		小计：						

续上表

项　目		月预算额（元）	年预算额（元）	月度分项预算额（元）			备　注
				办公楼	车库	公共区域	
能源费及维护保养支出	公共电费						
	中央空调						
	公共用水						
	电梯运行						
	水泵风机运行						
	设备维护监测费用						
	设备保养费用						
	小计：						
支出	支出合计：						